华章经管
HZBOOKS | Economics Finance Business & Management

PRIVATE EQUITY INVESTING IN EMERGING MARKETS

Opportunities for Value Creation

私募崛起

价值创造的另一片蓝海

[美] 罗杰·利兹（Roger Leeds）
纳迪亚·萨特莫西（Nadiya Satyamurthy） 著
韩复龄 译

机械工业出版社
China Machine Press

图书在版编目（CIP）数据

私募崛起：价值创造的另一片蓝海 /（美）罗杰·利兹（Roger Leeds），（美）纳迪亚·萨特莫西（Nadiya Satyamurthy）著；韩复龄译．—北京：机械工业出版社，2017.10

书名原文：Private Equity Investing in Emerging Markets: Opportunities for Value Creation

ISBN 978-7-111-58043-0

I. 私…　II. ① 罗…　② 纳…　③ 韩…　III. 股权－投资基金－研究　IV. F830.91

中国版本图书馆 CIP 数据核字（2017）第 227846 号

本书版权登记号：图字　01-2017-2494

私募崛起：价值创造的另一片蓝海

出版发行：机械工业出版社（北京市西城区百万庄大街 22 号　邮政编码：100037）

责任编辑：施琳琳　　责任校对：殷　虹

印　　刷：北京瑞德印刷有限公司　　版　　次：2017 年 10 月第 1 版第 1 次印刷

开　　本：170mm×242mm　1/16　　印　　张：15.5

书　　号：ISBN 978-7-111-58043-0　　定　　价：59.00 元

凡购本书，如有缺页、倒页、脱页，由本社发行部调换

客服热线：（010）68995261　88361066　　投稿热线：（010）88379007

购书热线：（010）68326294　88379649　68995259　　读者信箱：hzjg@hzbook.com

献给艾伦，我生活中的好榜样。

——罗杰·利兹（Roger Leeds）

译者序

新兴市场的私募行业在过去 10 年当中得到了快速的发展。私募是新兴的行业，其历史虽然只有 50 年，但却取得了令人振奋的发展。尽管目前新兴市场经济出现了各种问题，发展有所放缓，但从长期来看，新兴市场在未来将会继续保持较快的增长态势，其中印度 GDP 增速达到 8% 左右，中国 GDP 增速在 6.5% 左右，整个新兴市场区域的国家年增长率平均基本都在 4% 左右。但是发达经济体，像欧元区和美国经济增速基本在 2% 左右。虽然美国经济回暖，但其经济增速也大概保持在 3% 左右。此外，新兴市场经济总量在全球经济总量中已经占了很大比重，2015 年占全球经济的 60% 左右，并且全球 2/3 的人口都是新兴市场的人口。但是目前新兴市场私募投资的募资额和投资额在全球占的比重却很小，其中募资额在 2016 年仅占总份额的 8%，投资额仅占 6%，也就是说全球约 2/3 的人口市场实际上带来了私募融资额和投资额的不超过 8%，所以说这个份额着实太少，这是我们目前面临并需要解决的一个问题。但差距也往往意味着机遇，这说明新兴市场的私募市场存在巨大的发展空间。

中国是世界上最大的发展中国家，也是新兴市场国家的重要一员，在过去30多年中经济发展取得了举世瞩目的成就，目前经济总量位居世界第二位。私募在中国的发展历史不长，但是也取得了比较大的进步。近来随着中国经济发展进入“新常态”，增速有所放缓，预计未来增速为6%左右。虽然增速有所放缓，但需要注意的是中国的经济体量已经是非常巨大了，目前GDP总量为13万亿美元，也就是说每年的GDP增量就相当于1995年的GDP总量。但是相比发达国家而言，相对于如此大的经济总量，中国的私募市场发展是明显不足的，还有很长的路要走，因此在这种背景下，有必要加强对私募业务的了解和认识。此外，中国是国际投资者比较青睐的市场之一，随着中国金融市场的发展和相关法律法规的完善，会有越来越多的投资者进入中国市场，这不仅有利于促进私募市场的发展，还能改善中国的融资结构，提高资本市场的广度和深度，从而对我国促进资本市场改革，保持资本市场的健康发展具有重要意义。

本书作者罗杰·利兹（Roger Leeds）博士是约翰·霍普金斯大学的教授，是研究新兴市场私募基金的著名学者，在世界上享有盛誉，其创立了新兴市场私募股权投资协会（EMPEA），并任第一任主席。由于工作原因，我在平常工作科研中对于中国私募业发展也有一定研究，在拜读了罗杰·利兹博士的大作后，获益匪浅。我接到出版社的翻译邀请之后，思忖再三决定将本书翻译成中文，以便让更多读者了解和学习私募业务。在本书的翻译过程中，我的硕士生孙国通、贾童书、刘晓琳、刘芷菡、黄珏也参与了翻译，做了很多工作，付出了很多心血。此外机械工业出版社华章公司也给予了大力支持，在此一并感谢。由于水平有限，难免会有些许瑕疵，欢迎读者批评指正。

韩复龄

2017年7月

致 谢

纳迪亚·萨特莫西——新兴市场私募基金协会的高级主管，是我在写这本书的最后一年中，不可或缺的、非常得力的伙伴。她在调查、编辑和创作等方面扮演着一个非常重要的角色，并且最难能可贵的是，她始终为确保我们在正确的轨道上提供指引。她的辛勤付出、坚持不懈、坚定的领导力和才能，让我对她的感谢与感激超过了所有在本书上付出了努力的人们。

我还要感谢三个在不同时期做出了重大贡献，并且无比勤奋和聪明的研究助手：迪尔德丽·戴利、莎拉·奥罗克、迈克尔·凯西。我很自豪地说，这三个人曾是约翰·霍普斯金大学高级国际研究学院（SAIS）的学生。另外，作为SAIS的一员，谢里·拉索也是我非常得力的一名助手，即使在最困难的时期，她也一直用她的勤奋努力和幽默态度鼓舞着我们。

许多最初关于本书的想法是我在21世纪初刚刚加入SAIS团队时组织的一个生动的月度研讨会上萌生的。该研讨会出席者中有新兴市场私募基金投资者的鼻祖和思想领袖，之后他们很多人一直保持着亲密的同事和朋友关系，其中包括托马斯·巴里（西风管理公司）、斯科特·麦克劳德（全球环境基金）、特蕾莎·巴杰（卡尔缇卡资本）、唐纳德·罗思（EMP全球）、萨姆·桑托斯（达比私募基金）、罗伯特·斯蒂尔曼（小型企业援助基金）。我对他们的深刻见解表示十分感谢，很多人在后面还会继续被提到。

SAIS 研讨会的意外收获就是 2004 年 EMPEA 的创立。EMPEA 中的很多专业人士投入大量的时间和知识储备在他们的研究上，在这里特别提到他们，是因为作为新兴市场私营部门发展的引领者，他们真正了解私募基金的重要性。

毫不夸张地说，在研究过程中我采访了十几个国家的上百个人，他们都提供了宝贵的现实阐释和见解。很多人都是早前以及稍近一些时期，塑造这个行业的先锋者和经验丰富的从业者。在这些贡献自己的时间和学识的人中，我要特别感谢杰弗里·伦纳德和琼 M. 拉雷亚（全球环境基金）、保罗·弗莱彻（英联投资）、戴安娜·诺贝尔和马克 K. 戴维斯（CDC 集团）、安德烈·鲁（Ethos 私募基金）、迈克尔·卡尔维（Baring Vostok）、戴维·斯诺（Privcap）、阿里夫·纳克维、弗雷德里克·西克雷、塞夫·韦蒂韦特普莱和汤姆·斯皮奇利（Abraaj 集团）、阿尔瓦罗·贡萨尔维斯（Stratus 集团）、戴维·威尔顿（国际金融公司）、徐红江（鲲行投资）、埃利泽·马诺尔（Shirat 企业）以及奥克楚克乌·埃内拉玛（非洲资本联盟）。

在调查研究特定国家的章节部分，以下这些人付出了很多时间，给予了大量的帮助。

在肯尼亚有：迈克尔·特纳（英联投资）、罗迪·麦基恩（Anjarwalla & Khanna）、沙基尔·梅拉利和达温德·西坎德（Abraaj 集团）、乔治·奥多（Africinvest Capital 东非合作伙伴）、保罗·卡乌马（Catalyst 主要合作伙伴）、阿依斯·玛卡琴尼（Fanisi 资本）、埃利纳·布劳博尔（TBL 镜子基金）、亚历山大·奥温诺和娜米塔·沙阿（新兴资本合作伙伴）、库姆·卡瑟瑞玛（肯尼亚退休福利机构）、保罗 M. 穆萨乌拉（资本市场管理局）、肯尼思・卡尼乌（肯尼亚 Stanlib）、米歇尔 K. 埃索梅（非洲私募基金和风险投资协会）、农尼・万吉希亚（东非风险投资协会），凯文・恩吉耐尼（国际金融公司）以及格雷厄姆・斯托科和安东尼・穆图西（EY 公司）。

在巴西有：安东尼奥・邦克里斯蒂安诺（GP 投资）、阿尔贝托・卡蒙伊斯（Stratus 集团）、卡约・拉马略、克劳迪奥 V. 富尔塔多（热图柳瓦加斯大学）、里昂纳多・佩雷拉和爱德华多・萨（巴西发展银行 -BNDES）、卡洛斯・塔德乌（FAPES 养老基金）、毛里西奥・万德莱（瓦利亚养老基金）、帕特里夏・弗雷塔斯、安德烈・博格和埃托雷・比亚乔尼（Alothon 集团）、尼克・沃拉克（Axxon 集团）、邓肯・利特尔约翰（达石）、克里斯蒂安娜・佩雷拉（圣保罗证券交易所 -BOVESPA）、伯纳多・戈梅斯（高级解决方案公司）、路易斯・弗朗西斯科 N. 维亚纳和爱德华多 B. 阿尔梅达（TMG 资本）、马库斯・雷盖拉（FIR 资本）、悉尼・沙迈赫（DGF 投资）、法维奥・马泽奥（Metrus 养老基金）、克洛维斯・莫伊雷尔（CRP 投资）、皮耶罗・米纳尔迪（Gavea 投资）、费尔南多・博格斯（凯雷集团）、小伊里尔・卡瓦略、安德烈・博格和亚历山大・萨伊格（Patria 投资）。

在中国有：赵令欢和邓喜红（弘毅投资）、奥利维亚・欧阳（中国投资有限责任公司）、张懿宸（中信资本）、方风雷（厚朴投资）、张莹（高伟绅律师事务所）、花醒鸿（博龙资产管理有限公司）、肖冰（全国社会保障基金理事会）、谢学军（赛富创业投资基金）、刘健钧（中国证监会）、倪正东（清科集团）、弗朗西斯・黄（华平投资集团）、王维航和汤进喜（中国证券投资基金业协会）、吴元芳（亚洲直接投资评论）、乔纳森・卡尔（小型企业援助基金管理公司 - 成都）、利昂・曼和约翰尼斯・舍特（中国新企创业投资企业）。

（为了最大化被调查者的坦率度，每次采访都是在严格保密的条件下进行的，所以没有书面许可我们不会公开被调查者的姓名。)

值得特别提到和感激的是史密斯·理查森基金会，他们慷慨提供的科研补助金极大地促进了我的研究和写作，当然还有提供给我出版本书特权的帕尔格雷夫·麦克米伦。

我也从一代又一代热情聪颖的研究生身上获得了灵感和鼓舞，这些学生参加过我在哥伦比亚商学院、沃顿商学院，特别是约翰·霍普斯金大学SAIS开展的“发展中国家私募基金投资”课程，他们热情的态度、敏锐的才智和无止境的问题常常使我想起当初为什么选择做现在做的事情。另外，看着他们逐步成为新兴市场私募基金从业者也是我引以为豪的事情。谢谢你们所有人！

最后，还有一些对私募基金不是很了解但是给予了我无价的动力和鼓励的特别的人。我一辈子的好朋友迈克尔·克雷庞，他坚决不能容忍一丝关于本书能否完成的质疑；我的女儿乔安娜——我生命中闪烁的光辉，她从不问我本书进行得怎样，因为聪明敏锐的她非常了解我；还有我的妻子艾伦，要是没有她低调却不离不弃的支持，完成本书是难以想象的。就像她的一贯作风——说得很少，却默默地、始终不懈地、深情地帮助我走上正轨，从未流露出一丝怀疑，坚信本书会有问世的这一天。

Private Equity
Investing
in Emerging Markets

快速参考指南

百天计划：由私募基金与投资公司的高级管理层一起制订的大约在投资100天后实施的行动计划。在管理层被认为是最容易接受做重要变化的情况下，这项计划旨在概述出哪些增值举措应该在最初几个月的私募基金合伙中被执行。

天使投资者：一个高净值个人，通常有广泛的行业专业知识，并将自有资本投入创业起步阶段的公司。

资产类别：一个基于资产风险、回报和流动性特征相似度假设的金融资产分类。私募基金被单独划作一类，本书主张有一系列独特特征的新兴市场私募基金也应该被单独划为一类资产。

信息不对称：这是在几乎所有交易中都会出现的现象：一方（例如一个公司所有者）比另一方（例如投资者）拥有更多有关交易的信息。在私募基金中，公司管理层比投资者知道更多企业的基础操作，并可能导致投资者根据不完整或不准确的信息做出决策。

附带权益：从私募基金投资中获得的分配给普通合伙人的利润，通常是在有限合伙人收到他们的原始投资和协商一致的优先收益（最低预期回报率）之后。在私募基金里标准的做法是分给普通合伙人20%的附带权益（也被称作业绩费）。

投入资本：有限合伙人和普通合伙人分配给一个特定基金的资本总量。这个词也指有限合伙合同承诺的私人股权基金资金的具体数额。

对比分析：一种在同行业与类似公司对比公司的历史业绩的估值方法，通常使用财务比率。

可转换证券：是指持有者可以在一定条件下根据公司业绩将其转换成另一种证券（通常是普通股）。可转换证券有很多种类，每种都有自己明确的权利和转换条款。

交易流程：资产管理者（如风险投资基金和私募基金）使用的术语，指新的投资机会的可获得性。在私募基金中，它指有可能达到基金管理人投资标准的公司。

开发性金融机构（DFI）：由政府担保，为发展中国家的项目提供金融和技术支持的机构，旨在带动经济增长和发展。众所周知的重点关注私人部门的多边DFI有世界银行的国际金融公司（IFC）和欧洲复兴开发银行（EBRD）。

现金流贴现分析（DCF）：通过预测公司一段时间内的潜在现金流并将这些资金流贴现到初始投资时间来计算现值的估值方法，用来衡量未来投资的盈利能力。根据这个方法，如果贴现后现金流的现值大于最初预期的投资额，那么这个潜在的投资通常被认为是具有吸引力的。

分配瀑布：一种通过建立私募基金的资金分配顺序来实现投资的方法。举例而言，分配瀑布通常指定普通合伙人只能在有限合伙人收到原始投资和指定的优先回报后，从退出投资中获得收益。

尽职调查：对潜在投资的评估。在私募基金中，尽职调查指基金管理人评估预期资产组合公司在运营、财务、管理方面优缺点的过程，以此来决定该公司是否满足投资标准。

EBITDA（税息折旧及摊销前利润）：衡量一个公司调整利息支出和税项前净收入的一般指标。

ERISA：1974 年颁布的美国《雇员退休收入保障法案》对养老金计划投资活动设立了最低限度的规定，以及指出了这种投资的所得税影响。与 ERISA 关系紧密的是私募基金，因为它包含了所谓的谨慎人规则，由于其风险特征，禁止养老基金经理投资如私募基金一样的另类资产。当这条规则在 1979 年废除后，养老金基金迅速成为私募基金的主要来源，同时该行业开始了爆炸式增长。

退出：指投资公司中私募基金的全部或部分股份出售，通常是通过首次公开募股、上市交易，或者出售给其他财务投资者实现。

母基金：一种从机构投资者中募集资金、行使有限合伙人职能、专门投资于一定数量私募基金的投资基金。母基金通过持有包含多个有差异化战略的普通合伙人资产组合，为其投资者提供更加多样化的选择，从而使其直接投资于公司。

普通合伙人（GP 或基金管理人）：一个或多个以有限责任合伙形式负责资本池（基金）日常运作的个体。在私募基金中，普通合伙人主要负责从机构投资者（有限合伙人）中筹集资金，辨别潜在的可投资公司，并积极监视投资组合内的公司直到退出。

增长资本：用来描述少数投资于某类公司的私募基金投资术语。这类公司相对完善，寻求在营运内提高并最大化经营效率来扩大增长和盈利能力，同时拓展新产品、行业和市场。

对冲基金：一个合并的投资基金，与私募基金的不同点是它着眼于证券流动性资产的投资，而不是如私人公司等的非流动性资产。

最低预期回报率（优先回报）：在普通合伙人可能分享产生的利润前，有限合伙人从私募基金投资中得到的可接受的最低回报。

首次公开募股（IPO）：不在证券交易所名单上的公司首次向社会公众投资者出售股份。IPO 通常是私募投资基金退出的优先方案，因为它能为所有公司保留的股份提供流动性，并且一般来说，产生的财务回报最高。

内部回报率（IRR）：使得投资中所有未来的现金流净现值等于 0 的贴现率。一般来说，投资的内部回报率越高越具有吸引力。因此，IRR 通常被私募基金投资者用来排列他们中意的投资项目。IRR 也是投资退出时用来衡量实际财务回报的有效工具。

机构有限合伙人协会（ILPA）：一个在全球私募基金行业中代表有限合伙投资者利益的全球性成员驱动型非营利组织。它为参与私募基金投资的有限合伙人指导调查，从事宣传和教育活动，创造关系和协作的机会。

机构有限合伙人协会私募基金原则：一份由 ILPA 出版的关于指导建议和最佳实践的详细列表，以此来说明私募基金中，制约着普通合伙人和有限合伙人关系的术语和条件。这些原则着眼于普通合伙人和有限合伙人的利益调整、私募基金的治理、信息披露和透明度等关键事宜。

杠杆收购（LBO）：以债务融资为主的私募基金控股投资（通常占到 80% ～ 90% 的比例）。债务由收购公司产生的现金流来偿还。这种收购形式在发达市场私募基金中是很常见的，特别是在美国，但是因为难以获得这种形式的债务融资，在发展中国家中很少见。

有限责任合伙（LLP）：有限合伙人只需承担有限责任的一种商业合伙关系。有限合伙人以其认缴的出资额为限对合伙企业债务承担责任，无须承担无限连带责任。大多数私募基金采用有限合伙的形式，由基金管理人承担无限责任。

有限合伙人（LP）：有限责任合伙关系中的合伙人。在私募基金中，有限合伙人是被动投资者，同时普通合伙人负责每日基金管理。私募基金的有限合伙人大多是主要机构投资者，例如养老基金、大学捐赠、家族办公室、金融发展机构和保险公司。

有限合伙协议（LPA）：一份规定了私募基金中涉及有限合伙人和普通合伙人关系和条件的法律文件，包括收费结构、最低预期回报率、附带权益、衡量投资公司退出前价值的方法和披露要求。

管理费：私募基金的有限合伙人给有限合伙人积极管理基金的年度补偿。管理费通常计算为基金承诺资本的百分比，由每位有限合伙人按照投资比例来支付。

承销商：在筹款阶段专门从事于协助普通合伙人（基金管理人）向机构投资者筹集资金的公司。

投资组合公司：私募基金公司投资的公司。

谨慎人规则：1974 年美国《雇员退休收入保障法案》的一部分，禁止养老基金管理人投资于另类和其他风险更高的资产，如私募基金。1979 年，劳动部门另做说明，称法案允许养老基金投资一部分资金给私募基金和其他相对高风险类别的资产。政府的这一举措很大程度上归功于 1980 年左右开始的私募基金大规模筹资爆炸式增长。

二级市场：有限合伙人对私募基金的责任市场。二级市场基金通常折价购买不需要的有限合伙人责任，并卖给其他投资者。

战略买家：同种行业的投资组合公司中私募基金股份的收购人，并且对公司有长期的战略利益。

绝对多数投票权（保护性条款或肯定的条件）：投资意向书中对私募基

金提供特定权利的条款，规定即使私募基金是少数投资者，仍然可以支持投资组合公司管理层做出的重大决策。

投资意向书：一个初步无法律效益的约束力文件，勾勒出公司私募基金拟投资的条款及条件。

贸易销售：一种把投资组合公司中基金股份出售给战略买家的私募基金退出方式，与此相反的是首次公开募股或者回售给公司管理层（如管理层收购）。

风险投资：私募基金的一个子集，涉及有迅猛增长、高盈利和高回报潜能的新兴公司基金的股权投资。传统的风险投资与有前途的新公司相关联，比如像科学技术和生物技术等快速发展的部门，但是在新兴市场中，这些投资发生在广泛的领域。

Private Equity
Investing
in Emerging Markets

目　录

引　言

探索私募基金——一场私人的奥德赛之旅

可能是下意识的，自从40年前作为一个天真的和平组织志愿者登陆巴西时，我一直在构思本书。大学刚毕业时，我以乡下农业推广代理的身份被派往最贫穷和最遥远的一个国家工作。我这个草根最初沉浸在不发达的问题上，研究生毕业后走上了曲折的职业道路，从华尔街投资银行到世界银行的国际金融公司，又来到私募基金范围界定的私人金融部门，最终到了学术界，很荣幸可以用我几十年来不断的实践给研究生授课。

虽然乍一看这条职业道路似乎相互脱节，但有一个共同点贯穿于我几十年在公共和私人领域的工作及学术：首要关注于商业惯例、金融工具和旨在加强私人部门在发展中国家扮演促进经济增长和缓解贫困的建设性贡献者角色的公共政策。随着职业生涯的进一步深化，我的兴趣范围也越来越窄。为什么会这样？我问自己，是因为相对于发达国家，在几乎所有我走过、工作过和观察过的100多个新兴市场[⊖]的私人部门实施一切措施后仍然表现欠佳？

⊖ 在本书中，"发展中国家"这一术语与"新兴市场"互换使用，"新兴市场"是由安托万·范·阿格特梅尔在20世纪80年代初提出的，之后国际金融公司（IFC）定义了一小部分相对繁荣的发展中国家（因为其公共股票市场规模而吸引国际投资者兴趣）。范·阿格特梅尔先生后来承认，他的意图是给这一特殊类别的国家附加某种威望因素。"我……想出一个听起来更积极和更振奋的词。'第三世界'暗含停滞；'新兴市场'暗含进步，向上有活力。"从这个温和的开始，这一术语逐渐获得了国际投资者和媒体的更广泛的接受，几乎成为所有（而不是几个具有相对发达的国内股票市场的）发展中国家的标签。对于本书，发展中国家或新兴市场是指除了西欧、美国、加拿大、以色列、澳大利亚和新西兰以外的所有市场。

举例而言，世界银行研究预计在发达经济体中，中小企业对国内生产总值（GDP）的平均贡献度为51.5%，与此相对应的低收入国家只有15.6%。其他反映私人部门在经济增长，如创造新工作、出口、研发商业化等方面贡献度的常用指标也揭示出了相似的结果。虽然关于绩效差距的解释不计其数，但在我的职业奥德赛探索之旅中，我开始坚信资本和相关专业知识获得渠道的有限性是阻碍新兴市场公司成长和导致竞争力发展缓慢的首要原因。这样的信念引领我到本书的主题——私募基金。

据我所知，私募基金作为发达国家商业表现的重要贡献者一直有着良好的记录，但是在我经历的那些国家里大都是不存在的。虽然这并不是可以解决所有问题的灵丹妙药，但我开始意识到这种特别的融资形式，被赋予了一种尤其对众多发展中国家的公司合适的特殊属性。事实上，我作为从业者和学者的经验告诉我，私募基金的案例在发展中国家更引人注目，因为资本和业务专长的替代资源相对匮乏。为了更加明确这一点，本书将要讨论对于投资者和当地企业，投资风险在这些国家更高，同时机会也更多。遗憾的是，许多股份持有者本应当是私募基金最为有力的倡导者，却不知道它是什么、它怎么运作，以及它为什么对许多需要资金发展却渠道有限的公司老板十分合适。

我对发展中国家私募基金开发潜力的看法源自于多年来和那些与建立更强大、更有竞争力的私人领域有着直接利害关系的人的广泛互动。一开始，我和上百个企业家、经理以及大中小企业的老板交流和合作：厄瓜多尔的虾农、保加利亚的香肠制造者、乌兹别克斯坦的大理石切割者、中国的零食企业家、巴西的包装材料制造商、哥伦比亚的健康中心连锁运营商，以及尼日利亚的电信运营商。不论哪个国家、哪个行业、什么商业规模、什么发展轨迹，我们的对话话题总是围绕着资金，而且我不止一次听到这样的说辞：“我无法带领企业进入下一个阶段因为我得不到足够的资金。”当对话走向深入的时候，说法还是一如既往的相似：“银行贷款不超过6个月，国内股票市场限制进入因为我的公司太年轻、太小或者发展太慢，无法吸引外国资本也是同样的原因。”

新兴市场的私募基金——未充分利用并被低估

我了解到，一部分的问题是因为企业家自己的作为。大多数在发展中国家的公司老板对筹款（甚至是最基本的知识）完全不熟悉。另外，他们对定期需要公司信息的“局外人”不信任甚至害怕，他们要么没有这些信息要么不愿意分享，从而使问题变得复杂。玻利维亚一家面临资本饥饿问题的木头处理公司的老板，在和一位潜在私募基金投资者开会后，向我解释说：“我没有理由相信这些人，为什么我要相信这些人和之前走过我门前、给予我希望又消失不见浪费我时间的所谓的投资人有什么不同？”不论是国家还是公司，我不止一次地见到这样对第三方资金持有怀疑态度的失败者。

此时，坐在桌子对面的投资专家刚要开始探索私募基金在发展中国家的投资机会，他们自身正面临着一系列的挑战。在20世纪90年代中期，作为一个萌芽，私募基金行业刚刚开始起步，其中一些投资开拓者向我分享了他们成功和失败的故事。这些故事大部分是令人失望和沮丧的，他们叙述道，他们从痛苦的经历中学到发展中国家的私募基金投资与在美国以及欧洲所经历的私募有着本质的区别。投资之前进行尽职调查（以监测投资公司在投资后的表现）时，他们勉强承认自己在困境面前是准备不足的。“我们与公司所有者签订的具有法律约束力的股东协议完全就是废纸一张。”一位失望的投资者在了解到在尼日利亚无法解决与主要股东的严重纠纷时并且寻求法律追索完全无效之后解释道。还有一位在美国私募基金有着长期成功经历的人承认，他在拉丁美洲推出基金时离开了他的联盟。“在新兴市场找到合适的技能是棘手的，”他讲述道，“我们学到了建立公司价值的艰难方法，我们必须能够跟创始人说，‘你的兄弟必须离开，否则你就要卖掉这个子公司’。”

在新千年开始之际，这第一代私募基金投资者的初步结果渐渐形成，而且这个结果并不是很好。虽然在早期阶段几乎没有关于新生资产类别的数据，但证据表明，这些早期先驱者中的绝大多数得到了令人沮丧的结果。可预见的是，许多先驱投资者认为私募基金在这些高风险环境中没有前途，他们退了一步。虽然我依然认为私募基金的独特特征是为弥合服务欠缺的发展中国家市场上许多公司的融资缺口而量身定做的，但越来越明显的是，如果要想这种资产类别有未来，则必须解释和纠正这种早期业绩。

我的工作还使我与第三方股东以及老板和私募基金投资者定期接触。政府政策制定者和金融发展专家有责任加强私募领域在发展中国家所扮演的角色。我为几个值得注意的例外感到震惊，比如说世界银行集团的会员国际金融中心（IFC），“私募基金”的术语甚至没有在他们的关注范围内。我向这些专家提出关于这一融资机制对发达国家无数企业的绩效产生重大影响的问题时，通常会遭到茫然的凝视，甚至更糟糕的是，基于新闻头条中关于西方融资控股公司低就业率、资产剥离的明显误解。令人惊讶的是，我亲身体会到，开发性金融机构中的大多数专家对私募基金表现出很少的兴趣，即使他们主张和建议最适当的政策和方案来刺激私营部门的发展。正如一位评论家对经济学家更普遍的观察：“在这个行业有这么多近亲，他们读取同样的资源，他们使用同样的数据库，他们和同一类群体对话，这里有无穷尽的推断，多年来这些就是已被奖励的。”[1]

尽管世界银行工作人员对私募行业发展进行了大量研究，当我几年前问一个世界银行高级官员为什么他的机构没有发布一个关于私募基金的报告时，“近亲”这个词浮现在我的脑海中。这个虚伪的回答很简单：“我们没有对这个领域有足够了解的人。”他可能还说过：“就算不探索我们传统舒适区以外的领域，我们也有很多事情要做。”不过也许我不应该表现得这么吃惊。从学术文献来看，私募基金在发展中国家也被大量的经济学家和其他研究国际发展的学者所忽视。我亲身体会到，即使在声望最高的工商管理硕士（MBA）项目里，课程揭露出的烦扰鲜受关注，为什么相对于较发达国家里的同行，私募企业在这些市场里的表现不尽如人意？学生团体需要越来越多的关于新兴市场主题的课程。

鉴于发展战略中发生的巨大变化，这种对解决发展中国家各公司融资问题的忽视更是令人不安。在20世纪90年代早期，全球性的共识在政府政策制定者、经济学家和经济发展专家之间达成，私募行业，而不是政府，应该作为成长和发展最主要的动力。但是如果这些专家和股东真的相信市场经济和私募企业相对于中央统筹和政府主导发展模式的优越性，那为什么私募行业表现不佳依然存在？尽管存在促进私募行业增长的支持说法和看似无止境的直接金融投资技术援助和融资，发展模式依然如故。

在几乎我到过的所有发展中国家里，私募行业被严重分化，占少数的大公司主宰着金融资源的获取渠道，特别是为了扩大和完善，所有公司或早或晚都需要的中长期资本。举个例子，在20世纪90年代，私有化项目作为增加私募行业发展贡献的一种方法，使一个又一个国家获得动力，它们主要是通过大型跨国公司和银行购买大量国有企业（SOE)，有时通过与同样大的本地公司成立合资企业。同样地，流入发展中国家的外国直接投资的激增显示了大规模的可比较发展模式。在多数发展中国家，弱金融市场由极少数最大的本地公司资本筹集活动和赤字政府信贷无法满足的欲望所主导，更是加强了这一趋势。作为在这其中很多国家工作过的一个参与者，我相信，如果更多的领导者、政策制定者和金融家能意识到私募基金的潜力并支持其广泛应用，私募基金会是填平私募行业金融缺口的一个方法，特别是针对中小企业。

正当私募金融活动在发展中国家开始获得一些动力时，我从业界来到了学术界。我利用在约翰·霍普斯金大学高级国际研究学院（SAIS）的机会组织了一个研究小组，由一些经验丰富的私募基金投资者和金融发展专家组成。正如我在给这些行业领军人物的邀请信中写道的："系列研讨会的目的是提供一个可以与一群专业同行分享经验、相互学习、总结新兴市场中私募基金投资的有用经验的独立论坛。"

2001年，我们每月都会在SAIS共进晚餐，由其中一位参与者引导话题讨论，关注于一个个具体的在发展中国家阻碍私募基金成功的障碍。我们反复提出：在这些国家中，为了看好的公司而培育私募基金投资，什么是我们必须要做的？并且为什么第一代新兴市场基金没能给投资者带来他们期望的回报？关于SAIS系列晚宴研讨会的消息不断扩散，我开始接到其他来自私募基金群体希望参加月度研讨会的请求，从此这个组织快速扩大。从一开始做尝试的第一年，逐渐发展到第二年，然后第三年。

人们对私募基金研讨会展现出意外的兴趣显示了一些重要的事情，在事后看来应该是显而易见的。在这个开端之前，没有这样一个独立的论坛可以让发展中国家私募基金群体的成员聚集在一起交流看法，并且相互学习。我们几乎没有找到任何关于新兴市场私募基金的数据、分析或者评论，这个不幸的现实解释了人们对于私募基金填平金融缺口这一潜在利益的广泛误解的原因。我们开始意识到在发展中国家，这种阻碍扩大私募基金使用的障碍可以通过产生更周到、更可靠的关于资产类别的信息来克服。

这导致我们产生了创造一个独立、会员驱使的行业协会的想法，并且在2004年，EMPEA成立（我担任创始主席直到2011年）。[2] 另外，不计其数的区域、国家特定私募基金和新兴市场上的风险投资协会如雨后春笋般涌现，补充EMPEA在其各自领域收集、分析和传播关于资产类别信息的努力。

但是，尽管采取了这些令人鼓舞的举措，发展中国家的私募基金投资仍然只是全球市场的一小部分，而且有太多具有增长潜力的企业依然极度缺乏资金和管理专长。举个例子，在撒哈拉以南的非洲，虽然私募基金投资在这几年已经增长，它们在该地区2013年的国内生产总值中只占到0.12%，这个数字甚至比拉丁美洲、中东和一部分亚洲还要低。[3] 正如我所坚持的，如果要想让资产类别的应用更加广泛，有人必须做出有说服力的案例。作为有40年从事于业界和学术界的人，我非常相信我有能力应对这个挑战。本书就是我的答案。

数据的缺失：没有任何借口！

自从发展中国家成为重要的知识调查主体，研究人员一直被缺乏可靠、强大的数据所困扰。例如半个多世纪以前，一本发展经济学早期著作的备受尊重的作者告诫读者（由于他们对可用数据缺乏信心）：“我们只使用统计数据。”尽管如此，他们接着解释，这个令人沮丧的现实不足以放弃他们的工作：“将某些经济现象提交定量处理的困难或不可能性，统计信息的不足，都不意味着这个现象不能被理解或被分析。”[4]最近，另一位杰出的发展经济学家通过观察，对问题的持续性提供现实和同情的观点，“当一个国家十分贫穷并且政府在多层面资金不足时，让统计局运行是很困难的”。[5]

如果发展中国家的可靠数据通常很难得到，那么处理本书如下两个核心主题时，问题就不可估量地变得更糟：没有在证券交易所上市的私人公司和私募基金。举个例子，几乎在所有对遭遇严重金融问题的中小型企业出版的分析中，包括要求证实索赔的可靠数据不一致或不可靠的警告。[6]例如世界银行和国际货币基金组织（IMF），或者各个国家政府，在前沿直接金融投资中都没有对“小”“中”“大”企业的概念达成共识。另外，尽管直接金融投资部门每年发布了大量关于资金流入发展中国家的信息，但是数据没有分解以显示与小型和中型公司相比，对大型公司的投入是多少。至于私募基金，这些来自发展中国家资金流动报告的权威来源几乎没有被提及。

还有更加糟糕的。私募基金比其他金融资产更难追踪和分析，只因为一个简单的原因——“私募”。与需要相对强烈的监管和严格的披露要求的公开上市公司和金融机构不同，大多数私募基金没有法律要求披露能够揭示其业绩的信息，哪怕是接受它们投资的公司。这种信息不足存在于所有国家，但由于新兴市场私募基金的历史非常短暂，这种情况更加显著。举例而言，在21世纪初，几乎没有定量数据迹象存在，这将使在新兴市场筹集和投资的私募基金资本的金额格外耀眼，更不用说个别基金的表现。即使在今天，很难将新兴市场私募基金投资者产生的收益金融与发达国家的同一资产类别进行比较，数据太简单且不可靠。[7]虽然很多私募基金和风险投资行业协会以及其他私募研究公司[8]已经开始编译关于资产类别的有用信息，但它们之间存在明显的方法差异，导致报告的内容和方法产生重大差异[9]。

无论令人多么沮丧，这个统计难题并不是避免对这一主题进行认真分析的理由。相反的是，这些强大的数据差距为编写本书提供了额外的动力，我希望可以说明私募基金在克服发展中国家大多数公司遇到的一些最严重的障碍方面存在的潜力。在这样做的时候，我希望本书可以作为更好的数据收集催化剂，并鼓励其他人进行类似的研究。

本书核心的三个前提

本书的目的是通过阐明对于发展中国家的好公司来说，私募基金投资相对于其他可投资的金融资产的独特属性和风险。虽然也有人写过私募基金方面的书，但是没有人探讨关于“发展中国家的私募基金投资与发达国家相比，具有独特风险收益特征的资产类别”的主张。最终，本书的目的就是阐释这些关键的独特性并且提出一个有说服力的理由，说明为什么在较先进国家的这种具有悠久成功历史的特殊融资机制，值得发展中国家更广泛的注意和应用。考虑到这一点，后续章节的内容由三个主题展开。

第一，虽然私募基金在历史上一直是发达市场公司的重要融资工具，但出于多种特定原因，即使考虑到更高的风险，新兴市场私募基金的情况比发达国家更具吸引力。最为重要的是：

- 长期融资来源和创造价值的商业技能对于无数成长型公司来说是稀缺或不存在的。这一现实几乎是每个发展中国家的基本特征。
- 由于融资和商业技能方面普遍存在的差距，能够满足私募基金从业者投资标准的公司总数很大。大部分潜在目标驻留于定义宽松中间市场——在无尽的行业中运作非常多样化的增长型公司，比如基本制造、科技和通信、金融服务、旅游、能源、环保服务、基础设施、卫生保健、教育，甚至房地产。它们也是生产性私营部门的核心，是创造就业、创收、税收，以及其他经济发展和扶贫指标的主要来源。[10] 在发达国家，高度发达的金融部门为这些中间市场公司提供了各种可负担的融资方案，以刺激其增长和盈利能力，但在发展中国家，这种情况很少见。

- 在许多发展中国家，行业与个体公司的弱点和低效率是精明的私募基金投资者的机会来源，这些投资者拥有填补差距和加强绩效所需的金融资源和技能。

第二，相对于其他对个人企业可行的金融机制，私募基金是很独特的。除了作为一种长期资本，私募基金投资者被高度激励成为活跃的实践参与者，与公司所有者和管理层一起提高企业价值——有利可图地退出的先决条件。另外，这种正在进行的、集中精力的参与降低了许多在发展中国家投资的风险。

第三，相对于其惠及广泛利益相关者的潜力而言，发展中国家的私募基金投资还处于初期——从发达国家和发展中国家来的私募、公墓投资者正在寻找新的可产生高财务回报并且可实现投资组合多元化的机遇，发展中国家的无数私营公司以负担得起的条件寻求稀缺的长期资本，并运用专门知识来加强其竞争力和盈利能力，同时政府致力于提高私募行业作为经济增长和扶贫主要动力的能力。

中小企业的误用

在本章中，因为缺乏广泛接受的将“小”型企业与“中”型企业分开的适当划分的共识，中间市场被宽松地定义。举例而言，关于发展中国家资金缺口的严重性与后果的文献和政策相关的讨论总是利用“中小企业”（SME）一词。

有很多原因可以说明，这个词十分宽泛、不精确，从投资者的角度来看并没有帮助。首先，尽管学者、政策制定者和金融发展群体给予中小企业很多关注，但是并没有关于如何定义或者分类这些构成每个国家私募行业大部分公司的协议。即使世界银行集团内的不同实体不同意一套共同的定义，个别国家也使用一组往往与世界银行或其他直接金融投资使用的指标不一致的指标。其次，从一个私募基金投资者的角度看，根据雇员人数或年收入对公司进行分类的惯例，使得其作为决策指标的作用有限。虽然公司规模可能纳入计算，但是相对于行业内的其他公司，他们可能更关注员工的生产率或收入（如每位员工产生的收入）增长，而不是绝对数值。最后，不管这些关于“小”企业与“中等”规模企业的构成差异，人们普遍认为中小企业分析的外部边界是250个。那么大企业呢？拥有超过250个员工的公司会和那些有50、150、200或者249人的公司一样成为金融缺口的受害者吗？

不幸的是，因为政府和直接金融投资部门都没有收集那些突破250个员工界限的中小企业的相关数据，所以我们几乎不可能以最小的精度解决这个问题。这些对于分析师和政策制定者来说可能并不重要，但是任何花时间研究发展中国家私募行业活动的人都可以就经验说明：①它们数量众多；②经常与雇员少于250人的公司一样是融资约束的受害者。最后，重申一次，虽然很少承认，但是“中小企业”这个词是误用的。

谁应该阅读本书

本书面向从专家到普通读者的所有人。他们仅希望了解为发展中国家广泛的增长型公司提供长期资本和业务专长的私募基金如何和为什么是一个特别有吸引力的工具。更具体地说，本书针对以下四种读者：

- 发展中国家的企业家和公司经理，他们想要努力获得他们需要发展业务和竞争力所需的投资资本和专业技能。很多人要么不了解私募基金，对其益处产生误解，要么对允许“外人”进入公司的前景有严重的保留意见。那些对私募基金合伙有兴趣的人可能不知道如何最好地向投资者推销自己。

- 专业的私募基金参与者，包括基金经理、机构投资者，以及向投资者提供直接支持服务的人，比如律师、顾问和会计。所有这些都直接关系到扩大新兴市场国家私募基金的影响，消除误解并扩大其使用。
- 政府官员和国际金融机构（如世界银行）的专业人员，他们的参与激发更多私人投资作为促进经济增长和发展的手段，以及那些低估或者误解私募基金在这个过程中扮演的角色的人。
- 最后，包括我自己在内的越来越多的学生，正在寻找有刺激性的工作机会，可以使他们不光经济上生活得很好，而且可以专门从事一项能够改善发展中国家服务不足的人的生活的活动。

令人感到讽刺的是，除了从业者本身外，许多这些潜在读者强烈主张扩大私募行业在发展中国家的作用，但基本上不了解私募基金。所以我希望，本书将弥补对资产类别的忽视和误解。

本书的组织结构

如下面简要描述的，本书分为两部分。第一部分，由第 1 ～ 5 章组成，为读者提供对本书重要主题的详细考察。这里面包括对私募基金投资的每一步骤和相对于其他金融选择其成功必需技能的不同解释；对发达市场中资产类别进化的探索；对在发达国家习以为常，但在新兴市场十分缺失的私募行业坚实基石的定义；对非金融价值创造属性的强调，使私募基金成为发展中国家特别有吸引力的融资工具，其中商业专门知识常常像资本一样稀少；对从 20 世纪 90 年代到今天，新兴市场私募基金的历史和表现的追踪，强调这一路的经验教训。本书的第二部分，通过分析在三个不同发展中国家（中国、巴西和肯尼亚）更详细的私募基金行业，说明了前五章描述的机遇和挑战。更加具体地，本书组织如下。

第 1 章　私募基金入门　向读者介绍了私募基金的独特特征，将其与私人公司可用的所有其他融资机制分开。追踪私募基金投资周期的细节，突出显示成功的私募基金从业人员所需的技能和他们执行的任务与其他更传统的金融专业人士（如投资和商业银行家）的技能有明显差异。接下来该叙述着手建立这样一种情况，即为什么私募基金在高风险的发展中国家环境中是一个特别相关的融资工具，突出强调三个相互关联的特征：所有权集中、流动性不足，以及创造价值的激励。本章最后认为，这些定义私募基金的独特特征与发展中国家庞大的增长型公司极其相关，但利益相关者必须认识到，风险和机遇与其在发达经济体中的应用有根本的不同。对私募基金独特特征和投资机制熟悉的读者可以直接前往第 2 章。

第 2 章　私募生态：发达国家和发展中国家的鲜明对比　为了加强发展中国家的私募基金与较先进经济体的对手缺少相似性的前提，本章简要描述了发达国家半个多世纪以来的渐进演变，发达国家从促进和鼓励发展中国家的生态系统中获益。在发达国家中，私募的发展受益于一个成熟的经济生态系统，包括有效的国家政策、保护契约和投资人的法律体系、能给企业提供价格合理且多样化投资渠道的高效金融市场、多种可行的退出方式、相对稳定的宏观和政治条件、国际认同的顶级商业机制（如会计标准、财务报表、公司治理等），以及广泛的经营、管理、操作类的人才。这些非常重要的私募基金成功因素在几乎每个发展中国家都明显地不太强大和可靠，加剧了前一章所描述的投资周期每个阶段的挑战和风险。然而，矛盾的是，这些缺点正是私募基金投资机会的来源，在大多数发达国家基本上消失了。

第 3 章　私募基金优势：可操作的价值创造　本章扩展的前提是，由于稀缺的长期资本的注入，专注于私募基金专业人士提供的非金融价值创造的深层专业知识对于发展中国家的公司所有者而言是十分重要的。这些投资者通过与经历过类似问题的无数公司合作，积累了这种高度专业化的创造价值的专业知识。它可以采取以下形式：改进产品和营销策略，加强公司治理实践，扩大进入新市场的机会，实施财务报告系统以增加公司获得额外资金来源的渠道，或引入培训计划以提高工人的生产力。它还可以包括其他性能增强的措施，例如符合国际公认的环境标准。不管私募基金公司和管理层之间商定的仔细定制的价值创造战略是什么，首要目标是加强长期公司业绩，这是盈利退出的先决条件。

第 4 章　全球金融危机之前私募基金的业绩表现　这一章通过 2008 ~ 2009 年全球金融危机之前的两个不同阶段，追踪新兴市场中相对新生产业的急剧起伏。第一代新兴市场私募股权基金是在 20 世纪 90 年代中期，之后几年投资迅速增长。但是在新千年的早期，这些开创性的基金在绝对数量和相对数量上与发达国家的同行相比都取得了令人失望的结果。因此，许多早期投资者撤回到观望状态，认为私募基金在这些环境中太危险，有些甚至预测资产类别不可信以致无法存活。但是反对者被证明是错误的，在 2004 年行业开始了惊人的强劲复苏。机构投资者开始决定再看看，新的新兴市场基金增值，更多发展中国家被投资者看中，结果开始明显改善。审查这一历史记录向执行人员和决策者阐明了第一代资金表现不佳的具体原因、各利益相关方的经验教训，以及导致许多发展中国家，但绝不是所有发展中国家重新抬头的变化。

第 5 章　后危机时代评估：新的挑战和机遇　虽然不能完全免除 2008 ~ 2009 年全球金融危机的破坏性后果，但资产类别已经充分确立并且能够可靠地进行。与以前的全球金融不稳定情况不同，发展中国家经济体在危机发生后立即比其发达市场同行更具弹性，对许多投资者重申，新兴市场的私募基金应是其投资组合的关键组成部分。相比，10 年前由于表现不佳，行业几乎消失，一个更成熟的新兴市场私募基金行业不仅在危机中幸存，而且与发达市场相比，吸引了越来越大的全球私募基金募集比例。另外，行业的深化伴随着其他一些令人鼓舞的发展，例如机构投资者的利益多元化和私募基金活动超出所谓的金砖四国（巴西、俄罗斯、印度和中国）扩大到更多的撒哈拉以南的非洲、拉丁美洲和东南亚市场。然而，正如本章所探讨的，如果该行业要维持并建立危机前势头，行业现在面临着必须解决的新挑战。举例而言，整体筹资已经下降，至少是暂时的，因为许多西方机构投资者面临现金压力，退出环境仍然是有问题的。而且更值得注意的是，即使资产类别比以往任何时候都更加可信，新兴市场大多数中小型企业的融资缺口仍然存在。这一短缺代表了行业增长和发展下一阶段的巨大挑战以及机遇。

第6～8章　国家案例学习——中国、巴西和肯尼亚　每章都提供了一个国家特定的私募基金资料，以便通过具体的例子证明私募基金在三个非常不同的新兴市场国家所采取的轨迹。这些差异包括地理和商业文化、私募行业发展的阶段，历史演变和私募基金的表现，以及政府作为资产类别发展的促进或障碍的作用。每个国家章节还概述了个人私募基金交易，目的是为读者提供关于投资者在投资过程每个阶段遇到的挑战的现实洞察，包括筛选和选择潜在公司，进行尽职调查和商定估值，制定和实施定制的非金融价值创造战略，以及实施退出。

第9章　透过一个朦胧的水晶球看去　今天的资产类别与20世纪90年代中期第一次出现时相比是不可辨别的，并且很可能与10年后的现有资料相比几乎没有什么相似之处。用乐观的精神来面对，本章提供了行业在未来几年可能面临一些严峻挑战的观点，以及在前面章节中展示的所有利益相关者之间需要改变的地方，以使私募基金在发展中国家发挥日益重要和建设性的作用。最终，在这些服务不足的国家更广泛和更深入地利用私募基金将不仅使越来越多个体公司的所有者及投资者受益，而且也将有利于私募行业的整体业绩，这是促进宏观经济增长和减轻贫困的主要推动力。

第1章

私募基金入门[⊖]

私募基金提供了一种引人注目的商业模式，它能提高公司运营效率且改善财务结构，并有潜力为企业所有者和整个经济体带来实质性的回报。

——英国金融服务管理局

《私募基金：关于风险和监管的讨论》，2006年11月

在里约热内卢的郊区，远离科帕卡巴纳和伊帕内玛的原始海滩和豪华住宅的地方，一家为大型建筑项目提供脚手架设备的中型公司的老板克劳迪奥正在反思40年来公司的动荡发展史。[1]“我们享有极好的声誉！公司拥有稳定可靠的客户群和良好的品牌效应，并逐渐成为市场的领导者。但是无论我们的收入增长得多快，由于承受了太多的短期债务，公司总是遇到财政困难。我们从来没有赚到钱。”这种充满矛盾的无盈利增长模式是在发展中世界被许

⊖ 本章的目的是为不熟悉私募基金的读者阐述私募基金的特征以及它区别于所有其他为私人公司提供的融资机制的投资机制。了解这些基本知识是能够为读者理解为什么这种特殊投资工具能够在新兴国家促进经济增长并提升公司绩效打下必要的基础。私募基金从业者和其他已经对私募基金基础知识有所了解的读者可以直接从第2章开始阅读。

多“成功”企业家重复的令人沮丧的商业模式。对那些存活下来的企业来说，事情通常会变得更糟。

克劳迪奥继续说道：“2002～2003年，巴西的经济开始出现爆发性增长，为建筑业创造了前所未有的机遇。尽管我们在专业化方面一直处于市场领先地位，但我知道只有迅速扩张并满足对我们公司产品的日益增加的巨大需求才能保住当前的市场份额。巴西的建筑材料业是高度细分的，并购在建筑业回暖的趋势下不可避免。只有那些拥有雄厚资金实力的公司才能新增投资，达到规模效应，快速发展并且存续下来。以我的经验来说，银行的作用很小。银行只会以极高的利率和严苛的抵押条件提供短期贷款，甚至对那些在繁荣发展的市场中信誉卓著并有良好业绩的公司来说也是如此。我们甚至还寻求过国有开发银行的帮助，虽然他们对我们这样的中小企业感兴趣，但我很快明白他们的低效和官僚化并不能解决我们的问题。

“为了存活下来，我们要找到能够认识到公司发展潜力并且愿意和我们长期合作的投资者。幸运的是，朋友的朋友给我介绍了一个私募基金经理，他专门投资具备快速增长潜力的巴西小型公司。在我们初期的会面中，这位潜在的投资者非常苛刻，让我怀疑无法达成交易。但是在一段时间的艰难谈判之后，我们达成了协议，由该公司为我们投资数目可观的资金并持有我们公司15%的股份。”

“私募基金投资者加入董事会以后，我们的思维方式发生了巨大改变。从第一天开始，他们就充满活力，亲身实践，专注于寻找能够提升公司绩效的改进方法。例如，尽管我们早就有了良好的公司治理章程，但他们有着我们不具备的智慧，使我们能够在会计和财务信息披露方面更加符合国际通用的标准。他们的投资还提高了我们在银行的信誉，突然之间我们就能够得到长期贷款了。有了他们的资金和专业知识支持，我们能够采取更积极的收购战略来促进公司的发展。”

这位巴西企业家经历的融资问题是发展中世界中的公司所有者普遍面临的问题。不管多努力，多成功，他们早晚都会碰壁：无法或是只能有限地获得竞争与发展所需的中长期融资。结果是，这些公司无法充分发挥其潜力，获得良好的发展。资本与公司绩效之间的联系是毋庸置疑的，也在无数对发展中国家企业家的调查中得到证明，他们一直断言融资困难是他们遇到的最大问题之一（见图 1-1）。[2] 根据世界银行的一项研究，在低收入的国家，43% 的小公司和 38% 的中型公司将融资困难视为公司经营的主要阻碍；在高收入的国家，这个比例分别只有 17% 和 14%。[3] 此外，由于所有者或是管理者缺乏公司运营、财务管理、营销和公司治理等方面的必要知识，众多与克劳迪奥的企业相似的公司无法达到最佳绩效。

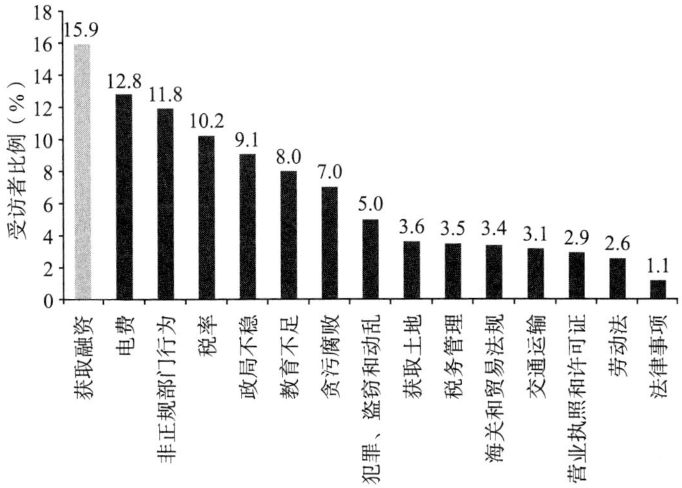

图 1-1　中小企业发展约束因素

资料来源：Adapted from The World Bank (2014), *Enterprise Surverys*, www.enterprisesurveys.org, The World Bank.

发展中国家那些由于与克劳迪奥公司相似的原因表现不佳的公司吸引了一群特殊的投资者。私募基金将稀缺资本与提升绩效的专业知识结合，增强了满足其严格投资条件的公司的竞争力和盈利能力。当这些努力奏效时，公司的价值显著提升，最终为投资者和公司所有者带来丰厚的经济回报。而且，私募基金投资方式有可能创造一个良性循环：大量的研究证明，不论国家环境如何，私人部门生产力和竞争力强大有助于创造更高的经济增长率并降低贫困水平。

但是，在掌握私募基金对发展中国家产生的所有可能的影响之前，首先要清晰地理解什么是私募基金，以及这种特殊的融资工具如何以其独有特征区别于其他为私人公司提供的融资机制。此外，私募基金尤其适合于发展中国家多元化的公司，这一点在以后的章节中讨论。

理解私募基金独特的基本原理

传统上，私募基金是指对不在交易所公开交易的股权资产的投资。在发达国家，私募基金也指对上市公司的收购，公司在被收购后退市。[4] 除了收购方式，私募基金通常能够使投资者获得目标公司重大的股权份额，但是不一定能拥有控制权。私募基金的目标是仔细挑选具有高增长潜力的公司，在资金投入后与公司管理层密切合作以提升公司价值和业绩（该过程通常为 3 ～ 5 年），然后以比原始股价高得多的价格卖出持有的股份，通过 IPO 或是将股份转让给战略投资者或其他公司的方式“退出”（见图 1-2）。较不常见的做法是，私募基金管理人将股份转让给其他私募基金或者目标公司管理层，后者也就是通常所说的管理层收购（MBO）。

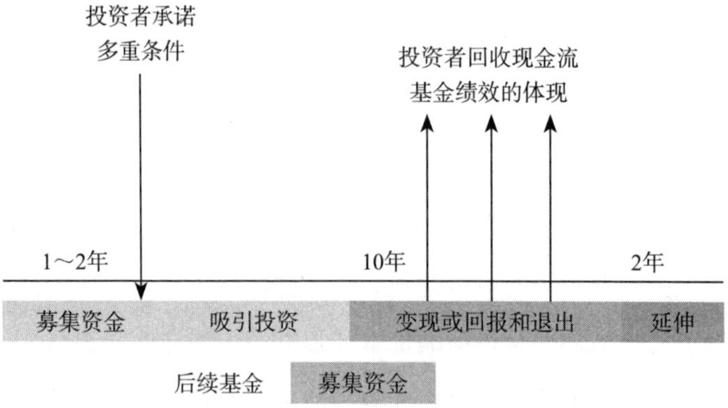

图 1-2　私募基金运作时间表 [5]

私募基金从一开始向潜在投资者营销基金和对目标公司进行初步筛选，到最后退出投资的公司，存续期通常为 8 ～ 10 年。但是，私募基金管理人通常会在退出上一家公司之前为后续的基金募集资金。[6]这保证了经营的持续性。

私募基金的组织结构（见图 1-3）和薪酬结构与其他融资中介有很大区别。不管是像凯雷集团（Carlyle Group）、黑石集团（Blackstone）、KKR 集团或是华平投资集团（Warburg Pincus）这样信誉卓著的拥有数十亿美元资产的全球资产管理公司，还是针对初创企业的风险投资基金，它们的法律结构都是有限合伙制（LLP）。[7]私募基金管理人，也称为普通合伙人（GP），他们负责聚集起资金池，而资金主要来自机构投资者或是其他可信任投资者，也称为有限合伙人（LP）。[8]一旦有限合伙人投入资金，从初始交易到退出过程的所有责任就转移到了普通合伙人上。也就是说，有限合伙人在基金中是被动投资者，对特定投资决策不享有决定权。

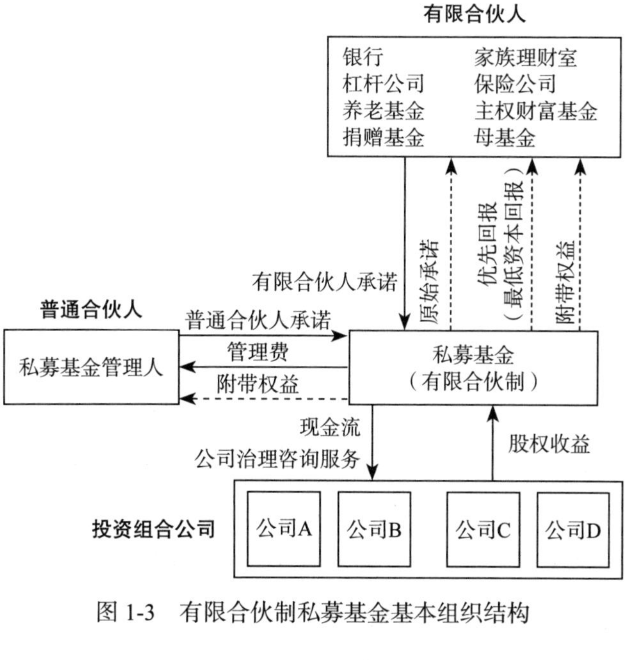

图 1-3　有限合伙制私募基金基本组织结构

虽然进入有限合伙人行列的可能是多样化的投资者，但是其中最主要的还是大型金融中介，比如公共养老基金、银行、保险公司、大学捐赠基金、一些家族理财室和州立的主权财富基金。[9]这些受托机构负有管理和投资资金的责任，将资金投向具有不同风险特征的资产的分散投资组合，一方面是低风险的政府债券，另一方面是像私募基金这样的另类投资。重要的是，这些机构与其他投资者（比如对冲基金）相比较不关心短期的市场波动，这使得它们对私募基金的流动性不足问题有更高的容忍度。

将私募基金纳入资产配置——一个说明性的组合

"资产类别"以风险、收益以及流动性特征为基准恰当地区分了不同的金融资产。尽管广泛被接受的分类标准尚未建立，管理巨额资金的机构投资者更倾向于以风险和收益为基准对具有相似特征的金融资产进行分类并分散投资。比如，美国一个大学捐赠基金可能会做如表 1-1 的资产配置。

表 1-1 资产配置 (%)

	配置比例	期望收益率	标准差
固定收益债券	30	3	12
政府债券	50	2	8
公司债券	50	4	14
股权投资	50	7	22
本国	60	6	20
国外	40	8	25
另类资产（较低流动性）	20	14	30
房地产	30	12	25
基础工程建设	20	12	25
本国私募基金	40	14	25
新兴国家私募基金	10	20	35

根据惯例，私募基金被投资者认为能够获取高收益但同时也有更高的风险和波动性（基于标准差的计算），因此被列为另类资产。但是本书主张，投资者需要进一步区别：新兴国家的私募基金由于在风险和收益特征上不同于发达国家，应当被列为一项独立的资产类别。

因为偏好于依赖专业的金融中介或者普通合伙人，这些机构更青睐有限合伙制私募基金，尤其是在其复杂而不透明的机制下。就像一位养老基金管理人所说，对单个公司的直接投资（对我们来说）是耗时而且"笨拙"的。投资私募基金在时间分配上效率很高，更不用说它更有可能用其专业的行业知识创造丰厚的财务回报了。除了直接投资于普通合伙人，有限合伙人也可以将资金投向母基金（也就是专门投资于其他基金的基金）。由于母基金投资的基金在地理位置、战略定位、业绩记录以及行业专业技能方面非常广泛，能够分散投资风险，因此一些有限合伙人更偏好这种投资方式。此外，众多有限合伙人为了直接投资私募基金正在壮大自身团队，因此绕过普通合伙人，直接投资于私有企业。然而，大体来说，这些机构投资者几十年来一直在私募基金上投入资金，并且相信他们已经具备了采取这种策略的必要技能。

ILPA 私募基金投资原则——有限合伙人与普通合伙人关系的指引

机构有限合伙人协会（ILPA）是代表已经投资于或将要投资于私募基金的机构有限合伙人利益的同业公会。为了促进有限合伙人与普通合伙人关系的界定，ILPA 于 2009 年 9 月（2011 年更新）发布了私募基金投资原则。该原则反映了有限合伙人对制定更有效的条款的需求、对提升普通合伙人治理水平和透明度以及更能体现有限合伙人利益的管理费结构的特别关注。该原则为有限合伙人与普通合伙人的协商提供了一系列的具体指导，但并不是“一刀切”的方法。

在私募基金投资原则中强调的核心问题如表 1-2 所示。

表　1-2

利益分配	• 加强回拨机制（或是在后续投资损失导致普通合伙人获取比协议约定更多的收入时，有限合伙人有权收回一部分附带权益） • 基金管理承诺
基金治理	• 加强有限合伙人顾问委员会的作用 • “关键人物”事件的发生应导致基金投资期限自动中止 • 无过错撤资权
管理费用	• 欧洲瀑布式分配（在基金到达存续期时分配而不是逐笔交易分配） • 后续基金成立及投资期结束后，管理费应大幅下降 • 绩效奖励分配应以税后净利润作为计算基础而不是毛利润 • 承销费用应完全由普通合伙人承担
透明度	• “时间与注意力准则”——对有限合伙人披露所有重大变更 • 季度披露财务报告；以成本和市场价格的较低值估值 • 聘任独立审计师 • 所有相关专有信息应被保护，不向公众披露

薪酬结构是私募基金不同于其他金融中介的鲜明特征。普通合伙人的薪酬主要由两个部分组成：以基金管理资金规模总额的固定比率（通常是1% ～ 2.5%，视基金总规模而定）计算的年度“管理费”和“附带收益”，即建立在满足有限合伙人最低投资回报后的净资本利得基础上的绩效薪酬（通常是6% ～ 8%）。行业标准惯例是80/20原则，即有限合伙人得到80%的附带收益，普通合伙人得到20%。因此，私募基金投资者大部分的报酬只能在投入初始资金的许多年后投资期结束时获得，而且完全取决于基金管理人在投资期间创造价值方面的表现。在某些情况下，普通合伙人也会通过提供咨询服务或其他募资帮助向投资组合公司收取额外的服务费用。

私募基金的薪酬结构实质上与其他金融中介相反。比如，投资银行和商业银行按年发放职工奖金，使得激励方式更倾向于依据短期绩效。在年度绩效评估中，对信贷员的评价和薪酬发放是以放贷数额为根据的，而不是这些贷款业务最终的表现。在这两种情况下，关注短期指标都助长了金融利己主义。

私募基金囊括了一系列的子分类，这些子分类大致以目标公司规模、增长前景和融资需求为划分依据（见表1-3）。分类系列从天使投资和风险投资开始，它们专注于投资尚未产生收益的新成立的小型初创企业。本书后续章节主要关注的“成长基金”投资的是更为成熟的中小型公司，它们有着行之有效的商业模式和未来发展的巨大潜力。最后，在并购基金运作阶段，投资者通过收购目标公司的股权，获得对目标公司的控制权。私募基金也包括某些利基战略，比如夹层基金（介于股权和债权之间的一种融资方式）。

表1-3 私募基金子分类

天使投资		风险投资基金	成长基金		并购／重组基金	
种子期（公司概念）	创业期（产品研发）	早期阶段（比如首轮融资）（销售额、营运资本）	成长资本	夹层资本	杠杆并购	公司重组

由于“私募股权”这个词经常与并购联系在一起，尤其是在新闻报道中被不知情的决策者甚至是学术专家使用，尽管可以用重要的不同点来区分私募股权的子分类，但还是产生了众多混淆。然而，并购基金和成长基金投资存在众多重要区别，这些区别与新兴国家的投资密切相关（见表1-4）。

表 1-4　成长基金与并购基金的主要特点

	成长基金	并购基金
股权份额	购买一定比重的股份（通常是少数股权但能有一定控制权）	收购全部或者绝大部分目标公司股份，获取控制权
基金规模	通常数亿美元或以下	通常数十亿美元
目标公司	有迅猛发展潜力的私人中小型公司	大型成熟的私人公司或上市公司，在交易结束后成为私人公司
交易规模	数千万到数亿美元或以下	通常比成长基金规模大；数亿或数十亿美元
杠杆运用	基本上没有债务融资	通常高杠杆；债务融资比例为 60% ～ 90%
附加价值	财务的和非财务的（经营性的、战略性的）都有	通常是财务重组方面

这些差异并不是无足轻重的。并购基金对收购的公司享有控制权，因此有权迅速更换管理层，售出收益不佳的资产或整个业务部门，并进行债务重组以相对快速地退出并获取丰厚的回报。相比之下，成长基金和风险投资基金更倾向于以少数股东权益的方式投资于退出过程耗时更久的劳动密集型企业。它们着眼于提升公司业绩，建立起投资者和管理者之间有效的长期关系。总之，并购基金专注于通过筹资规划或重组快速解决问题，而成长基金投资则是在动手创造价值过程中逐渐升值。抛开成见不谈，当下的新闻媒体、政府官员甚至是著名学者几乎只关心并购基金，就好像这些被广泛宣传的交易能代表整个私募基金行业[10]一样，这造成了对私募基金概念的混淆。这在某种程度上是因为并购基金资金规模和投资规模庞大，导致其受到过度关注。

然而，在第 2 章中我们进一步说明，并购基金并不是本书讨论的核心问题。虽然存在一些例外情况，发展中国家的私募基金一直以来主要是成长基金投资。合伙人与在广阔市场中经营的中小企业所有者建立关系，而且往往呈现出许多传统的成长基金特征：公司所有者持有重大股权；交易规模通常在数千万到数亿美元之间（或更小）；基本没有杠杆融资；价值创造战略对经营成功至关重要。

私募基金投资周期

不管是数十亿美元规模的美国并购基金，还是在低收入发展中国家经营的小型公司，私募基金一步步的投资过程以及达成交易所必需的基本分析技能并没有太大区别（见图 1-4）。一旦基金制定了清晰的基本投资战略（比如公司所处阶段、地理位置、交易规模以及行业部门），基金管理人就进入资金募集阶段，私募基金投资周期以此开始。在这一步骤中，基金团队往往会对潜在的投资目标做识别和初步筛选，并对那些最具增长潜力的公司进行尽职调查，评估公司未来的发展前景和价值。如果交易双方都认为合伙人的加入能够带来双赢，他们会就达成公司估值和投资结构方面的最终协议做进一步协商。[11] 投资完成后，为了能在退出时以比原始股价高得多的价格转让持有的股份，普通合伙人将在公司中扮演活跃并重要的角色，帮助公司提升经营水平并增加价值创造。下面详细地解释每一个步骤。

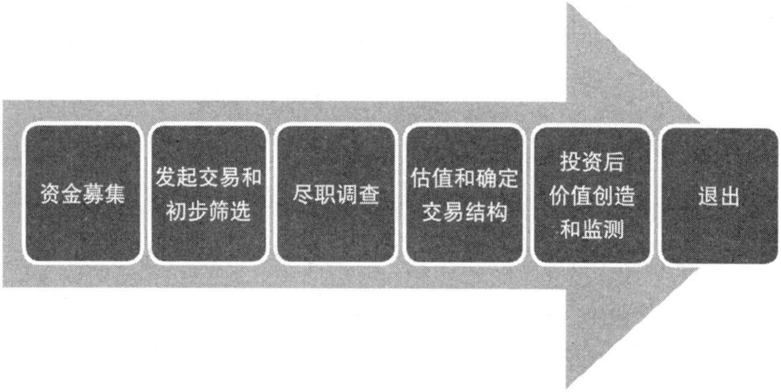

图 1-4 私募基金投资周期

资金募集阶段：当私募基金资深从业人员被问到工作中最不喜欢的部分时，最可能的回答是："筹款！"无论在哪个国家，无论管理的基金规模如何，这样的回答都是意料之中的。毕竟每个成功私募投资人的天职是"交易"而不是要钱——尽管后者是前者的前提条件。经验丰富的基金管理人知道募集资金的过程意味着连续的路演、疲惫不堪的行程以及遭遇无情的拒绝，是"最可怕的噩梦"。除了那些排行榜顶端的知名公司，资金募集过程通常都会持续比预期更久的时间。正如一名巴西基金投资人所说："对中型市场基金来说，筹集资金的每一个步骤都耗时更长，哪怕具备杰出的业绩和多样化的退出机制也是如此。”虽然如此，筹集资金是私募基金投资周期至关重要的第一步。

发起交易和初步筛选阶段：私募基金与其他融资方式显著的不同点中经常被从业者提起的是在尽职调查前漫长且费神的筛选过程：“如果我们手头上有 100 个投资选择，我们会对大约 10 家公司做尽职调查，最终决定为一家公司提供资金。”

私募基金根据投资战略审慎确定一系列选择标准（见表 1-5），基于广泛的研究、强大情报网下的准确市场信息以及口头协商技巧对投资候选公司进行系统性的识别和筛选。比如，尽管不存在万能的模板，基金管理人在筛选过程中或许会用许多指标来评估可能的交易，包括与公司战略的匹配度、公司发展前景、具体的交易细节以及整体利益的分配等。但是找到正确且合适的投资目标是很困难的。一名基金管理人指出：“许多人认为只要进入这个行业就能找到大量正在寻求资本的高质量公司，但这并不是事实。公司是海量的，但它们中的绝大多数不会成为私募基金的投资目标。”

表 1-5　发起成功交易的关键考虑因素

投资匹配	公司前景
• 目标区域 / 行业 • 市场增长前景良好（坚实的客户基础） • 目标公司所处阶段 / 规模 • 有价值创造必需的专业知识的获取渠道或经验	• 是或者有潜力成为市场领军者 • 强势的管理团队 • 强劲的 EBITDA 和营业毛利润表现、良性的现金流量周期 • 增长潜力（组织性的或非组织性的） • 附加值产品 / 服务 • 有吸引力的退出机制

不管筛选过程是多么严格和系统化，哪怕是资深的私募基金投资人也得承认在投资周期中这关键性的第一步不可避免地受到主观影响，尤其是在可靠信息稀缺的情况下。“发起交易更像是一门艺术而不是科学，”一名投资人说道，“但从来没有像我进军发展中国家时那样更像艺术，因为那里的信息质量出了名的不可靠。”

虽然依基金战略而定的选择标准存在巨大差异，但有一点是不变的：公司价值与增长潜力相比被低估，而增加经济资源的投入和运用价值创造的专业知识能够纠正这种低估。这可能涉及通过增加工厂、购买昂贵的设备、进入新市场或是收购竞争者等方式超越竞争者的机会，或者通过对公司的公司治理实践、新的财务控制、重组的营销策略进行重大改进来提高绩效。无论收益的情况或预期用途如何，初步筛选的判断基础是私募基金投资者的参与将推动公司在规定的时间内达到一个新的更有竞争力的水平。

尽职调查阶段：一旦基金管理人有一定把握认为公司可以从初步筛选过程中脱颖而出，并且已与公司管理层达成初步协议，投资团队就开始了密集的尽职调查（见表 1-6）过程，对目标公司运营、管理和财务情况的强弱势进行评估。团队通过收集并分析这些详尽的信息和评估所在市场的竞争动态，建立起对目标公司未来表现的一系列假设。在分析的假设阶段，能够预测未来公司业绩的财务模型被建立起来。这一模型将作为与管理层协商将要投资的资金数额、所有权比例以及涉及私募基金投资人在公司中作用的条款的依据，并且为公司创造多样化价值。

表 1-6 简洁版本尽职调查清单

市场评估 • 客户 • 增长驱动因素 • 竞争动态（市场份额、竞争性质） • 法律法规 • 分销渠道 • 供应商 **财务、经营以及道德规范** • 季度和年度财务报告；纳税申报 • 资本结构，包括流通股、期权、债务融资工具等 • 银行账户和存款安排；资产 • 财务项目、预算、商业计划以及预期资本支出 • 公司条例；规定和董事会会议记录 • 组织结构图 • 战略合伙人 • 营业执照和许可证 • 未决诉讼 • 遵守当地法律 / 国际标准 • 商业信誉 • 资源管理	**公司管理** • 利益分配 • 背景——经验与专业知识 • 团队化学反应 • 业绩记录 • 资源获取渠道 • 风险评估 • 持久发展的能力 • 对第三方介入的开放度 **商业模式** • 消费者附加值 • 营销战略 • 获取营业收入 / 毛利润的潜力 • 产品或服务的独一性 / 专卖性 • 竞争中的业绩 / 发展水平 • 潜在标杆企业 • 规模效应 • 有吸引力的退出机制 **环境、社会和公司治理** • 遵守国际环境标准 • 资源利用与管理；减排污染物 • 劳动和工作条件 • 健康与安全规章执行记录 • 社区影响

与第 2 章讨论的发达国家相比，发展中国家的尽职调查过程耗时更长并且充满风险。至关重要的经营和财务信息往往是不可得或者不可靠的，完备的信息披露制度也尚未建立，而且公司管理人对满足潜在投资者严苛和耗时的信息要求缺乏经验。但是不管所在的国家和行业如何，尽职调查都需要对公司海量的文件材料做详尽评估，实地考察公司的设施，并对重要员工、客户、供应商和其他获悉公司相关优势和劣势信息的人员进行漫长的面谈。

矛盾的投资主管

一群投资于增长型巴西小公司的私募基金主管完成了对亚马逊河口偏远小岛上一家用环保耕作方法生产棕榈芯的小公司的尽职调查。基于初步评估的良好结果，投资主管提出了投资建议，并进行二轮现场尽职调查。但是在最终的评估阶段，深入的调查发现了重大的会计造假和未向投资者和政府部门披露的巨额隐藏税项。尽管有这些新的未决事项，公司突出的优势和广阔的棕榈芯市场还是吸引了许多投资主管的目光。主管感到十分矛盾：他们是要推翻之前的投资建议并中断与公司管理层的协商，还是与公司签订改善会计实务并缴清应付税款的保证协议，以更低的估值水平继续投资？无论选择哪种方式，他们如何向基金投资委员会证明自己的建议是正确的？

认为尽职调查只是一种金融活动的普遍看法其实是不符合现实的。虽然关键目标是得到预测未来表现的财务信息，但是过程通常涉及广泛的非金融专家的投入。例如，律师事务所必须进行法律尽职调查，以识别和评估未决诉讼或其他法律责任对公司可能的影响。咨询和顾问公司通常被聘请来根据行业因素评估公司是否需要进行昂贵的投资以符合环境、健康和安全法规。行业专家经常被要求评估公司工厂和设备的质量和状况，以确定提升公司业绩所需的未来投资水平。

虽然大部分融资过程是基于明确的客观指标，但精明的私募基金投资者知道，交易成功的最重要因素是最难以衡量的：评估企业主的能力、诚信水平，以及与第三方投资者合作的真诚度、开放度和透明度。无论评估多么严谨和细致，交易的主观性是不可避免的。一名全球新兴国家投资者总结道："在尽职调查的过程中，我们经常花几个月的时间来评估公司创始人，以确保其满足关键标准：他们是否具有诚信，双方是否拥有公司开展业务的地域和规定的时间段的共同看法，是否存在开放性变化（比如，我们是否可以引入CFO或COO或实施新的治理实践），以及是否具有责任委派的意愿。"

不仅仅是投资者正在努力对潜在的合作伙伴采取这种措施。更常见的情况是，尽职调查过程中存在着相互猜疑，因为双方都在权衡与不了解的人建立长期关系的利弊。公司所有者和投资者必须表现出建立信任关系的意愿；否则，无论该公司的增长前景如何具有吸引力，交易都是无望成功的。一名有几十年投资经验的基金经理说："更多时候，做出糟糕的投资决策的原因是我们对高级管理层的错误判断。"

估值和确定交易结构阶段：尽职调查过程通常是富有挑战性并且耗时的，对那些从未接受过如此严格的外部审查的中小型公司来说尤甚。这种不熟悉可能会加剧投资者和管理层之间经常发生的紧张关系，尤其是在有关公司估值的谈判过程中。

可以说尽职调查最重要的目标是达成双方一致的公司价值协议。在投资者提出远低于期望的估值时，企业家或许会感到被欺骗——有可能是"血汗产权"被低估，也有可能是因为估值人不了解其商业模式。但是此外，私募基金投资人训练有素，怀疑并坚持寻找可能揭示以前未被发现的风险（未付税、过于乐观的预测、设备故障或环境危害）的信息，然后将它们纳入估值模型中。作为估值过程中经常陷入僵局的典型案例，一名阿根廷私募基金投资人解释了他无法和一家拥有极好发展前景的公司的创始人达成最终协议的原因："费利佩（该公司创始人）应该更加注重公司未来的价值以及公司盈利能力提高后他自身的剩余股权，而不是过去的表现和他血汗产权的价值。但是说服他相信这一点实在太难了。"另一边，费利佩对潜在的投资者严重低估了公司价值大吐苦水："他根本不了解我们前10年的成就。"但是在反思为什么私募基金投资人被激怒并且退出交易的时候，费利佩失望地承认道："我不知道公司的价值应该是什么。”

一旦达成了有关公司价值和投资数额的协议，在支付资金之前的最后一步就是执行法定股东协议，正式约束双方并明确各自的义务、权利和责任。通常新加入的投资者会根据所有权比例在董事会享有一定席位，这是由估值水平和注入权益的金额所决定的。然而，无论董事会席位有多少，新投资者都有强烈的动机去明确自己对公司管理和影响绩效的关键决策的参与程度。

当私募基金投资人是少数股东时，习惯上会签订“绝对多数”[12] 条款，规定管理层的特定决策必须经过投资者批准，比如重要高层管理人员的聘任、超过一定数额的新投资决策和向第三方出售全部或是部分公司股份的决议。正如一位全球基金经理所说：“尽管只是少数股东，你还是能对公司施加重要影响，这取决于你的杠杆以及与多数股东利益的一致性——打个比方，他们想要执行一些比如整顿高层管理团队的变革，而你的加入正好能够促成这项变革。”

为了确保投资后的有效合作，投资者和被投资者在交易结构化过程中应该充分协调差异。“在投资前必须就投资后的价值创造战略达成明确协议，”一名长期投资新兴国家的私募基金管理人解释道，“这需要我们和管理层之间相互信任，并在如何发展公司上达成利益一致。”

投资后价值创造和监测阶段：一名中国私募基金负责人说：“简单地说，我们是公司的建设者。这个行业的关键成功因素是投资后的执行过程。”[13] 这种说法反映了将私募基金与其他融资机制区分开来的无可争辩的最大特征：“真正的工作从资金支付后开始。”签署股东协议并支付资金后，私募基金投资者的角色和责任发生了巨大变化。他们成为公司所有者并开始采取相应行动，与管理层一起实施一系列能够使公司更强大更有竞争力的价值创造变革。

通过在投资协议中嵌入股东权利约束条款，投资者依法享有积极参与公司事务的权利，包括参与关键的管理决策。投资者不仅能够通过在董事会上获取席位实行股东权利，也能通过直接参与影响公司表现的关键经营和财务决策发挥作用。一名投资者对这种路径解释道：“除了在投资组合公司的董事会上拥有席位，我们还能够组建一支由行业专家组成的先进团队，他们的交易网络和专业知识可以帮助公司留住客户并更有效地管理应收账款，而所有这些都有助于增加利润。”

投资后的初期阶段通常在建立与管理层良好的工作关系和巩固公司发展路径方面起着至关重要的作用。基于这一点，实际中许多私募基金从业者会制订投资后百日计划，明确短期任务以启动价值创造过程。[14] 作为长期变革的初始蓝图，这个被投资者和管理层一致认可的计划使公司管理层能够系统性地跟踪项目进展并执行提升公司业绩的具体变革。每个公司的价值创造重点因所处的独特情况有所不同，但是百日计划提供了一个很好的开始方式。它的重点可能是解决具体的经营问题，加强公司治理实践，或是提升环保合规性，也可能是这三者的结合。

释放人力资本的力量：世界森林产品公司和全球环境基金[15]

世界森林产品公司（GFP）是一家南非公司，拥有超过 56 000 公顷的林地、三个锯木厂、一个胶合板厂和一个木材加工厂，在 21 世纪初被由全球环境基金（GEF，一个私募基金公司）牵头的投资者联盟收购。当时，公司的业绩非常糟糕，处于亏损状态。但是从全球环境基金的角度来看，林业部门的增长前景非常光明，因此 GFP 提供了一个复杂但丰富的价值创造机会清单。在全球环境基金的投资后优先事项列表中，提高公司表现欠佳的员工生产力处于最顶端。

1948 ～ 1994 年，南非政府实施种族隔离制度，严重歧视占国家多数的黑种人，限制他们接受教育、医疗和参加工作、选举的权利。GEF 的管理人斯科特 · 麦克劳德说，在 GEF 做出投资决定的时候，世界森林产品公司的员工大部分都是不健康的，25% ～ 35% 的员工被检测出 HIV 阳性，而且需要用每日工资供养 20 人左右。作为新的公司所有者，GEF 管理人杰弗里 · 伦纳德回忆：“通过为工人和他们的家人提供上学的机会、干净的水、卫生医疗服务和必要营养，我们基本上承担起了支持整个小镇发展的责任。”

与这些劳动力问题相伴的还有不正常企业文化刺激下员工低迷的工作热情。伦纳德解释："并购时谣言四起，说我们准备关停工厂。因为在我们并购前曾经有过几次大裁员，所以当时气氛很紧张。"在缺乏工人技能培训和极其不注重工厂质量控制的环境下，生产力被进一步削弱了。例如，该公司系统性地忽略了比如将锯片打磨锋利之类的设备基本维护过程。结果就是，与美国或加拿大的先进工厂每分钟锯 100 米木材的效率相比，GFP 每分钟锯的木材只有 3 米。

最后，伦纳德追述说："在交易完成后非常短的时间内，我们还发现了在所有的工厂中都存在大量的盗窃和贪污现象。我们能够发现这种现象是因为管理层团队有着周密的计划，两名团队成员在某个周日参加工厂会议时注意到，在工厂偏远角落的卡车边，产品正在被运往篱笆外面。"

因此，如果要使并购 GFP 成为一项成功的投资，GEF 需要对该公司的人力资源管理进行自上而下的重整，这也是麦克劳德面临的一个挑战。他回忆首要任务是在全球范围内最大强度地寻找一名新的经验丰富的首席执行官（CEO）和几名高层管理团队的成员。但是事情很快就碰壁了。当地部门以非法工作为由逮捕了刚被聘请两个月的加拿大 CEO，这使得 GEF 又回到了起点。据伦纳德说："竞争者在公司散布他是非法滞留南非者的谣言，还说我们准备用外派人员取代整个管理团队。"解决了这个阻碍之后，GEF 聘用了十几名专业的外籍木材厂工人以加强员工培训。伦纳德解释："一个人负责教工人们如何将锯片打磨锋利，一个人负责建立起合理的选材标准，另一个人则负责解决物流问题。这些专业人士将在激烈的加拿大林业公司竞争中习得的知识转化成了 GFP 的生产力。"

除了提高硬性技能，训练项目还专注于帮助工人认识自己在生产高质量和有竞争力的产品的过程中的重要作用，培养工人的责任感和自豪感。在 GEF 强调员工培训和工作士气之前，就如伦纳德所说："没有人知道最后产品用到何处，因此质量控制不被重点关注。例如，如果一块长而宽的木板是来自一棵每年修剪以防止硬结的树，那么它就具备高价值并能在市场上卖出高价。但是如果工人忽视了这一点，潦草地锯树并在木板中间留下硬结的话，本来是A级的木板就会变成所谓的XXX级，大幅度降低了价格。”

麦克劳德和GEF建立的新管理团队开始专注于密集的员工培训。他们以提高生产力和质量控制为目标，发现了大量未开发的人才，特别是以前受到种族隔离政策影响被歧视劳工。伦纳德说：“我们开始对那些工作多年却从未得到晋升机会的工人做基本能力测试，测试结果是惊人的。例如，最好的木材分级工人中，有一部分是受教育程度很低的黑人劳工。这些工人由于早期的失误被要求将自己经手的产品送回给他们的白人同事进一步加工，这种仍然存在的种族隔离震撼了团队的每一个成员。开展员工培训的一年内，由于无法适应新的价值导向文化，大部分南非高层管理者离开了公司，甚至是我曾认为会留下来的人也离开了。”GEF在转变劳动力技能和态度上的努力很快收到了成效。例如，在一家工厂，GEF在无额外资本支出的情况下实现了一年内产量翻番。回望过去，麦克劳德满意地说：“我们了解到，通过新的领导和组织结构，南非农村地区的劳动力也能具备高生产力。”这使得GEF在作为GFP的多数股东期间提升了劳动力质量和公司价值。

私募基金投资者除了享有重要股权份额之外，还能对涉及被投资公司绩效和战略方向的关键决策施加重大影响。除了在进行投资之前进行广泛的尽职调查以掌握公司情况之外，这些专业投资者还利用他们在同一行业或同一国家的其他公司积累的经验进行决策。如第3章将要讨论的那样，深厚的专业知识是成功的私募基金投资者的标志之一。他们最终的成功取决于进行广泛的提升公司价值的实践，包括向新市场进军、获取新的资金资源、引入更经济的生产方式，或是其他能够带来长期绩效提升和退出时获利的多样化措施等，而这很大程度上依赖投资者先前的经验。

退出阶段：如果不能通过IPO、出售给战略投资者、管理层收购或其他路径货币化财务成果以带着丰厚的利润退出，私募基金管理人在投资周期的每一个阶段里获得的一切成功都是徒劳的。在第一次接触潜在投资组合公司的时候，私募基金投资人已经考虑到了多年后的退出。一名基金经理指出：“你得在结婚前开始为离婚做打算。”在整个投资周期中，基金管理人专注于在其间的几年里必须实现何种目标来提升公司业绩，从而有利地剥离其所有权。长期价值创造过程中的财务激励是私募基金投资者区别于其他所有投资人的关键特征。

发达国家的私募基金投资者历来倾向于通过IPO退出，因为受欢迎的上市公司可能通过为公司的证券创造流动性市场来提供持续的融资。然而，IPO的申请要求可能是非常严格和苛刻的（例如，满足信息披露、财务报告和公司治理的既定标准）。此外，波动的资本市场增加了这条路径的不可靠性，导致大多数投资者权衡多种退出方式。在发展中国家尤其如此，由于资本市场非常不完善，私募基金投资者以公司上市退出是特例而不是常规做法。

私募基金特征

对寻求中长期融资的公司来说，私募基金的替代方式包括向银行贷款或在公开证券市场上发行股票和债券。然而，区分私募基金投资者和其他资金提供者的至关重要的一个特征是他们价值创造方面的专业知识和做主动投资者的强烈激励。对投资组合公司事务的持续亲自参与使得私募基金投资人能够规避可能有损公司绩效的风险，而这些风险往往不能被其他被动投资者注意到。私募基金投资者致力于利用在与无数公司合作过程中累积的经验，与管理层密切协作来提升公司绩效。就像本章开篇的巴西企业家克劳迪奥在描述自己公司与私募基金投资人合作的过程时所说：“我们的思维方式发生了彻底的改变。”长期提供资金、积极参与公司事务以及加强绩效的财务激励相结合使得私募基金区别于其他更简便的融资方式。具体地说，这一资产类别的三个相互联系的特征是：所有权集中、流动性不足和创造价值的激励。

所有权集中：在私募基金出现前，市场经济国家主要有两种公司所有权形式。一种是上市公司，其股票在证券交易所公开交易。在这种情况下，公司的所有权往往广泛分散在大量股东手中，这些股东基本无法影响公司经营。对于具有良好业绩的公司，这种模式的主要优势是获得比其他融资方式更有深度的资金池。上市公司的主要劣势是面临政府严格的监管审查和遵从严格上市要求（比如独立审计、标准会计准则和独立董事）产生的高昂成本。现在有时仍然是这样，公司非常清楚不满意的股东会出售他们的股票，因此倾向于重点关注可能提高股价的短期结果。

另一种是家庭所有或密切持股的没有外部股东的公司，如图 1-5 所示。这种股权结构使所有者能维持对公司的严密控制，规避监管审查或是董事会的监督，因此在不存在股票交易市场或是市场上大量的资金都流向大企业的发展中国家格外受到欢迎。该模式在一段时间内可能运转良好，但是成长型公司都会进入单纯依靠个人资金资源（家人或者朋友）和留存收益（未分配公司利润）不足以维持公司发展和保持竞争力的阶段，这时外部融资势在必行。但是由于缺乏从银行获取长期资本或在公开市场发行股票所需的透明度、问责制条件和其他要求，这些公司迟早都会遇到所谓的融资壁垒。

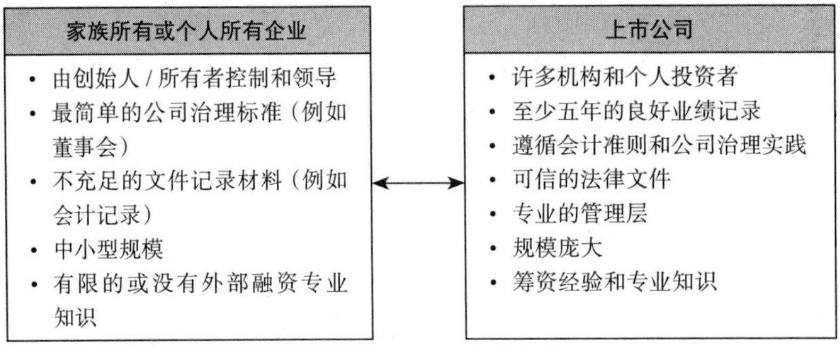

图 1-5　两种极端间的私募股权

如在第 2 章中将要详细叙述的那样，私募基金最开始出现在 20 世纪四五十年代，创造了介于这两种方式之间的所有者股权模式。无论投资者是控制公司的重要少数股权还是全部股权，他们的所有权权益通常足以使他们有权决定公司的运营方式，并且要求管理层负责实现规定的绩效标准。换句话说，他们是真正意义上的公司所有者。由于投资者所拥有的巨大财务利益受到公司经营业绩的影响，因此他们被充分激励在创造公司价值过程中发挥积极作用。

流动性不足：私募基金在将资金投入公司后，无法在转让股份前收回投资。也就是说，在一段时间内，该笔投资不具有流动性。[16] 这与投资能够在交易所自由买卖的上市公司股份显著不同。由于不具备流动性，私募基金是典型的长期资本，不能在危机发生时迅速撤资。实际上，许多人建议用长期资本来替代现在使用的“私募基金”，以便更准确地突出其流动性不足特征。这也解释了为什么私募基金投资者从投资周期一开始直到退出都保持坚韧苛刻、分析严谨、纪律严明的特征，这决定了他们的薪酬水平。

与其他金融资产类别相比，私募基金流动性的不足增加了投资者的风险，但是如上面所述，它同样创造了强烈的激励机制，使投资者在初始选择每项投资以及与管理层密切合作中保持谨慎并提升公司价值，以此作为有利可图的退出的先决条件。因此，利益双方都非常积极地实现同一目标。

在发展中国家，宏观经济波动一直以来更为频繁，金融危机的影响也更为深入和持久，因此私募基金的长期性和流动性不足对发展中国家的公司尤其有吸引力。哪怕是在最坏的时期，私募基金也能为公司提供一定程度的资金稳定性，而这是其他融资方式做不到的。流动性不足也解释了投资者期望产生比其他大多数投资更高的财务回报的基本原理（即流动性溢价）。

创造价值的激励：前述的两个特征——所有权集中和流动性不足为理解私募基金区别于其他所有融资机制的第三个属性奠定了基础。私募基金投资者的大部分财务回报取决于他们在投资公司投资后能否成功创造公司的附加价值。这与投资银行家有着显著差异。投资银行家通过为公司客户筹集资金或提供咨询服务收取高昂的费用，然后在任务完成后转向下一个目标。他们的工作结束了，收取的费用已经存到了银行，于是他们可以专注于下一个客户。因此，投资银行家的财务回报与客户公司业绩的好坏无关。同样地，对商业银行家来说，只要借款人能够产生足够的现金流以准时足额地还款，只要公司业绩水平保持在破产阈值之上，他们就能被满足。对于上市公司股东来说，他们的股份实在过小而不能有效影响公司绩效，如果对业绩不满意，他们就卖出持有的股份。但是对私募基金投资人来说可没有这种好事。不像投资银行家或是商业银行家，私募基金投资者大部分的薪酬与退出时的公司价值直接相关，而不是一开始投资完成时的价值，这使得他们必须专注于提升公司的长期绩效。

私募基金的积极作用通常被公司管理层认为是一大重要的好处，尤其是对那些极难得到他们所提供的的专业知识的发展中国家公司来说。巴西一家软件公司的创始人用较为普遍的观点说明了私募基金的吸引力：

> 我们需要的不仅仅是他们的资金。尽管公司的业绩非常好，年销售额增长率达到45%，我们还是无法如我们希望的那样迅速扩展业务，因为银行几乎不可能贷款给我们这样的高风险新兴科技公司。在做出了引进私募基金投资者的决定后，一切都发生了改变。我们的新投资者协调了所有的银行关系，很快我们就得到了贷款。在建立新合作伙伴关系的一年内，公司增长速度加快，拥有了崭新的董事会，完成了第一次独立审计，而且管理层已默许将改革公司治理实践。我们不敢相信形势扭转得如此之快：我们曾被外部资金拥有者完全忽视，但现在我们成为国际金融公司等公司的投资目标，它们想成为我们的股东并获得战略利益。

用经济学行话来说，私募基金投资者和公司所有者密切合作是因为他们的利益紧密一致：提升公司绩效能够带来更高的公司价值并最终产生更丰厚的财务回报。这与其他投资者显著不同——被动投资者没有额外的激励。

对发展中国家私募基金的进一步研究

本章作为简短概述，重点介绍了私募基金区别于其他所有融资形式的一些关键特征，阐述了私募基金投资周期（达成交易每一步的运作机制），并提出了一般过程。无论潜在交易规模是大是小，无论是在美国还是尼日利亚，无论是消费部门还是能源部门，这些对私募基金从业者工作内容的概述都是符合现实的。然而，对私募生态的进一步研究发现，根据所在市场的不同，投资周期中的每个阶段遇到的挑战和风险都存在显著差异。

第 2 章将更仔细地研究发达国家和发展中国家私募基金的特征，并强调不同市场的机会和风险存在根本性的差异。特别是，第 2 章将探讨为发达国家私募基金行业蓬勃发展提供基础的关键构件——从支持性政府政策和执法，到发达的资本市场和广泛实施可接受的公司治理实践——所有这些在发展中国家基本上都不存在。然而，正是新兴市场国家中这些成功因素的匮乏情况为经验老到的私募基金投资者敞开了大门，他们能够利用这些机会并规避风险。

Private Equity
Investing
in Emerging Markets

第2章

私募生态：发达国家和发展中国家的鲜明对比

> 在投资组合中，新兴市场国家的私募发展情况是相对小但重要的部分。老练的基金经理在对这些国家的投资中不仅为了寻求投资多样化及不俗的业绩，而且扮演着十分重要的地位，他们能促进当地经济增长、创造更多就业、改善公司治理，还能全面提高该地商业活动的水平。
>
> ——机构有限合伙人

本书的原则主题是发展中国家的私募发展情况与发达国家大不相同。在发达国家中，私募的发展受益于一个成熟的经济生态系统，包括有效的国家政策、保护契约及投资人的法律体系、能给企业提供价格合理且多样化投资渠道的高效金融市场、多种可行的退出方式、相对稳定的宏观经济和政治条件、国际认同的顶级商业机制（如会计标准、财务报表、公司治理等），以及广泛的经营、管理、操作类的人才。然而，必须注意的是在发达国家，这些机制的发展和演化用了半个多世纪。

发达国家建立私募行业：半个多世纪的逐渐演化

私募基金在国际金融领域仍然是一个相对罕见的部分。直到 20 世纪 80 年代末 90 年代初，并购基金黑石、KKR 和凯雷集团占据了新闻头条，私募基金概念才开始兴起。但是，私募基金的历史可以追溯到这些公司成名之前的 1946 年，在那时麻省理工学院、哈佛商学院和波士顿商学院的精英建立了第一家正式的风投公司——美国研究与发展公司（ARDC）。在此之前，富有家庭是私人融资的主要组成部分。而这家公司最初的业务是为第二次世界大战退伍士兵开办的企业从民间募集资本，使其成为历史上首个法律允许的向富有家庭以外人群筹资的项目。

发达国家私募基金的渐进演化

在早期阶段，“私募基金”这一名词只是风险投资的另一种说法，即通过股权融资帮助有发展潜力的新兴企业获得快速成长。在最初的一段时间，风险投资仅取得了缓慢发展，只是相对不重要的一种融资手段。在其发展的前 30 年，在美国每年通过风险资本实现的投资额仅有数百万美元，但自 20 世纪 70 年代开始，由于两种监管政策的改变，情况发生了重大变化。[1] 一是 1978 年的《收入法》把资本利得税从 49.5% 调减到了 28%，给个人投资者进行风险投资创造了动力；二是 1979 年美国劳工部修订了《雇员退休收入保障法案》（ERISA），该法案明确了许可范围内养老金的投资方向，这一点更为重要。此前，该法案不允许养老金投资如风险资本这样的高风险资产，认为这样有悖于养老金托管中的“谨慎人规则”。在修改了这条原则之后，养老金首次被允许对相对高风险的“其他资产”进行小额投资（不超过总资产的 10%）。

这项决定的意义是重大的（见图 2-1），在新政策宣布后短短两年间，美国风险资本和私募基金大幅增加，在 1982 年达到了几乎 35 亿美元，是此前整整 10 年总量的两倍多。[2] 此后，风险资本继续保持飞速增长，1980 ～ 1994 年其投资额增加了几乎 20 倍。因此，一个看起来不起眼的政策调整却成了整个行业迅速扩张的主要催化剂。

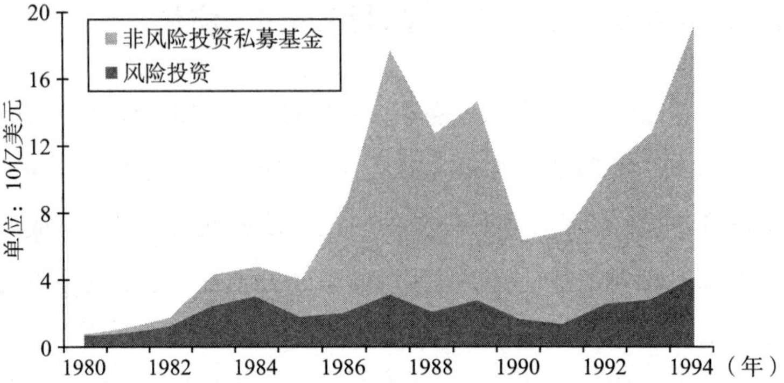

图 2-1　1980 ～ 1994 年风险投资与私募基金的增长

资料来源：George W. Fenn, Nellie Liang, and Stephen Prowse. *The Economics of the Private Equity Market*. Washington, DC: Board of Governors of the Federal Reserve System, 1995.

风险投资打下基础

早期美国的风险投资主要集中于几个特定的有限的行业，如科技与生物技术，这些行业相对较新，没有经过大量测试，但是展现出了快速扩张的巨大潜力。这些企业在发展早期都常常面临数年的经营亏损，也没有丰富的资产作为抵押，无法获得银行贷款的青睐。随着 VC 逐渐填平了这一融资空缺，美国迎来了一段创新发明的复兴和就业的繁荣。1972 ～ 1999 年，VC 帮助将近 1000 家企业进入了公众市场。

很多早期的风投公司都位于纽约或波士顿。然而，从 20 世纪 70 年代开始，美国西岸，特别是硅谷地区，开始成为风投公司的中心。KPCB 和红杉资本（Sequoia Capital）正是利用了与斯坦福大学和周边半导体科技企业临近的地理优势，在门洛帕克的沙山路设立了办公室。

从那时起，VC 开始像雨后春笋般蓬勃发展，在近 40 年来，VC 为美国几乎每个成功的 IT 企业都提供了早期资金，其中包括了谷歌（Google）、网景（Netscape）、甲骨文（Oracle）、英特尔（Intel）、3M、ADM、太阳计算机系统（Sun Mircosystems）、雅虎（Yahoo）、思科（Cisco）、聚友（My Space）、YouTube、Facebook 等。而在生物科技领域，VC 也取得了同样深远的影响，安进（Amgen）、百健艾迪（Biogen）、Cetus、Centocor、基因泰克（Genentech）

等都是在 VC 的影响下获得了早期资金。最后，VC 也在科技行业之外有重大潜力的企业中扮演了重要角色，支持了如星巴克（Starbucks）、家得宝（Home Depot）、史泰博（Staples）、联邦快递（Federal Express）、Zipcar、Pinkberry 等企业。据估计，到 2000 年为止，VC 仅在美国就直接创造了 800 万新增就业。如果算上间接就业人数，这一数字可达 2700 万。[3] 用苹果创始人、前 CEO 乔布斯的话说，VC 给潜力企业提供了其他金融中介因风险而不愿提供的长期股权融资，这“改变了世界”。

与美国一样，英国的风投行业也有很大的发展，并随后带动了欧洲一些其他国家。2001 年，英国政府审查了非上市公司的机构类投资，并发布了麦纳斯报告（Myners Report），鼓励养老金进行私募股权投资。2003 年，欧盟在 30 年之后也步美国后尘，直接实行了“谨慎人规则”。此后，随着风投产业信誉度的提高和规模的扩大，它开始向全球进行扩散。到 2013 年为止，全球共有 60 多个国家出现了风投基金，采用半个世纪前美国使用的投资方式为当地企业融资。[4]

投资者最终开始拓宽市场，不仅投资高增长行业中刚成立的公司，而且也把目光放在了那些更大、更成熟的具有可循发展路径的企业上。虽然很多这样的企业比刚成立的企业更容易获得银行贷款，但是其中一些无法在营业中获得利润最大化，而另一些则面临着直接破产危机。由于这些企业风险回报水平不能达到低风险融资机构的要求，从传统渠道获得长期资本的资源可能受限。随着交易量的增长和投资者的增多，“风险投资”的标签已经不能满足于日益扩大的商业多样性，“私募股权”这一名字随之应运而生。此后，从 20 世纪 80 年代后期开始，随着业务的发展，原有词汇再次无法跟上步伐，为了反映交易中大量债权的应用，“杠杆并购”（LBO）一词随之出现，简称“并购”。

私募行业的进一步发展；杠杆并购的主宰

20 世纪 60 年代，企业投资者杰罗姆·科尔伯格、亨利·克莱维斯、乔治·罗伯茨（那时受雇于贝尔·斯特恩斯）领导了现代私募股权革命，他们投资了一系列家族企业，这些企业许多都成立于第二次世界大战期间，正面临着继承问题。这些早期交易名为“引导投资”，由于规模过小而不能上市，企业所有人的目的也只是希望直接将企业出售给竞争对手。1976 年，由于在公司内部对一只私募基金的建立有分歧，杰罗姆、亨利和乔治与贝尔·斯特恩斯分道扬镳，他们创办了最早的现代私募公司之一——KKR。不久之后，几个其他的私募公司相继成立，如 Thomas H. Lee 合伙人公司、Cinven、康多富（Candover）、安佰深（Apax Partners）、珀米拉（Permira）、利特尔公司（Forstmann Little & Company）等。

在过去的 15 ～ 20 年，从事杠杆收购的公司已把自己和传统的风投模式区别开来，并不是直接插手企业，使企业增值后获利，而是缩小投资方向，更加集中于少数大公司进行大额交易（见图 2-2）。21 世纪初出现了大批金额在 100 亿～ 250 亿美元的杠杆并购交易，这样大的规模在之前的几年是不可想象的，其中至少 65% ～ 70% 的收购采用了债务融资的方式。随着单个交易的规模爆炸式增长，杠杆并购企业也进一步扩大。20 世纪 90 年代，10 亿美元的基金还是少数，而到了 21 世纪初，黑石（Blackstone）集团已经为其“黑石资本合伙人 5”基金筹集了 217 亿美元，其他规模较大的基金也紧随其后。

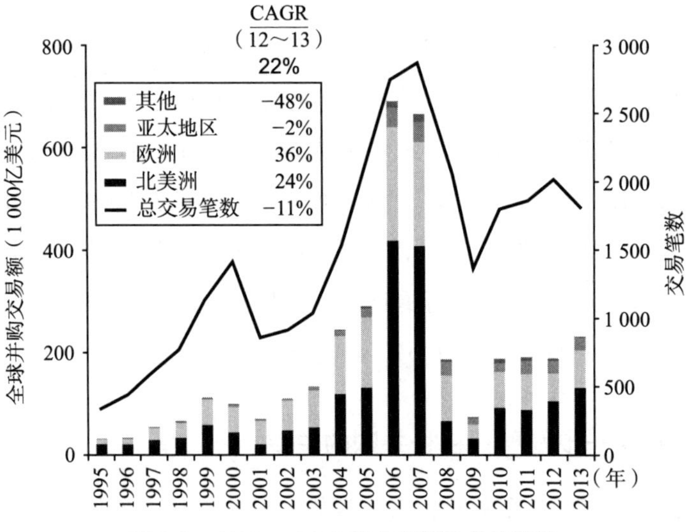

图 2-2　1995 ～ 2013 年全球并购交易规模

资料来源：Used with permission from Bain & Company, Inc. *Global Private Equity Report 2014*, www.bain.com. Data from Dealogic.

在 2008 ～ 2009 年全球金融危机之后，债务市场乱象丛生，投资者受到全面打击，纷纷选择风险规避策略，杠杆并购企业的资金募集和投资断崖式下降。不过，到 2012 年，由于利率达到了历史低点，美国股权融资市场逐渐恢复了危机前的状态，杠杆并购基金也重回巅峰，吸引了大量机构资本。在 2012 年和 2013 年，数家大型杠杆并购企业成功重新募集了 100 亿美元，包括凯雷集团（Carlyle Group）、安宏资本（Advent International）、CVC、华平投资集团（Warburg Pincus）及银湖（Silver Lake）。此后，在 2013 年下半年，阿波罗全球管理集团募集了危机后最大规模的并购基金，为其旗舰版“阿波罗投资基金 8”筹集了 184 亿美元。[5]

筹得资金之后，私募公司开始蜂拥投资，特别是在北美这一现象尤为突出，使得 2013 年成为全球金融危机之后各类交易成交最活跃的一年。[6] 不仅利率在这一年出现了历史低点，股市的反弹也加速了私募退出的繁荣，有大概 255 只私募背景的股票进行了 IPO，创下了自 2006 年以来的新高。但基金规模的增加并不等于所有人的成功，数十亿美元的大项目数量减少，大型私募基金不得不面临更加激烈的竞争，随之而来的是和过去相比更高的进入估值和更低的退出倍数。以 2013 年 7 月为例，平均退出倍数缩小到了 11.5 倍，这是从 2004 年 11.1 倍以来的新低。[7]

杠杆并购市场的严峻形势使很多起市场主导作用的大公司完成了由单一私募基金向多元化资产管理者的转变，增加了这些公司的资产管理规模（AUM），从管理费中得到了巨额利润，减少了以市场为主的附带权益的依赖。纽约一名有大量私募相关经验的律师表示：“现在企业的目标就是增加资产管理规模，而不是附带权益，费用和资产是最关键的。”

2013 年，黑石集团的资产管理规模为 2000 多亿美元，但私募仅占 25%。凯雷集团资产管理规模为大概 1800 亿美元，占总资产的 30%，[8] 它并不把自己标榜为私募基金，而是定位成“资产管理公司”，这种新的品牌定位方式能更准确地描述它的情况。凯雷集团拥有 118 只独立基金，公司旗下有 81 只

“基金的基金”（FOF），投资领域遍布各类金融资产，包括房地产、私人投资公开股票、不良债权等。

最终，很多杠杆并购企业以一种讽刺的方式告别了传统的私募模式，它们不再私有。为了能够获得永久融资，它们选择上市，从IPO以后更深、更广的资金池中筹集大量资本。黑石集团于2007年率先上市，募集了41亿美元，KKR在2010年上市，募集了19.3亿美元，凯雷集团在2012年募集了6710万美元，其他很多公司也已步其后尘，或正考虑进行上市。

美国和其他发达国家的私募行业已发展成熟，和半个多世纪前起源的VC相比较已经发展出了极大的多样性，一方面，VC仍然是快速发展的小型科技和生物技术企业成长的重要桥梁，而另一方面，杠杆并购为财务和营业效率低下的大公司提供了融资，在这两个极端中间，一个规模稍小的中型市场并购行业也找到了生存之地。相比之下，在发展中国家占主导地位的少数股权投资在发达国家却并不流行，本章后面将讨论。

在过去50年，随着金融系统的不断成熟，私募在发达国家的增长已经开始下滑，中型企业能够得到相对简单而成本可控的融资：这些企业可以得到银行提供的中期贷款，也可以通过在交易所上市融资，比如美国的纳斯达克（NASDAQ）和英国的AIM，此外还可以通过公司债务市场融资。因此，私募在帮助这些企业成长的过程中扮演的角色逐渐缩小，随着发达国家的各类企业逐渐拓展了中长期融资的多样性渠道，发达国家的私募也已逐渐适应了新的金融版图。这体现了本书的主旨之一：新兴市场国家的私募与发达国家大不相同。

繁荣私募市场的基本要素

如前面所述，发达国家的私募市场在半个多世纪的时间内从小型VC发展到大型杠杆并购，这种稳定增长的背后是一个有力的支持体系以维护私募市场发展壮大。这些体系包括如下组成部分：

- 政府对私募行业的支持（在不影响市场各方主要力量的情况下）；
- 保护合同和投资者的各类法律文件；
- 高效的金融市场（提供企业多样的融资途径及可行的退出选择）；
- 相对稳定的宏观经济和政治条件；
- 国际标准受市场参与者认可（如会计标准、财务报表、公司治理等）；
- 深层次的人才队伍（要求私募企业和客户同时满足这一条件）。

这些特点是私募行业繁荣的基本要素，有时发达国家的投资者甚至认为这是理所应当的，然而在发展中国家这些要素却在很大程度上缺失，这说明了为什么在发展中国家私募投资的每个环节，挑战与风险都呈指数级上升。在大多数发展中国家，政府的支持有限，合同执行机制和对投资人的法律保护薄弱，金融市场体制不健全、设限较多，企业会计资料不齐全、不真实，公司治理手段欠佳，关键人才紧缺。本章的剩余部分将介绍发展中国家与发达国家私募行业最显著的不同点。

政府政策的支持

当今，几乎大部分人都同意私营经济是推动经济发展、扶贫、创业、就业、生产力及其他发展的重要因素，而政府政策能够在很大程度上刺激或制约私营经济的发展，对此人们已基本形成共识。换言之，即便意识到市场是资源配置的主要因素也不能消除政府宏观政策环境的影响。

相反，在资金缺口并不严重且人才储备丰富的发达国家，政府更加愿意创造条件，调动私有金融企业的积极性，引导资金向中小企业流动。令人吃惊的是，具有强大私有部门和自由流动市场的国家往往能意识到单单依靠市场的力量不足以让这些企业获得合适的资金。正如麻省理工学院经济史学家查尔斯·金德伯格多年前曾用非常简洁的语言表述的那样，这些政府意识到“市场总体来说运行良好，但并不经常这样”，[9] 当“并不经常”发生时，有利于社会的公共政策往往无法有效实施，如刺激私有经济的发展，此时政府干预市场失灵是有必要的。

经济发展合作组织（OECD）的成员国都认同“在中小企业的融资当中存在市场失灵的例证，应当进行政府干预”，[10] 这句简单的声明表示这些发达国家明确了两点，一是中小企业融资问题是很重要的社会问题，关系到经济发展与繁荣，二是公平竞争的缺失证明了需要政府干预解决市场机制出现的问题，为有价值的企业开辟获得资金的适当渠道。因此，发达国家采用了多种方式解决这一问题，而这在发展中国家并不常见。

发达国家的政府策略很好地诠释了私募成为私有经济稳定发展的贡献力量的重要原因，正如前面所提到的，VC 和私募最早在美国、英国及西欧其他国家的腾飞很大程度上是因为政府开始允许养老金及其他大额信托基金对私有部门进行投资。除此之外，许多发达国家多年来创立了各种金融方案，鼓励很难获得中长期资本的中小微企业进行更多私募融资。[11] 以西欧为例，政府对 VC 进行了多种支持，有些政策允许风投企业直接投资小微企业，如专门投资新科技的德国资本意识公司（Gründerfonds），还有些政府主导的风投基金对中小企业进行对口帮扶，如欧洲投资基金（EIF）。[12] 在美国，小型企业协会（SBA）为投资者提供部分担保，使其投资一个有特别执照的名为“小型企业投资公司”的私募基金。在以色列，政府创立了一个非常成功的公私合营（PPP）公司，叫作“亚泽马”（Yozma），使公募基金与私人投资者一起建立一个有特别牌照的私募基金（见下文）。这项创新使以色列建立了全球领先的风投行业，人均风投资本达到了美国的约 2.5 倍，欧洲的 30 多倍。[13]

风投行业的跳跃式起步：亚泽马 [14]

1993 年，以色列政府意识到国内风生水起的高科技新兴企业家很难在当地银行和股市获得融资，于是财政部创建了价值 1 亿美元亚泽马基金，希望能通过自身的种子资本吸引具有专长的国外风投公司投资以色列高新企业，使亚泽马成为 VC 发展的催化剂。以色列建立了 10 只亚泽马基金，每只资产规模为 2000 万美元，政府出资 40%，私有资金 60%。每只基金由三方组成：

国外风投公司、本国实习 VC 从业人员中的佼佼者和本国金融机构。政府计划在亚泽马基金能够自给自足之后撤出资本，私人投资者可以在项目运行后五年内获得回购政府股份的权利（本金 +5% ～ 7% 的利率）。如果投资成功，投资者将能获得不小的收益，这给了私人投资者十分有吸引力的回报，而政府也并没有试图长期控制基金的股份，相反政府的职责只是提供种子基金，建立新基金的牌照标准，监控基金初创期的表现。如以色列的一位基金经理所言："这是一个政府主导下罕见的建立、进入、退出模式。"[15]

亚泽马超越了政府的预期，成功地成为该国风投行业繁荣发展的催化剂。正如亚泽马项目设计者预想的一样，10 只亚泽马基金都最终由来自美国、欧洲、日本的专业基金从业人员管理，在归还政府投入外仍获得了很高的收益。更重要的是，亚泽马拉开了以色列更广泛、更多元化的 VC 发展序幕，大多数初始国外控股的基金都雇用了本国合伙人，他们最终离开了亚泽马，自己创立了同样成功的基金。在亚泽马成立 10 年后，原先 1 亿美元的基金规模已发展出 30 亿美元的资本，以色列的风投行业已有超过 60 只基金，总资产规模 100 亿美元。2007 年，以色列的 VC 占 GDP 的比重已经大大超过世界上任何一个国家。

虽然成功的政府投资方式在范围和机制上各不相同，但仍然存在许多共同点。无形而重要的政治意愿或许是最难被意识到或留下书面记录的，即国家领导层面需认识到为中小企业提供适当的融资是私有部门发展的重要内生部分，为了达到这一目标需花费少量资金建立公共基金。此外，成功的政府投资都倾向于给予私有企业更高级别的参与度，而非由政府主导进行投资决策的选择，政府出资的目的是利用私有部门的既有资源而避免挤出效应或与这些金融中介进行竞争，这可以最小化市场扭曲，真正成为私有部门发展的催化剂。

和发达国家成功的国有项目相比，大多数发展中国家在政府主导的项目中推进私募基金的脚步仍旧缓慢，因此，几乎不存在明确鼓励更多的私有资本和专业知识投向资产领域的政府主导项目。然而，随着私募股权意识的传播，这一状况逐渐开始转变，一些新兴市场国家启动了鼓励其他融资方式的项目。比如，在巴西和中国，政府对于私募股权投资的速度和方向都有一定的影响力；在肯尼亚，政府开始思考鼓励本地投资者参与私募股权投资的策略。

信心驱动下的法律框架

无论哪个国家进行金融交易的根本是一个精心构架和可执行的法律合同，它明确界定了资金提供者和使用者的权利和义务的条款和行使条件。私募股权交易的标准化程序是签署一份明确股东和公司权利义务的法律协议。协议中涵盖定期披露的时间和内容，董事会行使权力的细节，保护、执行和解决大股东和小股东间争端的机制。抛开那些不绝于耳的有关十分贪婪、好斗的律师的言论来说，发达国家的投资者对本国法律体系的信心相对较高。更重要的是，投资者往往可以依赖透明、及时、公平公正的方式来解决难对付的争端。

此外，在发展中国家，几乎每一个有经验的私募股权投资者都可以将恐慌事件直接归因于无能低效的法律体系。虽然很多发展中国家已经建立起公司和商业法的体系，甚至可以成为很好的范本，但是到了执行阶段，理论和现实的差距便凸显出来。就像一位关注非洲的律师所说的："我们试图去探索全球数一数二的法律框架。话虽如此，如果你必须上法庭，那么这些纸上谈兵的条文是没必要的。当要求采取法律行动时，可能一切都晚了。"一家律师事务所就拉美国家私募基金的法律风险问题发表了观点："对于关键合约权利和少数人权的保护的执行是个很大的问题，这些问题降低了投资者对拉美私募的热情。"[16]

从私募基金的角度来讲，甚至相对具有吸引力的发展中国家，如巴西、印度、中国、墨西哥、印度尼西亚和土耳其，在世界银行发布的2013年全球营商环境报告中的保护投资者指标和执行合同指标的排名不佳。[17]在被调查的

189 个国家中，以上国家只有土耳其的两项指标均排在前 50 位（见表 2-1）。

表 2-1　新兴市场国家主要的营商环境指标排名

	保护投资者指标	执行合同指标		保护投资者指标	执行合同指标
巴西	80	121	墨西哥	68	71
中国	98	19	俄罗斯	115	10
印度	34	186	南非	10	80
印度尼西亚	52	147	土耳其	34	38
肯尼亚	98	151	美国	6	11

资料来源：*Doing Business 2013*—World Bank Group.

存在争议时，最富有经验的外国投资者也会迷茫。他们和当地的企业主竞争，这些企业主通过拖延司法手续，消耗“外部人”精力和资源的手段，来主导当地的法律体系。正如一项分析提到的：“外部资金供给者可能很难甄别企业家是正在做错误的决定还是说不仅对投资者，而且对其他外部人诸如政府监管部门和税务部门都想保持神秘。”[18] 因此，和发达国家相对可靠的立法和执法能力相比，法律保护不完善成为许多新兴市场国家私募股权投资者的重大威胁之一。

小股东权利

在发展中国家，大多数私募股权交易都会涉及小股东投资，几乎没什么比对股东法律保护的执行更为重要了，尤其是当一部分股东侵害另一群体股东利益的情况存在时。举个例子，比如一个私募基金的股东可能发现分配给被投资公司的资金被大股东用在了股东协议明确规定以外的领域，或者在尽职调查期间，公司的业绩文件已经被替换或者被隐藏。不公正对待小股东情况的存在，使得投资者有理由被那些法律体系健全，特别是能够提供可靠、容易预测、及时解决争端机制的国家所吸引。但是这样的法律环境在发展中国家并不多见。[19] 正如一个投资者对印度司法程序低效性的调侃：“如果你要去法院解决争端的话，那就太晚了。”在世界的另一端，拉美的一位失意的基金经理也表达了同样的心声：“由于小股东权利太过渺小，所以在公司有争议时，基金会无所适从。”

有效的金融市场

发展完备的金融部门拥有规模不同、业绩水平不同的公司，以及由各大金融机构提供的各类筹资渠道，包括做到期贷款展期的商业银行和在证券市场中为公司股票或债券进行担保和分销的投资银行。正如本章之前提到的，发达国家的私募股权投资者和他们所投资的公司能够合理假设，具有深度、广度和流动性的金融市场能够及时准确地满足他们在投资周期中任何阶段的资金需求。比如，正是由于具有深度、流动性的信贷市场存在，使得普通合伙企业可以从银行或者其他中介机构筹集到很大一笔成本相对较低的资金用于收购，而美国的杠杆收购市场才得以迅猛发展。杠杆收购在发展中国家很少见，因为发展中国家的金融市场不具备以上条件。

在投资后期阶段，投资者通过协助所投资的公司扩大债务融资和股权融资规模从而收购竞争对手的方式来注入更多资本。当然，资本市场（尤其是涉及 IPO 的国内股票市场）的深度和广度，对于私募股权退出时机、方式和收益的影响深远。一个投资者说过："私募基金不在于你买了什么，而在于你卖了什么。"这很显然，但却经常被忽视。

发展中国家绝大多数公司的所有者和私募股权投资者，无论有多努力、多成功，最终都会陷入不可逾越的障碍：发展和竞争所需资金有限或者甚至完全没有。这与那些效率高、敏感性强的机构和市场组成的金融部门形成了鲜明对比。第 1 章有提到过，世界银行和其他一些机构做了大量的调查并且发现融资困难成为发展中国家企业所有人在业绩提升过程中最大的难题。

如果能够获得银行短期贷款（即久期大体上少于 6 个月），那么一些国家的公司资金不足现象就会有所好转。经过合法登记并且盈利能力和透明度符合最低门槛的公司可以获得这类短期贷款。[20] 然而，对于大多数公司而言，即使它们具有盈利能力，保持稳健的增长而且属于发展前景良好的行业，但考虑到需要将公司提升到一个更高水平，筹集长期资金的困境仍然存在。平均来看，新兴市场银行类机构提供的国内信贷仅仅是拥有功能完备的银行体系的发达国家的一小部分（见图 2-3）。

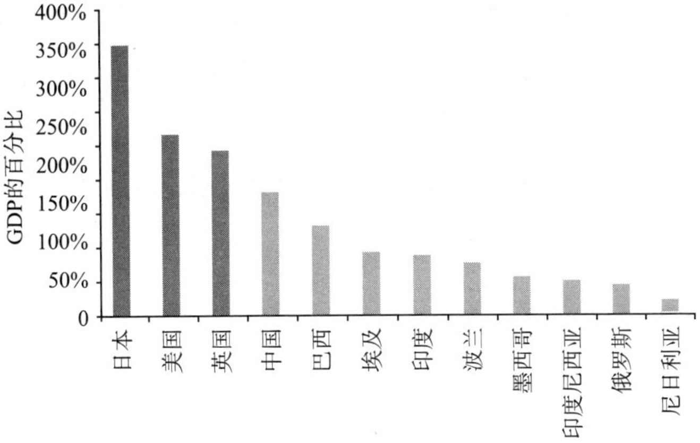

图 2-3　金融部门提供的国内信贷（GDP 的百分比，2012 年）[21]

资料来源：The World Bank: World Development Indicators, accessed June 2014.

发展中国家的金融市场脆弱和低效的主要原因在于强势的国有部门获得了极大份额的国内储蓄，要么是弥补政府赤字，要么是引导国有大银行向同样大规模但效率低下的国有企业放贷。第 6 章将会探讨，这种现象使得中国的私有企业在竞争中被不公平对待。但是中国并非个例。许多发展中国家都存在国家支配金融市场的现象，造成很多企业在金融资源竞争中诸多难以跨越的障碍。这就使得稀缺资本并非依据信用状况或者经营业绩，而是根据非商业目标进行分配，比如中层管理工作会交由那些有政治背景但缺乏经验的人来做。如果一定要说金融部门的低效性带来的好处，那么至少从理论上讲，就是它为精明的私募股权投资者提供了填补空白的机会。

新兴市场中的公司除了难以获得中期和长期贷款之外，在当地股票市场筹集资本也相当困难，因为很多股票市场缺乏深度和流动性。2012 年，巴西的股票市场市值占到 GDP 的 54.7%，中国和肯尼亚的该项数据分别为 44.9% 和 36.7%。然而在英国和美国，股票市值在 GDP 中的占比却高达 122.7% 和 114.9%。[22] 甚至在那些自诩股票市场功能完备的众多发展中国家中，中型公司的融资需求都很少能被满足。新兴市场的证券交易所几乎毫无例外的由全国几家少数大公司控制。例如在哥伦比亚、墨西哥和俄罗斯，前十大上市公司持有超过 60% 的各大市场市值（见图 2-4）。撒哈拉沙漠以南的非洲，除去南非，16 家仍在运营的股票交易所在 2012 年仅有超过 500 家上市公司，总市值约 1500 亿美元，还不及苹果公司市值的 1/3。[23] 因此，绝大多数新兴市场的中型公司，经常成为私募股权投资者的投资对象，因为其证券市场很难提供融资渠道。

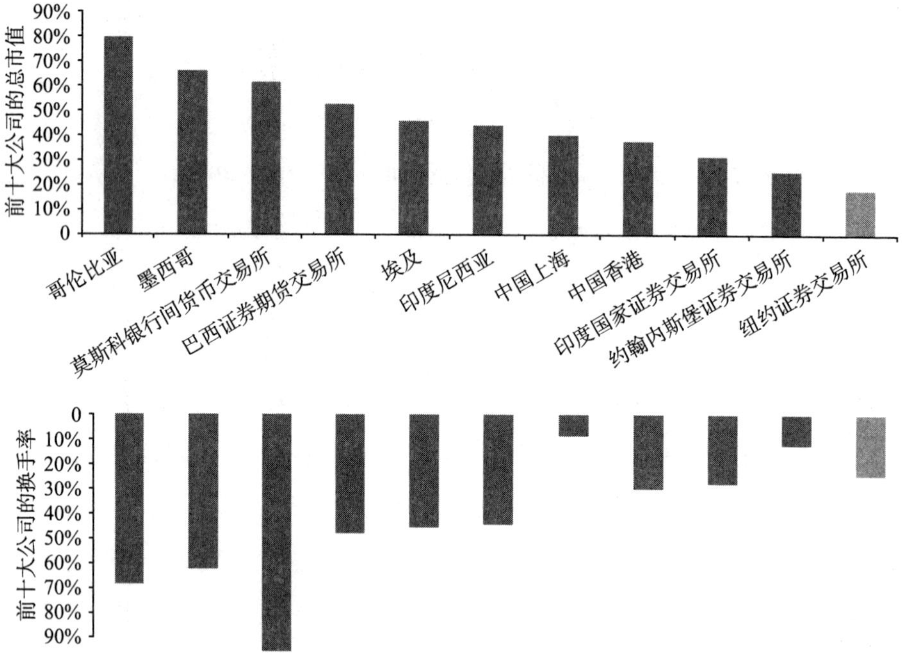

图 2-4 前十大公司的总市值和换手率（单位：%）

注：2011 年有俄罗斯交易系统（RTS）和莫斯科银行间货币交易所（MICEX）；2012 年，哥伦比亚、秘鲁和智利组成拉美联合交易所（MILA）。

资料来源：The World Federation of Exchanges Limited, as of 2011.

考虑到退出机制，新兴市场和发达国家金融市场强烈的对比就显得更加突出。由于大多数发展中国家的股票市场规模小、流动性不足，IPO 并非一项常见的私募股权退出机制。[24] 观测 2013 年私募股权背景下的 181 例新股发行，价值约为 570 亿美元，其中 60% 在美洲发行，主要是在美国，30% 在欧洲发行。[25] 2007 ～ 2012 年，非洲有 118 例私募股权退出实例，其中超过半数是经交易实现私募股权退出的，23% 通过二次出售退出（将股权出售给其他私募基金公司），[26] 只有 9% 是通过在股票市场中公开出售股票的方式退出的。这种私募股权投资退出模式在其他主要的新兴市场也很盛行。一位基金经理略带调侃地说："如果你认为唯一的退出渠道就是上市，那么你一定会很郁闷。"习惯了在发达国家投资的普通合伙企业总是会强调说，对于作为有效退出渠道的 IPO 的限制是进入新兴市场一个主要阻力。

重新定义中型市场

让新兴市场五个经验丰富的基金经理定义中型市场，你可能会得到五个不同的答案。一个私募股权投资者说得很精妙："中型市场"是一个"懒惰的词汇"。它不仅忽视了发达国家和发展中国家的巨大差异，更重要的是，它还模糊了新兴市场各国家的差异性，比如，国家规模（比如巴西 vs. 博茨瓦纳）、部门（比如零售和消费品生产企业 vs. 资本密集型产业）、普通合伙企业的规模和投资策略（比如全球西方基金 vs. 撒哈拉沙漠以南非洲的本国机构）。巴西或者俄罗斯的中型市场私募基金平均达到 2000 万～ 5000 万美元，而在非洲一些地区，中型市场交易一般是 200 万～ 500 万美元，很少有超过 2000 万美元的。[27] 即使考虑到这些基本的差异和中型市场定义不可避免的不精确性，不太可能有私募股权投资者会否认，诸多差异使得发展中国家的中型市场公司和发达国家的有着巨大差异。这些差异如下。

公司规模：虽然没有衡量发达国家所有公司规模的统一标准，但是美国对于中型市场差不多定义为收入达到 10 亿美元的公司组成的市场。[28] 而欧洲国与国之间对于公司规模的界定存在差异。一项研究表明，英国和德国中等规模市场的公司年收入需达到 13 亿美元，而法国的公司只需要实现 6.5 亿美元的收入就属于中型市场的范畴。[29]

新兴市场中型公司的规模就要比发达国家小得多。2012 年，标准普尔资本智能研究数据库中将近有 22 000 家巴西公司，然而其中仅有 6% 的公司收益不低于 2 亿美元。而印度在该数据库中有 46 000 家公司，其中仅仅 3% 的收益达到至少 2 亿美元的水平。当然，在更小发达程度更低的国家，达到这一规模的公司就更少了。

资本可得性：发达国家的金融市场往往也发展得更加完备，大多数中型市场公司并不会将中期和长期资本的可得性视作影响其长远发展的主要因素。2012 年的一项研究发现，美国仅有 13% 的中型市场公司把资本获得渠道受限列为一项发展的制约因素，和其他诸如价格竞争、监管和法律约束、技术进步以及消费需求等限制公司业绩的因素相比，资本可得性的受关注度确实比较低。[30]

而新兴市场的情况则大相径庭。正如第 1 章的图 1-1 所反映的，新兴市场国家的公司所有者将获得成本可承担资本的难题视为企业成长和盈利的最大限制。本书的第 6 ～ 8 章将会详细解读，在那些与中国、巴西和肯尼亚完全不同的国家，经营着中型市场公司的企业家不断重复着同样的困境：想要获得成本可承担的中期资本确实困难重重，而这成为他们获得成功最大的绊脚石。

价值创造机会：发达国家的中型公司往往体系健全、资料完备可靠并且由专业人士经营管理。私募股权投资者通常会通过买入的方式获得一家公司，投资带来的价值增值一般是从财务视角来观测的（比如合并财务报表）。如果不满意公司的管理，新的所有人经常会从当地经验丰富的人力资本库中精心挑选代替当前管理层的人选。如果不考虑实现劳动密集型、时间节约型价值创造的需要，私募股权投资者预期从初始投资开始算起，需要 3 ～ 5 年的时间能够退出中型公司。

相比之下，发展中国家的中型市场公司的体系似乎不够健全，高级经理也比较缺乏经验，对于实现业绩和竞争力最大化无所适从。然而在私募股权投资者眼中，这些特征在发达国家是限制，而在发展中国家，却是他们脱颖而出的机会。但是，在发展中国家实施价值创造策略要花费更长的时间，并且要保持持续的关注，因此，资本退出要比在发达国家晚几年才能实现。某国际咨询公司的一项分析显示，新兴市场的私募股权投资者向目标公司注入资本的持续时间会长于在发达国家更普遍的私募股权投资方式——买入投资。[31]

相对稳定的宏观经济和政治环境

在很多投资者的眼中，宏观经济状况和国家风险有很强的相关性。原则上，一国宏观经济和政治的变动率越大，投资者在分析目标公司未来的效益和表现时，面临的不确定性也更高。当然，并非只有发展中国家面临着政治和经济的不稳定性，因为世界各地的投资者都真切地感受到了 2008 ～ 2009 年全球金融危机的余波，也经历了全球股票市场指数崩盘的后果。

尽管如此，甚至考虑到全球金融危机带来的重创以及随之而来的始于 2011 年的欧债危机，历史上更加发达的国家已经能够从容地应对宏观经济波动带来的频繁冲击，这些冲击也在一定程度上威慑着投资者，提高了他们对国家风险的认识。确实，在 2008 年之前的战后时期，虽然美国和欧洲经历了周期性的经济下滑和金融衰退，但持续期往往不长，经济能够很快复苏。半个世纪相对稳定的金融环境在发达国家的主权信用评级上有所反映。这种对一国宏观经济状况和信誉的衡量成为建立投资者信心和私募股权“生态系统”的一大基础。这些信用评级从绝对和相对两个角度来衡量一国按时足值偿还外债的能力和意愿。年复一年，除了很少的几次例外，信用评级公司总是把最高评级给了发达国家，而发展中国家则很难与发达国家比肩（见表 2-2）。

表 2-2　标准普尔国家信用评级

国家	评级	国家	评级	国家	评级
澳大利亚	AAA	波兰	A−	土耳其	BB+
英国	AAA	巴西	BBB−	尼日利亚	BB−
美国①	AA+	印度	BBB−	阿根廷	CCC+
日本	AA−	印度尼西亚	BB+		

① 2011 年年中，因就提高美国法定债务上限存在长期争议，标准普尔公司将美国之前的 AAA 评级下调为 AA+。

资料来源：标准普尔公司。

各类投资者都会受到市场崩溃、汇率突然恶化或者政策机制突然变化造成监管法规难以预测的诸多影响。由于私募股权投资者采用非流动资金的长期投资，他们面临的这些风险便呈指数化增长。私募股权投资的低流动性使得宏观经济和金融市场的波动产生了更大的“杀伤力”，因为宏观经济和金融市场的崩溃会延长资本从进入到退出的整个投资周期，而同时未必会获得资本退出的收益。一旦投资了之后，如果遇到未预期的经济下行压力打破了最佳投资策略，私募股权投资者没有任何方式及时撤出资本。

从新兴市场的早期阶段开始，投资者便时不时地受到破坏性经济危机和货币危机的冲击。而颇具讽刺意味的是，新兴市场私募股权投资者并不会把基于对宏观经济基础的认识而确定的国家风险水平看得和把资金投向哪里一样重要。“我现在对国家风险因素的关注比之前要少得多，”一位全球新兴市场基金的高级合伙人如是说，“一方面，新兴市场国家诸如货币风险的一些风险比发达国家更大，但另一方面，新兴市场的杠杆却小得多，所以需要应对的风险也小。”另一个私募股权投资者提到：“即使投资领域是最好国家的最佳行业，也仍然会遭受损失。私募股权投资最终是关乎微观因素的，比如公司和管理团队。”

一些行业实际上可以从消极的宏观经济指标上获利，比如通货膨胀率上升可能会给一些消费品公司带来更高的经营收益。在不否定稳定及可预见的宏观经济的前提下，私募股权投资者更加看重公司和行业的个别风险而并非不可控的国家风险。再比如，该如何解释投资者在过去 5 年对于低收入国家（诸如撒哈拉沙漠以南的非洲国家、拉丁美洲以及东南亚国家）的投资热情不断攀升的现象（如第 5 章所述）呢？

即使众多私募股权投资专家坚信新兴市场中“资本投向决定投资收益”的现实，但当新兴市场国家的货币严重贬值并侵蚀了美元收益时，他们的最优资产配置策略也就被推翻了。更严重的是，一旦货币内在价值骤降，政府的第一道防线通常是提高利率，这会提高借贷资金成本，从而进一步损害被投资公司的收益。因此，无论是否被预期到，只要经济条件恶化和汇率波动发生，就连对公司状况最有条不紊和细致的分析都无济于事。当要素价格和产成品价格出现剧烈波动，那么对于未来收入、支出和利润的假设就不再适用。以上事实带来的后果是，即使收入增长强劲、利润高、盈利能力不断提升、总体经营良好的公司，也容易给在美元主导下未进行套期保值的投资者带来低收益甚至负收益。这正是很多私募股权投资基金在 2002 ～ 2012 年对一些表现俱佳的新兴市场经济体进行投资所出现的问题。这些新兴市场经济体包括巴西、印度、俄罗斯和土耳其。2012 ～ 2014 年，正是这些被青睐的国家遭受了一次严重的经济下行和持续性的货币贬值，大量的被投资公司受到冲击。

但是一位富有经验的新兴市场投资者也承认："我们当然不喜欢这些冲击，但是似乎也没什么办法来应对。由于私募股权投资的长期性特征，货币套期保值就显得太过昂贵，想着去预测未来的货币价值不过是愚蠢的做法。"另一位久经考验的发展中国家投资者揭露了一个残酷的现实："所谓的汇率专家的货币价值预测比天气预报还不靠谱。"

第 4 章会具体解读，第一代新兴市场国家私募股权投资者在 20 世纪 90 年代后期受到发展中国家未预期到的严重经济危机的冲击，主要是因为资产概念才刚刚有了立足点。没有哪里比东南亚有更深刻的体会——先是高歌猛进，被世界银行和其他国际机构视为"亚洲传奇"，而 1997 年夏天爆发的金融危机又使得它满目疮痍。

1997 年亚洲金融危机

20 世纪 90 年代，许多亚洲经济体曾经一度辉煌，年经济增长率达到 8%～12%，吸引了众多国际投资者的目光，世界银行称其为"亚洲经济传奇"。但是亚洲冉冉升起的明星，比如泰国、马来西亚、韩国和印度尼西亚，逐渐积累了大量的经常账户赤字，这是货币贬值的前兆。一旦国际投资者预计到货币贬值的可能，并且开始质疑这些国家稳定本国货币价值的能力，他们就会抢占先机，竞相外逃。这一灾难发生在 1997 年夏天，泰铢大幅贬值，几周之内贬值几乎达到 40%，引发的投资者连锁反应瞬间席卷了亚洲几乎所有货币脆弱的国家。综合考虑了长期非流动性投资者面临的困境，亚洲地区的国家通过大幅提高短期利率来稳定本国货币，这进一步加重了本国企业的生存压力。更可怕的是，危机快速蔓延到其他地区的发展中国家，尽管这些国家并没有相似的宏观经济问题。本来是在当时不怎么出名的国家——泰国的国内危机，后来发展为威胁全球金融信贷体系的程度，正如美国财政部长罗伯特·鲁宾预计到的一样。[32] 但是那些持有美元计价的投资组合的私募基金经理想要抽身并且加入资本外逃的大部队并不容易。他们卷入了被投资公司的漩涡，甚至那些运营最好的公司都遭受了巨大损失，弥补这些损失需要很多年的时间。

国际上广泛认可的最佳运作模式：从信息质量说起

如果每一个金融决策者的关键点是要获取可靠和及时的信息的渠道，那么在金融范畴中，没有什么比长期、流动性差的私募股权投资对信息的获取更加渴望。不论国家、公司规模或投资期限，对于一家公司是否值得二次关注的基本检验基于对遵循完备和被普遍认可的财务会计报告准则的管理意愿的评价。在投资前的阶段，基于公司披露的符合会计准则的财务信息，进行尽职调查和价值评判，潜在投资者会比较安心。甚至当法律上并未明确要求时，除非目标公司同意通过独立审计核实账户的准确性并确认是否有违背会计准则之处，否则投资者不太可能推进对目标公司的尽职调查。

一位有着数十年投资于中国和其他亚洲国家经验的基金公司高级合伙人被问及如果目标公司的创立者拒绝把独立审计作为发展的前提该怎么办，他的回答既清楚又坚定："我们走开！"这些要求在投资之后依然重要，表现为，就目标公司业绩的有效监测依赖于及时、准确、标准化财务信息的获取。

那些在建立起会计报告准则的发达国家不时发生并广泛传播的会计丑闻，如2000年年初发生在很多大公司的丑闻，是公司的常态而非个案。比如，在美国，上市公司会被证券交易委员会要求提供遵循美国一般公认会计原则（GAAP）的财务报告，大多数私人公司也要这样做以满足贷款人和股东的要求。这些传统使得投资者能够有理由相信他们的投资决策是基于准确、完全透明并且符合报告标准的信息而做出的。

新兴市场中的小型和中型公司高度依赖于个人，特别是创立者或者首席执行官，他们除了亲朋好友的支持外，在几乎没有任何持股人帮助的情况下还是获得了事业上的成功。抛开对董事会独立董事和外部股东负责的必要性不谈，所有者和公司的利益有时候会交织在一起。除此之外，一些新兴市场的公司有着根深蒂固的企业文化，那就是把隐私看得很重要，而不重视发达国家普遍遵循的会计准则。然而，第 3 章会提到，不完全遵循准则的经营未必会破坏交易，而且说不定还能为价值创造带来机遇，只要投资者相信企业家愿意放弃传统的运作模式，同时明白执行公认的最优模式是长期价值创造的关键一环。

对抗腐败：私募股权优势

安然、世通、伯纳德·麦道夫投资证券等不计其数的公司丑闻在美国等发达国家接连上演，不断提醒着人们，商业欺诈比比皆是。不管哪个国家，这类欺诈会采用各种各样的骗局，经由管理者或者其他雇员设计，秘密将公司资源转移，要么据为己有，要么为了获得合同而向官员行贿。但尤其是发展中国家，立法和执法机制的极度缺乏是常态，故存在系统性腐败。和发达国家相比，发展中国家的腐败在各社会发展阶段和各行业，在国家和私人部门都普遍存在。

尽管腐败指数不完美，而且仅仅能作为衡量腐败程度的粗略指标，但都说明了一个类似的问题。2013 年对于 177 个国家的腐败排名中，乌拉圭是唯一一个跻身最不腐败前 20 名的发展中国家。几乎 70% 被调查的国家的分数低于 50（满分 100 分），说明有严重的腐败问题。涵盖 66% 的拉美国家，64% 的亚洲国家，84% 的中东和北非国家，超过 90% 的撒哈拉沙漠以南的非洲国家，还有 95% 的东欧和中亚国家。[33]

这一严峻的现实对于即使是新兴市场中最缺乏经验的投资者而言都不值得震惊。然而，值得注意的是私募股权投资者在对抗腐败的主体中脱颖而出。

其他投资者可能会对不正当行为视而不见，比如逃税、贿赂海关官员或者是把现金收入转入个人账户，只要他们能继续付息、分红、支付费用就行。私募股权投资者并不如此。无论是小股东还是有控制权的股东，作为公司所有人，他们都确确实实是利益相关者。他们有很强烈的意愿来对投资策略保持时刻关注并且亲力亲为，以保证在投资了若干年之后，到资本退出时，能实现丰厚的回报。潜在的买家总会进行严密的尽职调查，如果一旦发现或者怀疑有违法行为，要么放弃这家公司，要么大幅降低对其价值的评估。

无论是否出于自身利益驱动抑或其他更大的动机，私募股权投资者会受到极大的激励来提升专业能力并投入大量的时间来查出腐败行为。从与目标被投资公司的高管第一次会面开始，经过尽职调查，再到投资后的价值创造阶段，直到最终退出，经验丰富的投资者是公认的腐败对抗者。这解释了他们极其关注公司加强透明度和信息披露的行为，包括会计标准、公司治理及管理层和其他董事会成员制衡机制等。尽管私募并非解决这些国家系统性腐败的根治之策，但是并没有人比私募股权投资者有更大的意愿去推动企业文化朝着完全公正、透明的方向发展。

很多投资者承认，单纯的技术缺陷比不标准的业务运作对控股股东精心设计的骗局的影响更大。虽然情况在变化，但发展中国家中过去成功建立起公司的大多数企业家一般并未得到 MBA 学位或者接受过专业的金融和会计教育。在决定吸引第三方投资之前，许多这些成功的企业家既没有动机也没有能力把精力和公司资源投向标准的会计程序。所以，一份世界银行企业调查报告的发现也就不奇怪了：只有 37% 的小公司有经过外部审计的年度财务报告，而中型公司和大公司的数据分别是 58% 和 79%。[34] 这可能是因为根深蒂固的自营传统、隐私意识和企业文化中的独立性，但也可能纯粹是知识层面上的差距。

政府机构人力资本的严重不足进一步加剧了几乎所有发展中国家存在的腐败问题，表现为负责执行会计和披露监管的公务员的收入和受教育程度都很低。由于很多投资者都很清楚政府对税收和其他监管的执行力不强，所以他们很少有把服从监管要求放在优先考虑的位置上。

创业、管理和经营人才库

企业的业绩表现依赖于有能力的管理和技术专家是不言而喻的。发达国家的公司在面对人力资源问题时，可以从一个深度多元的人才库中招录人才。不论是面对首席执行官或者首席技术官的突然离职，抑或专业机器操作人员、营销专家的离开，人才库里都有大量人才来顶替他们，所以就缓解了公司业绩突然中断的情况。

所有的现实证据都明确反映出，与发达国家相比，新兴市场国家面临着各领域的专家资源库浅化现象。如果随便问一个在发展中国家打拼过的私募基金经理，使得她所投资的公司获得并保持成功最大的挑战和障碍是什么，她很可能会把本行业各个层次的人才缺失放在首位，这些人才包括从高管到中层技术专家再到普通工人等各个阶层。“一笔交易付了款，剩下的就是管理的事情了，”一个新兴市场投资者这样说，“当我们业务出现状况时，那一定是人的问题。”

2011 年一项针对超过 150 家在发展中国家经营的美国和加拿大公司的调查显示，其中有 59% 的公司将拥有相应技术能力的本地雇员短缺视为最值得关注的人力资源挑战。[35] 这也和之前的说法一致。这其中的一些人力资源限制也许是私募股权投资者的价值创造机会，比如通过招聘新的拥有必备能力的高级经理，引入技术培训项目，或者调整员工福利政策来提高员工生产率和积极性。但是无论再怎么关注，人才匮乏始终是发展中国家一项难以解决的问题，甚至是代际的限制。发展中国家的专业管理人才库可能需要几年甚至几十年才能接近发达国家的水平。

私募股权价值创造机会：利用不标准的投资状况

本章有提到，新兴市场和发达国家的私募股权“生态系统”明显有别，这毋庸置疑产生了一系列错综复杂的挑战和风险，使得一些投资者望而却步。

而同时，这些高风险的状况通过利用无效性和信息不对称性，也为诸多私募股权投资机会创造了可能。而这种无效性和信息的不对称性在发达国家大多不复存在。政府政策支持的缺失、法律保护的不足、金融市场的脆弱、对标准商业运营参考的无力以及人才匮乏未必是富有经验的私募股权参与者不可战胜的障碍。确实，作为所有成功私募股权专家标志的实践运作方法，以及他们逐渐积累的价值创造的专业知识和那些被同样问题困扰过的公司经验，使得这些专家能够弱化困扰着其他投资者的风险。这对于表现不佳的小公司和中等规模公司更是如此，它们实际上代表着所有发展中国家的中型市场，在努力获得实现成长、竞争、盈利稳健目标至关重要的两项资源：成本可承担的中期和长期资本以及价值创造的专业知识。正是目前这两项资源的不足为有能力的新兴市场私募股权投资者打开了大门并且提供了空前的机遇。

第3章

私募基金优势：可操作的价值创造

你会发现新兴市场中的很多企业家提供了一项很棒的产品或者服务，但不知道如何在此基础上有所提高；或者他们的产品可能已经很完美，但他们不知道如何树立品牌，进行品牌营销；抑或是一家公司也许已经运行得很好，价值链在不断完善，但却不知道如何应对第一次遇到的竞争。所有这些现象都阻碍着增长，这也是为什么企业家需要私募股权合伙人——他们的职责便是识别差距并帮助公司发挥其所有潜能。

——新兴市场私募股权投资者

第1章的开头提到过一项对巴西脚手架设备公司的投资，这家公司在2007年之后的几年中高歌猛进。除了通过核心业务——提供重型建筑材料实现加速增长之外，这家公司还利用私募股权注入的资金开设设备租赁业务，从而深化了它与核心客户群的关系，同时也有了一个主要的竞争者。当时经济处于持续上升期的中间阶段，巴西建筑行业的大热也激发着公司的扩张政策。结果是，公司从前所未有的需求中获得收益，需求来自基础设施、商业和住宅地产的大规模投资。这些良好的外部因素，加上克劳迪奥和新的私募股权合伙人合作造就的内部改善，产生了2007～2009年令人羡慕的财务结果：累计年收入增长率达到45%，净收益在此期间涨幅高达155%。

充分利用这一强劲的发展，2010年年初，股东同意通过精心策划的IPO方式退出，从而实现他们的收益。当公司准备在圣保罗证券交易所（BOVESPA）上市时，针对新投资者的销售策略主要立足于一点：通过与私募股权投资者合作取得的公司价值增加的创就。除了内部经营状况改善和规模扩大之外，这些成就包括世界水平公司治理标准的贯彻、再组建的独立董事委员会、设立所有财务报告的定期独立审计机制以及新的向公司高管和其他雇员提供股权激励的利润分配方式。

此后不久，公司的IPO获得成功，以2009年EBITDA约6倍的价格卖掉了公司大部分股票。因为巴西脚手架设备公司是唯一一家在圣保罗证券交易所上市的建筑设备公司，所以投资者对其投资热情很强。既有初级又有次级股票发行获得认可，这样一方面使得目前的股东能够出售大部分手中的股份，同时另一方面也可以给公司注入新的资本来维持增长轨迹。3.9亿美元的IPO使得克劳迪奥和他的团队能够买入新的设备并支持增长所需的经营费用。“我很感激我们能和私募股权团队坐在谈判桌前，甚至是在他们极为苛刻的时候，我们也没有放弃。如果没有他们的资金，更重要的是，如果没有他们的专业知识，我们不可能取得如今的成绩。”

价值创造工具

不同于大多数投资者，吸引私募股权投资者的竟然是表现欠佳的公司。私募股权投资者作为资本提供者毫无疑问在支持那些融资能力有差距的公司成长方面至关重要，但是每位私募股权投资专家也知道仅仅有资本投入并不足以满足提升业绩的需求，尤其是在发展中国家。如果把目标设定为公司的盈利能力和竞争力在量上的飞跃，可以以加速的收入增长、EBITDA的上升和工人劳动生产率的提高等标准衡量。私募股权的独特优势在于基金经理主动参与的投资者角色，在补充注入资本的同时，也提供了专业价值创造知识。就像一位非洲私募基金公司经理在讨论目标公司时所说的：“获取可观收益，只有资本是远远不够的，还需要私募公司时刻关注尼日利亚的市场机会，包括帮助目标公司在当地招聘、获得许可证以及其他当地事务。这不仅仅是关于资本，更加是与资本随之而来的价值创造的专业知识。”

虽然国家、行业和企业的环境对策略的具体要素影响深远，但一般转换目标公司需要考虑的因素包括以下事项。

经营：完善产品和服务，提高生产力，优化供应链管理程序，重构内部经营体系，扩展营销和分销渠道。

人力资源：招聘有经验或者有能力的高级经理，专业培训员工，确保薪金待遇富有竞争力，从而吸引和留住主要人员。

公司治理：建立独立的董事会，引入可用的会计和财务报告准则，把董事会的最优决议写入公司章程。

环境：执行环境条例，近年来，环境条例被认为和全公司的竞争力高度相关。

财务：进行有效的资本结构管理，在筹集额外债务和股权资本时给予协助，协助谈判从而达成有利的融资条款。

密切关注如何以在非财务方面提升被投资公司价值是私募基金的核心要务，并且是极具吸引力的融资手段。第 2 章提到，私募股权在高技能人才相对充裕和最佳商业运作模式被认为是理所应当的工业化国家已经兴起和成熟。在强烈的对比下，发展中国家的公司表现欠佳的根源一般可以追溯到经营管理标准的缺失，尤其是构成大部分生产型私人部门的众多中等市场公司。正如这些公司表现欠佳是因为他们缺少获取中期和长期资本的渠道，他们也因低于平均标准的业务流程而使得潜力无法得到充分发挥。然而，经验丰富的私募股权投资者却认为，这其中很多缺陷都可由管理者的相关知识和技能以及采用最佳运作模式的激励机制所弥补。

巴西脚手架企业家克劳迪奥的神话勾勒出由私募股权投资者的专业性所带来的一些好处：产品优化的建议、更加有效的财务会计流程培训以及对实施收购策略实现规模经济的支持。像克劳迪奥一样，全球的企业家已经逐渐意识到，向私募股权投资者出售一定比例的股权通常会给传统业务方式带来破坏性的改变，但同时公司价值的净增加最终会使得这个艰难的决定富有意义。

各项研究已经实证检验了经营性价值创造和最低业绩表现水平之间的相关性。一项调查显示，在拉丁美洲，相比于成本节约或财务重构，因私募股权交易而产生的经营改善对 EBITDA 增长的贡献度达到 80%，这一贡献几乎是对美国和欧洲贡献度的两倍。[1] 在非洲，私募股权对非财务性价值创造，尤其是对环境、社会及治理（ESG）[2] 完善的关注，为 EBITDA 增长带来 66% 的贡献。[3]

有限合伙人也把普通合伙人非财务专业能力的集中视为他们自身财务回报的决定性要素。就如同普通合伙人基于明确确立的选择标准评估目标被投资公司一样，有限合伙人也同样会使用他们的评判准则来决定哪个基金经理会成为他们的资本获得者（见表 3-1）。[4] 特别是在发展中国家，普通合伙人逐渐意识到他们筹资竞争力的主要驱动因素在于拥有令人信服的价值创造能力。一位长期追踪活跃于发展中国家的普通合伙人的有限合伙投资主管强调说：“经营性价值创造是私募股权领域优胜劣汰的主要决定因素……依靠财务杠杆的时代已经终结。”[5] 换句话说，普通合伙人不再寄希望于仅仅通过证明他们能够识别好公司并使用比如债务重组、资产出售这类财务处理方法，吸引机构投资者注资。

表 3-1　有限合伙人尽职调查表范例

利益准则	• 普通合伙企业高管是否以自有资金投资 • 协议是否有利于有限合伙人在普通合伙人获取附带权益之前收到初始投资和合理收益 • 附带权益是否按净盈利而非总盈利收取 • 普通合伙人向被投资公司收取的所有交易、监督以及咨询费用是否会按比例分配给有限合伙人

（续）

投资策略 / 价值创造	• 投资团队是否有必要的经验和专业能力来为目标被投资公司贡献有益价值 • 普通合伙人的成功退出经验是否有迹可循 • 在选择目标公司和投资策略时，普通合伙人是否能够保证环境、社会及治理准则
治理	• 普通合伙人是否接受定期独立审计并且愿意向有限合伙人定期提供标准化的财务报告 • 目标公司估值是否以原始成本或市场价值的较低价格定期报告 • 普通合伙人是否同意在当前基金投资期内结束之前不开始新的基金 • 普通合伙人是否愿意接受经大多数有限合伙人投票产生的有限合伙协议的任何变更
透明度	• 有限合伙协议是否明确确立了利益纠纷条款，资本募集和分配计划是否定期披露 • 普通合伙人是否愿意披露任何法律事务、违背有限合伙协议条款的行为以及基金债务 • 普通合伙人是否有有效和透明的风险管理计划 • 普通合伙人是否提供基金业绩表现的季度和年度报告

一则有限合伙人关注价值创造的著名案例是耶鲁大学基金，他们积极提倡所谓的“投资价值增值方法”。耶鲁大学基金的私募股权投资组合已经连续二十几年超过其他大学基金的业绩表现，在慎重选择基金经理时耶鲁基金投资团队更加关注基金经理的经营经验而不是其财务专业技能。在选择普通合伙人时，其之前的综合能力是关键：“我们选择的私募基金是那些业务做得更加到位的公司。”耶鲁基金首席投资官戴维·斯文森解释道。[6] 几个“基金的基金”也采用了相似的方法。一个投资新兴市场公司的经理说：“我们最终要寻找的是把自己定位成企业经营管理的共同参与者，而不是‘企业的挑选者’的普通合伙人。后者是几年前可行的策略，但随着市场的成熟，普通合伙人应该能够在公司基本的成长水平上，创造更大的价值。那些有这些想法并且有时间塑造自身专业技能的普通合伙人确实有更好的业绩表现。”

普通合伙人这一重要的能力集合是逐渐积累的。它的深化依托于在持续多年不断从帮助一家接一家有相似问题的公司中汲取经验。作为私募股权投资者，在总结其成功业绩表现的核心要素时，一个基金经理骄傲地说道：“我们毫不羞愧地从与合伙公司成功的非专有运作模式中‘窃取’经验，并且把它们应用到其他地方。如果不这样做，那么我们就会面临公司的运作模式过时的风险。”对已经被证实有效的价值创造模式的复制是私募基金的一大关键优势。在提供资本之余，还必须为投资者创造其他有价值的机会。

如何在发展中国家环境中实践“创造更多价值”是本章的核心，下面几页的价值创造内容是私募股权投资者一旦投入资本后，如何处理公司不良业绩的典型代表。

成功的核心：坚持利益准则

> 帮助一家大公司充分发挥潜能需要的不仅仅是资本，最终会归结为人的因素。因此你和管理团队的关系对于你能提供的支持至关重要——无论是通过推动行业核心专业技能的引入、加强公司治理还是引入相关成功的经营模式。
>
> ——中国私募股权投资者

在私募股权投资者可以实施业绩改善方案之前，都必须首先买入控股股权。这就意味着公司的所有者和新的投资者应就实现长期盈利和保持竞争性的价值创造计划的关键内容达成共识。策略的成功实施要求建立起基于相互信赖和尊重的真诚合作。一位印度私募股权投资者解释说：“我们持有 10% 还是 30% 的股权并不重要。关键是我们不会投资一家没有强烈意愿与我们合作的公司。”所以在基金公司投资之后，企业家应该认识到那些虽然陌生但能够有效改进公司经营状况的转变的重要性。同时企业家和私募股权投资者应该建立默契，一同积极推进达成一致的转变方式。也就是说，对于投资者而言，与公司管理层达成对于未来发展方向的共同认识比了解公司当前经营模式的优势与劣势更加重要。

第1章提到，建立起投资者和企业家之间合理的信任程度并非易事。尤其是在发展中国家，当企业家发现公司没有足够资金投入就会无以为继时，深植于公司传统的自主性和信息私密性就会受到挑战。起初，企业家可能会觉得和私募股权投资者合作，获得所需资金可以解决上述问题，但是转念一想，这样做的代价是私募股权投资者可以获得控股股权从而影响公司的运营，比如订立新的会计责任和透明度标准等，企业家便开始犹豫，甚至恐惧。在结束私募股权交易之前，普通合伙人在买入控股股权的同时，也寻求改善公司运作的方方面面，比如独立的财务和法律审计，基本和持有股权成比例的董事会发言权，完善有关董事会运行机制的规章制度（如定期召开董事会、独立董事选举、董事会会议的召开流程等）。一些新兴市场公司的所有者不怎么习惯这种审查力度，所以也就能理解他们为什么接受不了引入私募股权投资者之后公司的转变了。

说服企业家接受外部股权投资者的难度被放大了，因为在发展中国家，私募基金是一个相对新的概念，尤其在主要的小型和中型目标公司更是如此。一位关注非洲发展的金融机构的投资专家说："作为基金经理，你不太可能有机会直接和被投资公司一起走进会议室，然后说，这是我们的私募基金产品，要不要买入一些。在发展中国家和地区，需要的是足够的耐心和教育，尤其在和规模更小的企业打交道的时候。"

不熟悉确实会引起质疑。"一开始我的确很害怕引入外部投资者，"中国一家生产石油和天然气井工业阀的地方性小公司的负责人这样说，"但当我发现外部投资者打算引进新的业务运作模式来帮助公司成长并且取得更多收益时，比如设计了第一份战略方案，让我们清楚地知道公司未来的发展方向以及为实现这一方向所要付出的努力是什么，我改变了想法。他还说如果我们采用更加普遍的财务报告和公司治理模式，当地银行会更愿意接纳我们的融资需要。"因此，私募股权投资者最初的难题是要能够说服企业家，虽然在短期内抛弃传统业务模式可能会有一定的冲击，但是长期产生的收益足以补偿短期受到的冲击。

一个投资者的任务往往可以通过时间考验的吸引力来促进所有者的自身利益。一旦一个企业的生存能力受到威胁，越来越明显的是，“一切照旧”的方法已不再可行，即使是最墨守成规的企业也更愿意考虑替代的方法。无论什么原因，这是私募基金大门渐开的一刻。驱动企业者寻求私募帮助的理由如下。

（1）需要获得额外资本：大多数企业会去考虑私募基金的主要原因是它们需要资本以加速增长。无论是银行贷款、战略投资者、私募基金合伙人还是任何其他外部资本来源，公司总是要符合披露、透明度和财务报告的惯例标准。一旦管理层明白了拒绝这些先决条件对于企业融资的后果，那么接受私募基金的合伙人就变得更遂心如意了。

（2）新的竞争威胁：改变特定行业的情况，导致公司的市场份额和/或盈利能力显著下降，可能会诱使企业所有者探索潜在的私募基金合作伙伴关系。由于政府都采取了更有利于开放市场和减少保护壁垒的政策，许多曾经兴盛的公司对于即将面对更激烈的竞争准备不足。成功的拉丁美洲私募股权基金的合伙人评论了特定部门日益增长的竞争压力与其交易流之间的相关性：“极少数家族集团采取措施使其公司的管理专业化，并且现在面临着来自新竞争者的威胁。作为一家私募基金公司，我们能够提供必要的外部专业知识和资本，以使它们在市场中保持优势的地位。”[7]

（3）继承问题：接近退休年龄的家族企业的创始人可能没有儿子或女儿有兴趣或有能力接管该业务。随着这一现实逐渐成真，创始人被迫考虑其他的所有权结构，以确保公司的可行性。“我们知道家族的所有者越来越面临继承问题和流动性的需要，”拉美的私募基金投资者解释道，“在他们的公司出现绩效问题的时候。”[8]私募基金公司具有解决这种继承问题所必需的人机脉络和知识。

（4）濒临破产的困境：由于长期表现不佳，破产或清算的威胁通常迫使创始人在不情愿地接受新股东和关闭业务之间做出选择。

即使私募基金仍然不为新兴市场的许多企业家所知，但这正在快速地变化。随着资产类别逐渐获得可信的立足点，特别是在金砖四国和一些其他大的发展中国家，所谓的示范效应吸引了一些企业主的注意力到私募基金上来。也许没有什么比去了解其他公司的所有者已经通过与私募股权投资者合作获得了巨大的财务奖励来打破一个企业家的反抗更有说服力了。无论是通过报纸文章还是口头传播，成功的故事都有力量去改变企业家的态度。巴西一家中型市场私募股权基金的管理合伙人惊讶地评述，其一个投资组合公司在国内证券交易所 IPO 后发生的事情："我们接到了超过 50 个未经请求的电话，来自那些阅读了关于这个相对不知名的公司 IPO 结果的公司，以及了解到我们协助公司去满足所有证券交易所上市要求所发挥的作用。当谈论到抓住新兴市场公司注意的时候，私募基金投资者知道这是一个表演的游戏而不是叙说的游戏。

可操作的改进杠杆

虽然没有一种适用于所有人的价值创造的战略，但是有一些任务往往是大多数新兴市场私募股权投资者的重点。该流程通常从百天计划（见表 3-2）开始，清楚地定义要进行的操作变更，以帮助公司实现其长期目标。

表 3-2 百天计划的部分内容样例

	任务目标
人事部门	• 更换首席财务官 • 识别并弥补销售和营销团队的空白
公司治理和合规	• 采用国际公认的会计准则 • 采用年度和多年预算编制流程 • 建立董事会章程，并创建新的董事会委员会
经营	• 购买并实施信息管理系统 • 识别并实施环保做法 • 调查潜在的收购目标

（续）

财务状况	• 评估再融资 / 重新安排现有债务的选择权
产品	• 获得质量保证认证 • 升级陈旧设备 • 开展市场营销来增加品牌认知度

一个精心设计的百天计划有助于避免下游误解、管理展示。最重要的是确保私募股权投资者与管理团队之间关于具体创造战略的利益一致。少数从业者不同意一位私募股权投资者的观点："创造百天计划不仅仅是一个建议，这是一个必要条件。这意味着操作变更必须尽早定义和进行，否则可能无法完成……如果在头 100 天内不发生改变，通常就不会改变了，人们会照常恢复生意。"[9]

通常，这个百天计划在尽职调查阶段开始明确化，这时一般合伙人团队正在学习关于公司优势和劣势的细节，以及如果投资结束时需要做哪些事情。然而这个策略会因为私募基金投资者是大股东还是小股东的地位而不同，通常，一般合伙人将会在签署股东协议之前讨论计划并在具体事项上达成一致。"百天计划的一个目的是给予管理层以示意——事情正在改变。"一位投资者解释道。

GP 所带来的创造业务增加值的技能主要是通过多年的行业经验中获得的，比如电信、医疗、金融服务或消费品行业。基于专业性和历史性 / 对比性的视角来看，GP 团队能够鉴别出资产组合中运营效率低下的公司，并且能够制订出以加速公司成长为目标的计划，无论是有组织地还是通过收购来加速公司成长。

通过专注内部变化来提高底线

通过集中于内部改进，例如扩大产品组合，精简生产过程，重组管理角色和责任，和 / 或实施专注于树立品牌意识的新营销活动，可以实现更强的整体绩效。一个私募基金投资者可能会问的问题的样例如图 3-1 所示。

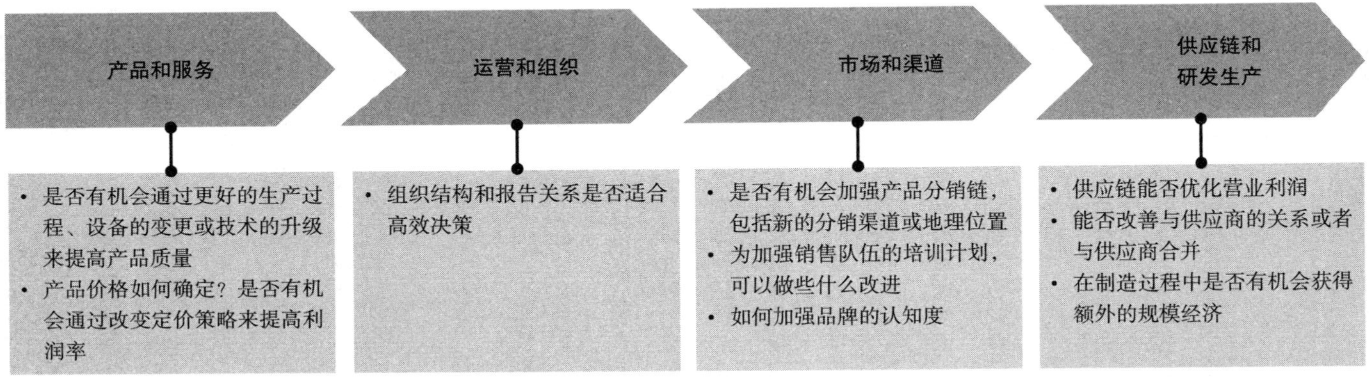

图 3-1　识别潜在的操作改进的框架

保留匈牙利糖果传统：宝贝纳公司和恩斯资本

宝贝纳（Bon bonetti）公司是一位巧克力大师于1868年建立的。这位巧克力大师是第一个将蒸汽驱动技术和大规模的巧克力生产引入匈牙利的人。宝贝纳公司的发展具有坎坷的经历，包括1948年被国有化，在1992年被私有化并出售给一家德国集团，于2006年成为恩斯资本投资组合的一部分（恩斯资本是一个私募基金，专注于中东欧表现不佳、陷入困境或有特殊情况的公司）。恩斯资本评定宝贝纳是一家能实现显著改进的公司。

当时，公司正在努力应对不可持续的债务水平、无竞争力的产品、吸引人的包装设计和库存损失，这是由于未能减少无谓的生产造成的。恩斯资本和宝贝纳公司合作减少了低效率和高成本的生产流程，并降低了管理费用。在完成投资后不久，恩斯资本进行了产品盈利分析，目标是消除表现不佳的产品，并协助管理层制定更加突出最畅销的核心巧克力产品的经营策略。恩斯资本还根据市场调查结果协助管理层提升产品包装和品牌的现代化以及原材料的质量，制订新的产品开发计划。由于这些变革，宝贝纳在保留公司的文化和传统的同时，实现了债务清零和现金转正。

资料来源：EMPEA. “The Impact of Private Equity in Emerging Markets Case Study: Bonbonetti,” October 2011.

通过收购实现规模

尽管公司可以通过专注于内部成长来达到更高的效率和更大的盈利，但这些规模也可以通过收购一家或多家竞争对手公司以扩大规模来实现。通常这个叫作“累加”。尽管并购成长战略在世界各地都被实践，许多发展中国家就提供了非常有吸引力的机会，而这些机会在西方基本消失，这些发展中国家都有着相似的模式：高度分散的和低效的产业，由于混杂着数百甚至数千个相对小的公司，使它们无法成长到同一大小以通过规模效应实现运营效率。至于这个无所不在的问题的潜在原因，各国和产业都有所不同，但通常在这些解释中会有共同点，例如，保护小公司并限制较大公司进入的政府法规，糟糕的基础设施，难以将货物和服务运输到一个本地市场之外的地方，或者只是普遍缺乏资金和技术来资助和执行收购。这种私有部门的现实阻碍了大量企业的出现，造成大量企业效率低下和绩效不佳，无论是在中国农村的粮食分配、巴西的建筑材料、印度的消费品，还是尼日利亚的医疗保健，都是如此。

这种行业无效率的特征是为精明的私募股权基金投资者量身定制的。这些小型和中型公司中的一些公司被赋予了一些品质，使它们能够利用过度拥挤、零散的市场并加速增长，只要它们获得必要的资本和技术。这些都在反复反映一个主题，一位专注于亚洲的有限合伙人解释了他的基金投资策略的基本原理：

亚洲（包括中国）的大部分产业，都不到20年，它们仍然很分散，有许多参与者，所以通常市场领导者只有5%的市场份额。因此，即使有一个明确的市场领导者，也没有出现太多的收购合并。我认为在未来5～10年会出现一个有吸引力的机会，即是帮助这些市场领导者通过行业整合成为不可否认的第一名。这一目标帮助公司加速发展，使它们能够脱离并从其他参与者那里获取市场份额，因此获得竞争优势。

因此这个私募基金的挑战就是筛选所选行业内的大量公司，仔细选择那些具有快速发展潜力的企业，提高它们自身能力或通过收购，来帮助它们成为行业领导者。

在卢旺达兴起：咖啡业的整合

尽管卢旺达生产了这个世界上一些最高品质的咖啡，但在2011年咖啡产业陷入困境，困于管理不善，缺少融资渠道，低于平均水平的生产率和分散的当地工艺设备。改善投资合伙人公司（KVP）是个撒哈拉沙漠以南的私募股权基金，认为这些部门特定的问题是一个潜在的有吸引力的投资机会，前提是它们可以通过一家大型咖啡加工公司整合来实现成本节约型规模经济。

当KVP成立一家控股公司KZ Noir，收购Socor有限公司的75%股权时，这一战略愿景于2011年实现。Socor有限公司是一家位于破产边缘的卢旺达咖啡加工公司（见图3-2）。

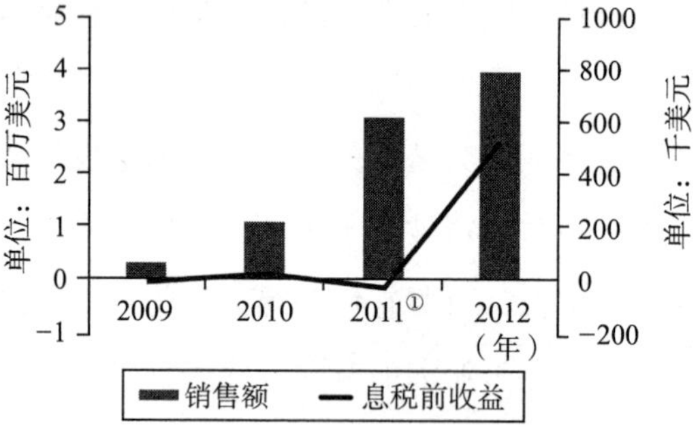

图3-2 KVP的资产组合公司的销售额和息税前收益，2009～2012年

①指KVP在2011年年初获得资产组合公司。

在交易完成后不久，KVP的新投资组合公司收购了另外两个类似的困境中的卢旺达咖啡加工企业，并创建了一家综合控股公司。在KVP的资本和技术的支持下，新的控股公司能够获得规模经济并引入一系列的价值增值变化。

更大的、统一的咖啡加工公司的创造，带来了显著的好处。例如，KZ Noir与当地银行拥有更多的谈判能力，在KVP的帮助下，公司以更优惠的条件重新谈判其中期和长期债务，并定期获得必要的流动资金。更大的规模允许公司为了减少运营成本做出改变，例如，集中后台功能（如会计和质量控制），还可以跟供货商协商更低的进价。KVP也和管理层密切合作，进行其他的内部改变，这导致了更强的财务业绩，例如更严格的内部财务控制和新的提高生产率的工人培训计划，引入农业最佳实践，促进土地养护、施肥、树木修剪和其他实践，促使产量显著提高。KVP还建议管理层如何升级和专业化营销功能，从而增加公司对主要的国际咖啡烘焙商（如毕兹咖啡和全食公司）以及世界上最大的商品贸易企业的出口销售额。

KVP的注资和价值创造专长的组合立即扭转了公司的业绩和盈利能力：单位生产成本降低，生产量增加，营业利润率扩大，并且2010～2012年收入以每年复合增长率73%的速度飙升。除了KZ Noir财务表现的大幅改善之外，KVP 通过培训计划，改善了数百名卢旺达咖啡加工员工以及成千上万的贫困农村咖啡种植者的生活，提高了他们的收入和生活水平。

资料来源：EMPEA. "The Impact of Private Equity in Emerging Markets Case Study: KZ Noir Ltd.," May 2013.

人才管理杠杆

除了评估投资组合公司的商业模式、运营和增长潜力之外，私募股权投资者不可避免地总是考察管理团队和员工，以确定需要确保实施其价值创造战略所需的变革。"修理发电厂比管理人力容易得多。"一家私募股权投资团队的负责人解释道，他们正在努力重组表现极度不佳的巴基斯坦发电厂。[10] 无论行业或公司规模如何，私募基金投资者在不同的发展中国家都表达了相同的观点。他们最大的价值创造挑战是相同的：发现和培训人才。虽然证实人力资本赤字严重性的严格数据很少，但新兴市场私人股权实践者的共识几乎是一致的，任何价值创造战略的总体成功，特别是当他们是小股东时，非常依赖于最大的、重要的评价：管理团队和劳动力的质量。

当问到他最近在尼日利亚电信公司的投资中最沉痛的经验教训是什么时，这个私募基金投资者哀叹道："我们严重低估了吸引和留住一个公司有能力的首席财务官（CFO）的难度。我们被迫多次更换 CFO，这是我们的退出被延迟了多年的主要原因。"但是一个弱势的高级管理团队可能也是一个待解决的问题。比如，利用了经验和与其他投资组合公司的关系，私募基金专业人员会做好充分准备招聘新的人才，引进技能培训方案，并改革认识侦测以增加竞争力和提高道德水平。与竞争性业务表现的许多其他障碍一样，私人股本投资者常常认为这些与人相关的挑战是一个机会。

虽然在最小和最不发达的新兴市场，例如在许多非洲和中美洲国家，预期缺乏人力资本能力，但同样的问题甚至在吸引了私募股权投资者最多注意的较大国家仍然存在，比如巴西、印度和中国。例如，在中国长期做交易的投资者指出："对于我来说最大的经验教训是，私募股权投资最重要的是人力业务，相对于预期财务回报来说关注企业家的品质更重要。我们现在在中国面临的最大的挑战是投资组合公司中缺少高质量的人才。”[11] 同样的结论在2013年的以人力资本指标为基础的国家排名的观察报告中被强调，这些人力资本指标包括教育、健康和培训。中国、巴西和印度在122个国家中分别排第53、57和78名。[12]

由于管理人才的缺失，一个共同的障碍是来自竞争公司的挖墙脚。正如一位泛新兴市场基金经理解释的：“现在在新兴市场中是一场关于人才的战争。”[13] 因此，面临着不仅吸引而且保留高层管理者的挑战，经验丰富的私募股权投资者经常对高价值高级财务专家提出新的薪酬计划，旨在提供有吸引力的财务激励，与实现明确的绩效基准挂钩（例如，优先认股权）。虽然这些基于奖励的补偿计划在发达经济体中早已普遍存在，但它们最近才在大多数发展中国家引入。

取决于特定行业内高级管理人员不足的严重程度，补救办法可能包括从外国招聘有经验的专业人员。一位南亚的投资者说道：“某些情况下，我们不得不积极地从国外聘请经理来运营我们的投资公司。例如，零售行业是专业化经营，所以，为了我们的连锁超市投资，我们用自己的网络去寻找两名曾在马来西亚大型连锁超市工作过的法国公民。”

第二个人力资源短缺存在于高级管理层以下，在那里可能存在严重缺乏具有必要技术技能的专业人员的问题，特别是在电信、医疗和发电等部门。与高级管理人员一样，这些极其重要的技术人员的供应极为短缺，极易受到竞争对手的偷猎。愤怒的企业主抱怨他的尼日利亚电信公司最具破坏性的问题之一是：“我们每月花400美元雇用一个工程部管培生，并在为期三年的时间里花费40 000～50 000美元去培训他，之后他就可以要求每月1000美元的薪酬，因此我们的许多优秀人才都被挖走了。在对他们的培训投入很多钱之后，我们很难留住他们。”

对这些根深蒂固的人力资源问题没有快速解决的办法。一些有经验的私募股权投资者在几乎每个发展中国家都一次又一次地遇到同样的问题，但是他们经验丰富，能够引入经过时间考验的解决方案，例如，制订计划，旨在提高工人的生产力和降低成本。激励措施可能像引入更好的技能培训一样简单，但也可能需要基于绩效的薪酬，包括“非竞争”规定的雇用合同和更有吸引力的工作者福利，例如改善医保，改善住房，为受抚养子女提供教育，或其他可能提高工人士气和提高生产力的生活质量福利。

吸引并留住关键人才：蓝河资本和 KPR Mill

1984 年，印度的 KPR Mill 是由三个兄弟创办的一家纺织品和服装公司，位于南方纺织一带的一个城镇哥印拜陀的一家经过改造的谷仓。当世贸组织取消全球纺织品配额，并且国内纺织市场似乎准备合并时，位于印度的私募股权公司蓝河资本看到了 KPR Mill 的文化和业绩的巨大潜力并进行投资。尽管蓝河资本只是一个小股东，这两家公司发展为一种高度信任的伙伴关系，允许蓝河资本通过招聘、采购、运营和财务决策来转变 KPR Mill 的文化和绩效表现（见图 3-3）。

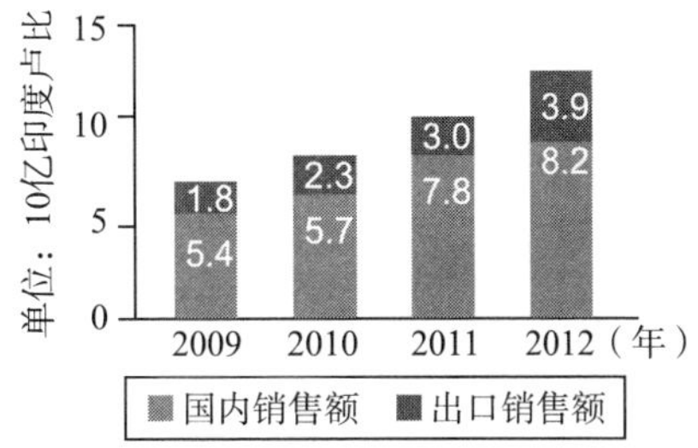

图 3-3　KPR Mill 销售额，2009 ~ 2012 年

也许蓝河资本给 KPR Mill 带来的最显著和创新的变化是吸引和留住人才的不寻常的方法。通过介绍来自农村的年轻妇女，KPR Mill 能够为这些新工人提供安全的住房，使用游泳池和瑜伽课程等便利设施，并通过公司与两所本地大学的关系提供进一步教育的机会。因此，大约 40% 的 KPR 员工已经获得了职业培训认证或者大学、商业学位。由于这些显著的文化改变，士气激增，工人生产力的提高，已经抵消了额外员工福利的成本。印度纺织业的工人平均人员流动率为 30% ~ 50%，而 KPR Mill 则为个位数。员工士气好转，开始感受到更多的权力，带来工作流程的改变，进一步提高了效率。对于合作伙伴关系的整体成功，蓝河资本团队的一位资深成员指出：“KPR Mill 的最佳实践使他们在核心信念和精神方面以及如何待人方面与其他企业区分开来。一个非常满意的和

高士气的劳动力才是重点所在。”

资料来源：“The Impact of Private Equity in Emerging Markets Case Study: KPR Mill Limited”, September 2012.

公司治理杠杆

公司治理是一个不精确和容易被误解的术语，但它通常指的是公司建立的标准和实践，以确保：①准确、及时和透明的操作和财务信息流向相关决策者；②明确的程序，旨在使高级管理层向包括若干独立成员的董事会负责；③董事会有权审议和决定影响公司运营和财务业绩的关键决策。虽然对于构成何种健全的公司治理（见图 3-4），各国之间的标准可能有所不同，但图 3-4 中总结了最常见的原则和做法。在所有国家，希望通过公开发行募集资金的公司必须首先表现出符合既定的公司治理标准。此外，一旦股票上市，公司将受到持续的要求，需要公开披露关于公司财务业绩的标准格式的详细信息，包括可能影响未来业绩的任何重大变化的通知。除政府规定外，世界上几乎每个证券交易所都有自己的公司治理标准和内部要求，规定着每个上市公司必须满足的条件。[14]

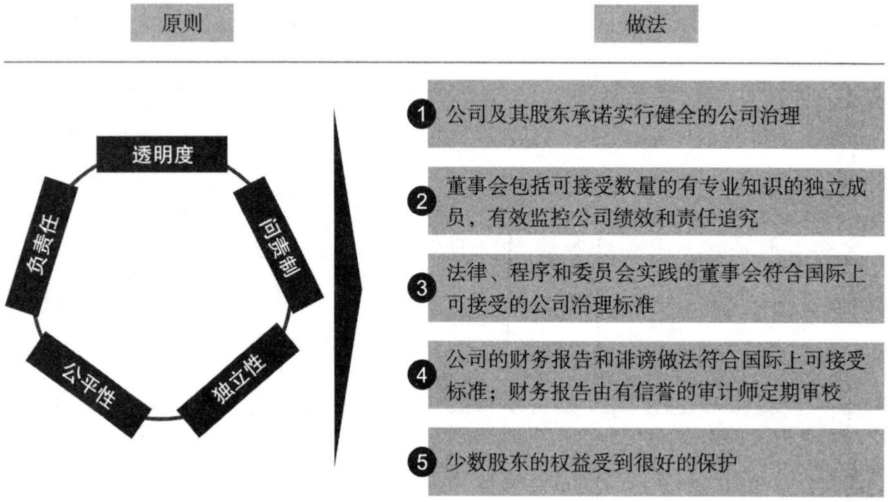

图 3-4　健全公司治理

与上市公司的这些公司治理做法形成鲜明对比的是，非上市公司（私募股权投资者的主要目标）受政府监督的限制较少。[15] 因此，管理层比上市公司积极采取措施建立和实施健全的公司治理的动机较少，薄弱的公司治理在发展中国家往往是常态。公司创始人可能会认为这样的做法是非必要成本和/或是通过公开披露特权公司信息向竞争对手提供潜在优势。一位在21世纪初开始筛选公司的巴西私募股权投资者解释说："当时的'公司治理'这个术语并不是任何人的词汇。"

大多数金融家认为薄弱或不存在的公司治理是主要的威慑因素，他们既没有激励也没有技能来应对这些公司的缺陷。此外，私募股权投资者可能认为这是一个有价值的机会。一个检验合作可行性的重要试金石不是去看可接受的标准是否已经建立并一直在实践，而是管理层是否认识到有效的公司治理是提高业绩的基础，以及他们是否真正愿意与新私募股权合作伙伴合作实施必要的变革去提高公司治理能力。

对于这家公司来说，没有什么比家族中小型企业更具挑战性的公司治理问题了。除了直系亲属和亲密的朋友，创始人/企业家几乎没有资本或股东就已经建立了一个成功的业务。他习惯于一直完全掌控谁能看到什么信息；两个甚至三个财务账户并不罕见，独立董事会也被认为是既不必要也不可取的。可以理解，许多人受到财政透明度和披露惯例的威胁，这可能会吸引税收人不必要的注意。因此，不受外界审查，业主没有什么动机来区分他个人的经济利益和公司的利益。正如一个小企业主承认没有问责制："在我们有一个私募股权投资者之前，我的董事会只有两个成员：我和我的母亲。由于缺乏独立董事或政府的监督，公司创始人通常熟练地混淆金融现实。公司很少有可能进行独立审计或实施标准会计做法。正如一位沮丧的财务顾问在试图对中国一家公司进行价值评估所观察到的那样："他们对收入和成本的'体操'令人印象深刻，北京奥运会应该为会计师增加一个比赛项目。"中国的财务报告和透明度水平不够高，而中国并不是唯独的一个。一位在拉丁美洲有丰富经验的基金经理解释说："我们的大问题是'公司试图隐瞒不良信息来混淆视听’，我们对许多大的公司进行尽职调查，但通常它们有隐藏的子公司、离岸销售和其他避税行为。”

这并不是说所有的新兴市场企业都进行暗箱操作。相反，非上市公司的健全公司治理的重要性意识越来越流行。然而，许多公司所有者没有动力采取健全的治理政策。一个全球私募股权投资者解释道：“许多人根本不像发达国家那样有良好的治理观念，我们称之为无辜的不诚实。”一旦公司所有者获悉可接受的公司治理措施与更容易、成本更低的第三方融资渠道之间的明显关联，这种对问责制和透明度的抵制就可能消失。例如，一旦公司采用标准的会计和财务报告惯例，银行便更愿意贷款，以便于自身的尽职调查和监督。重塑与私募股权投资者的合作有意想不到的优势，巴西一家成功的中型信息技术公司的创始人承认：“即使我们公司的年收入增长约 45%，我们没有公司治理经验，也没有对它可能带来的改变有很好的理解。一旦我们有一个私募股权合作伙伴，突然之间一个原本对我们高科技公司没有兴趣的银行家也开始对我们提供信贷，甚至国际金融公司也开始来敲我们的门。”

许多研究证实，除了获得新的资本提供者之外，一旦公司决定公开上市，投资者可能会为有强大公司治理实践的公司支付溢价。例如，对韩国上市公司的调查显示，与治理不善的公司相比，治理强的公司的股票交易溢价为 160%。[16] 在巴西的一项研究得出了类似的结果，证明在圣迭戈证券交易所上市的公司治理评级最好的公司的市盈率比那些不良股公司高 20%。[17] 毫不奇怪，独立信用评级公司已经得到了相同的结论，其中包括以公司的公司治理质量作为其排名的标准。例如，在评估公司所有权结构、财务利益相关者权利、财务透明度、信息披露等方面，标准普尔信用评级的一个重要决定因素是其“公司治理评分”，其适用四个核心原则：公平性、透明度、董事会结构和流程。[18] 穆迪就走得更远了一步，将公司治理做法从“信用强度”到“信用挑战”的范围分类，这可能会限制未来的评级改进。[19]

最终，从私募股权投资者的角度来看，从实施可接受的公司治理做法中产生的价值创造收益在投资周期结束时即退出时会实现。无论是出售给战略投资者还是通过IPO，每个私募股权投资者都知道退出价值受公司治理质量严重影响。战略买家对他们即将收购的公司因为看到强有力的公司治理政策感到欣慰。如上所述，IPO的成功取决于公司能否令人信服地证明其完全满足证券交易所的上市要求。私人股本专业人士拥有专业知识和动力去与管理层密切合作以实现这一目标。

更好的董事会，更容易退出：转变中国制造业的公司治理[20]

中国平板玻璃制造公司的CEO认可："在私募股权投资者参与之前，我们的董事会只是一个橡皮图章，几乎没有对企业提供有实际意义的监督或管理。但是，考虑到最终IPO，首席执行官和其他高级管理层成员热烈支持基金经理的建议，大大改变公司的公司治理标准和实践——特别是一旦明确这是满足香港证券交易所（HKSE）上市要求的先决条件：

- 包括三名高级管理层成员、两名私募股权基金代表和三名与本公司无关的独立董事的新董事会；独立董事必须符合HKSE指定的资格；
- 新任董事长；
- 创建新的董事会委员会，包括审计、薪酬和合规，以及规定委员会责任和报告要求的章程；
- 规定理事会职责的新章程，包括规定理事会会议将大约每隔一个月开一次；
- 要求管理层向所有董事会成员提供每月财务和运营报告，使用新创建的标准格式；
- 实施新的会计准则，以便完全符合GAAP，并执行年度独立审计。

由于私募股权投资者和高级管理层之间关系逐渐密切、信任关系和利益的一致性，这些重大变化相对平稳地实现。公司治理变革一年后，公司成功完成了在HKSE的IPO，募集资金超过2000万美元，超额认购8倍。两年后，回顾成功的交易，首席执行官很快就认识到了他的私募股权基金在转变公司的公司治理实践和允许他的公司获得关键的额外资金来源中起到了关键性作用。

环境可持续性杠杆

我们没有动力去关注环境，只是因为它是“可有可无的”。无论我们从环境角度实施的任何变化都必须使合作公司产生价值。

——新兴市场私募基金投资者

不是很久以前，人们普遍怀疑与环境相关的经营实践和公司财务绩效之间的相关性。关于如何在主流投资界中最大化股东价值的教科书概念几乎没有给其他因素留出空间，因为这些因素似乎模糊不清，难以量化。通过跟踪标准财务基准，如收入增长、更好的运营利润率以及提高息税前收益，来衡量投资后价值创造举措的进展是相对直接的。更难以量化的是通过花费时间和资源来提高公司遵守国际公认的环境和安全标准所带来的更强财务业绩的贡献。即使当环境问题的关注在 21 世纪第一个 10 年中期开始进入投资者视野显得更加突出时，环境原则的倡导者和反对者对于业绩底线和环保实践之间的关系的理解仍然是混乱和不精确的。

但时代改变了。正如“公司治理”对于许多发展中国家公司及其投资者逐渐从非主体转变为一个必要物一样，21 世纪第一个 10 年中期，另一个术语迅速进入主流，并获得了广泛的接受，直接与企业绩效挂钩，那就是“环境治理”。[21] 全球意识一方面通过世界各地的新闻报道，报告了那些受到不严格或毫不受法规制约的行业的有害环境后果，另一方面故意忽视了环境法规。丑闻揭露了从米和婴儿奶粉到药品和饮用水的一切系统污染，开始引起政府官员、发展金融机构和企业高管的注意。

如果加强公众监督和监管机构颁布的严厉惩罚不足以改变行为，公司所有者自己开始认识到改善的环境最佳实践和绩效之间的联系。例如，世界上最大的零售商沃尔玛多年来一直努力使其运营更环保，包括向全球供应链中数以千计的向沃尔玛销售价值数十亿美元产品的公司施加压力，此外，有影响力的思想领袖推动了对传统的、狭义的股东价值概念的看法的改变。麦肯锡公司（McKinsey & Company）认为，持有股东短期利益最大化观点的业务经理可能会忽略不太明显但同样（或更）重要的机会（这些机会将增强公司长期的绩效，例如获得客户的信任或投资于减少有害温室气体排放的设备）。[22]

对于私募股权，价值创造议程上的环境问题的提升并不完全是由一些崇高的、政治正确的前提驱动的，即这只是“正确的事情”。一个基金的管理合伙人解释说：“我们不会因为内疚而投资或者投资绿色企业，只因为他们提倡环境保护。我们正在寻找更高的效率、创新和更少的环境足迹的交叉点。通过长期关注这些领域，我们可以实现有吸引力的风险调整回报，可以与机构投资者对私募股权的预期持平。”换句话说，就像价值创造战略的其他组成部分一样，发展符合环境最佳实践的专业知识是通过对加强整体公司绩效所需的实际考虑驱动的，最终转化为更高的退出价值。

绿色筛选：KKR 关注环境、社会及治理（ESG）

作为私募股权投资者将环境、社会及治理（ESG）纳入其业务的严肃性的标志，全球私募股权公司 KKR 拥有一个内部模板，由所有交易团队用于识别和监控被认为带来最大环境和业务影响的投资组合公司的问题。为了开发他们定制的方法，即是绿色投资组合方法，公司从一些环境倡导团体征求建议，包括环境保护基金和国家资源防御律师。这种协作努力的结果，总结如下：建立了一个规范的方法，允许 KKR 交易团队识别和解决具体的环境问题与每个投资组合公司，以创造额外的企业价值。到 2013 年年底，KKR 估计，参与其绿色组合计划的公司（见图 3-5）实现了约 9.17 亿美元的成本节省和收入增加，以及避免了 180 万吨的温室气体排放，1950 万立方米的水，以及 470 万吨废物的排出。KKR 联席主席兼联席首席执行官亨利 · 克拉维斯指出：“环境管理已成为 KKR 投资模式的核心部分，并且正在根植于私募股权行业创造价值的新的最佳实践。”

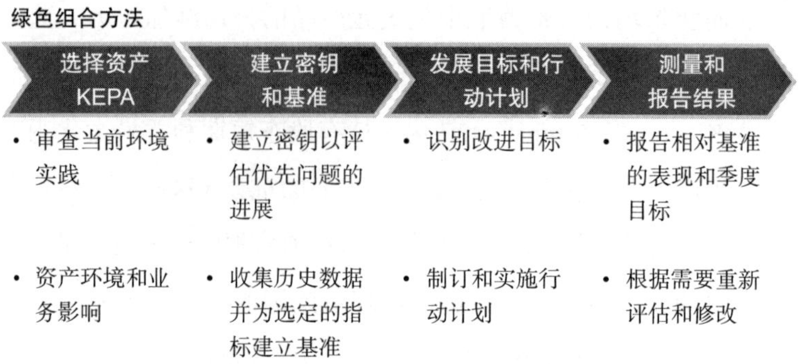

图 3-5　绿色投资组合方法概述

注：KEPA 代表主要环境绩效领域。

资料来源：EMPEA. "Beyond Standards: Integrating Responsible Investment into Your Portfolio." *Emerging Markets Private Equity Quarterly Review—Volume* Ⅵ, *Issue* 3 (2010).

从行业和公司层面来看，采用环境最佳实践的重要性显而易见。例如，家禽生产者最应优先注意的是符合环境要求的废物处理方法；林业公司的所有者必须注重可持续采伐的做法以实现其长期竞争力；电厂运营商必须优先安装现代设备以减少碳排放。在每个具体部门的例子中，公司加强遵守广泛接受的行业标准的能力对公司绩效有直接影响。其他企业有动机升级环境实践作为吸引新客户的营销工具。例如，在玻利维亚，一家小型家族企业通过获得国际公认的森林管理委员会的令人羡慕的认证，成功地扩大了其客户群，这表明该公司的所有木材产品符合严格的国际认可的环境标准。同样，迎合国际游客的酒店也渴望得到绿色地球的认可，绿色地球是一个促进环境可持续旅游的协会。

普通合伙人（GP）也越来越积极地密切关注 ESG 标准，因为他们的筹资竞争力取决于它。在非常短的时间跨度内，当评估哪些新兴市场基金经理将是他们的资金支持的受益者时，价值创造专长的这一维度已经深深嵌入每个普通合伙的尽职调查清单中。根据 2013 年新兴市场私募股权协会对普通合伙新兴市场私募股权投资意见的调查，53% 的有限合伙将普通合伙对 ESG 问题的积极管理和报告归为“重要”或“非常重要”。

特别是在低收入国家，绝大多数普通合伙人严重依赖衍生金融工具作为资金来源，对 ESG 的关注是一个重要的先决条件。国际金融公司是新兴市场私募股权基金的最大投资者，使用严格的审查程序来评估基金经理在同意投资之前应用 ESG 最佳实践的能力，然后监控基金整个生命周期的合规性。国际金融公司的代表说："我们的员工专家对基金的前三次交易进行环境和社会诊断，以确保符合我们的标准，然后每年检查基金的投资组合，以确保他们继续遵守我们的环境合规方针。其他发展基金在同意投资之前筛选 GP 并提供 ESG 后期投资的工具，他们希望他们的资金能得到使用。因此，毫不奇怪，环境因素已经成为每个私募股权投资者的技能集的主流组成部分。例如，在非洲，私人股本基金的当务之急就是吸引发展基金的支持维持运营，人们广泛认识到，在衍生金融工具及其私募股权合作伙伴的鼓励下的投资公司，当谈论到 ESG 时领先于曲线。[23]

还应值得注意，与仅仅几年前形成鲜明对比的是，私人股本投资者遭受企业主本身的拖累更少。他们也开始表现出对公司长期绩效（包括获得成长资本）和遵守全球公认的环境标准之间的相关性日益增长的意识。正如普通合伙公司一样，他们也评估了潜在的私募股权合作伙伴，部分取决于他们可以证明的 ESG 技能。一位基金经理承认企业主的这种新的期望，解释说："我们经常被期望在确定环境合规性的可能问题这些方面发挥积极作用，并与投资组合公司合作解决这些问题。"[24]

加上普通合伙公司和企业所有者对基金经理施加的压力，以证明 ESG 能力是其价值创造专长的一部分，几乎所有发展中国家政府都认识到环境友好做法在促进私营部门发展中的中心地位。在世界银行和联合国等国际机构的大力支持和鼓励下，这一政府意识开始萌发，同时出台了大量新的国内环境法规。

然而，在许多发展中国家政府，可靠的执行能力不可避免地落后，因为具有监测和执行新法律的技术熟练的公务员严重短缺。但正如一个国家的低效的金融部门可以为精明的私人股本投资者创造弥补资金缺口的机会，薄弱的公共部门环境执法能力也很弱。私募股权投资者与其投资组合公司的管理层密切合作，有强烈的动力将加强环境治理作为整体价值战略的一个组成部分，无论地方政府是不是有效的法律执行者。

因此，与非金融价值创造的其他方面一样，环境专业知识已成为衡量新兴市场私募股权基金经理相对竞争力的重要指标。对于环境倡导者所倡导的广泛目标来说，这已经不具有说服力了。相反，各地的基金经理不得不重新思考自己的技能要求，并且可靠地展示处理公司和部门特定任务的能力。普通合伙公司和业主通常期望基金经理，无论其国家或行业重点，包括具有必要的实践经验和技能的专业人员，评估和监测投资组合公司遵守相关环境实践的意愿和能力，并协助管理层在他们的标准不足时提高他们的能力。一些基金现在招聘具有行业特定技能的环境专家（例如发电厂、采矿、农业企业），其他基金甚至创建了专门的专家团队，负责处理所有交易。

可持续发展的环境：突尼斯包装制造商的环境实践

突尼外斯特（TunInvest）[25]是一家成熟的中型市场私募股权基金，专注于北非和撒哈拉以南非洲，在2006年投资于蔻吉特（Cogitel）——一家突尼斯小型家族拥有的弹性包装制造商。关闭投资后不久，突尼外斯特团队同意投资公司的管理层进行一系列新的投资和操作实践，旨在改善公司工厂的健康、安全和环境条件。这种对环境可持续性的关注受到国际金融公司（突尼外斯特的普通合伙公司投资者）的大力鼓励。对于蔻吉特，国际金融公司为相关公司人员提供环境和可持续发展培训。专业培训的一个后果是，员工开始将自己视为环境利益相关者，他们致力于彻底改变蔻吉特的可持续发展实践。

对公司的经营效率和盈利能力的影响的例子总结如图3-6所示。

除了改善了运营效率和工人的安全，蔻吉特成功获得多个国际健康、安全和质量保证认证，这使该公司通过出口到欧洲市场获得了新客户。例如，国际标准化组织（ISO）认证使公司能够更有效地与竞争对手区别开来，与跨国公司客户，如达能与可口可乐建立牢固的关系。

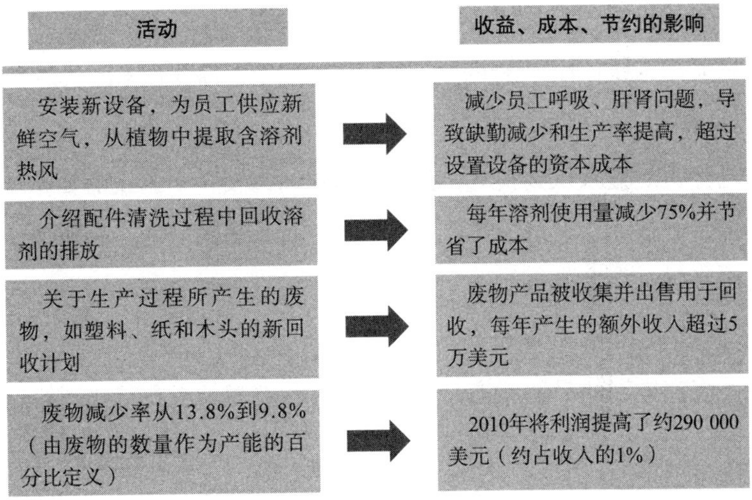

图 3-6　蔻吉特的环境和可持续发展创造价值的影响

在突尼外斯特对蔻吉特的五年投资中，公司收益翻了一番，出口增长到总销售额的 51%。此外，突尼外斯特与蔻吉特成功为其他投资组合公司产生了积极的示范效应。反思这些 ESG 的重要举措，一个突尼外斯特合伙人指出："我们使用在蔻吉特的经验与其他投资公司谈话，我们会说，'瞧这个突尼斯公司在你们这样恶劣的工作条件下不断地改善环境。如果他们能够做到这一点，你们也可以做到'。"

资料来源：EMPEA and IFC. "The Impact of Private Equity in Emerging Markets: Sustainability Case Study: Cogitel," 2011.

在新兴市场的私募股权：历史的视角

通过引进和实施价值创造，私募股权投资者对企业的蓬勃发展影响不可低估。如本章所示，这些专业投资者被赋予了专业知识，而且可以显著增强公司的竞争力和盈利能力，只要企业拥有者愿意接受改变他们的传统做生意的方式。通过提供部门和市场的专业知识、广泛的行业网络、最佳实践的知识，以及外部的视角（除了作为"耐心资本"），私募股权可以驱动企业转型。

在新兴市场上，这些非财务价值创造的专业知识是稀缺的，并已证明应用在成长型中小规模企业上时是至关重要的，是一个国家综合私营部门业绩的重要驱动。世界银行集团国际金融公司一位有经验的私募股权投资的高级官员解释道："我们知道大量的知识转让正在发生，即使你不能总是衡量它。"

从25年前，新兴市场的一个不起眼的、很少使用的投资工具——私募股权投资已经被缓慢认识到其对于公司业绩提高以及一个国家的整体经济增长和发展的贡献作用。但由于作为第一代涉足这个新领域的新兴市场，私募股权基金所走过的道路是曲折的。第4章将追踪资产类别从20世纪90年代的起源到2008～2009年全球金融危机等重大事件的不均衡演变。然后，第5章将研究资产类别的最新历史，重点是所有利益相关者在行业开始走向成熟时所吸取的重要经验教训。

Private Equity
Investing
in Emerging Markets

第 4 章

全球金融危机之前私募基金的业绩表现

> 我们的私募业务主要集中在美国和少数几个西欧国家，私募模型应用得也很成功。但是，到 20 世纪 90 年代中期，我们越来越清楚地认识到需要修正我们的模型，以使我们在做决策时可以考虑到中国和印度等新兴市场国家。但是我们在这些国家没有任何经验，也几乎不了解当地的商业文化，在这些国家开展的业务也很有限。总之，这是一项艰巨的任务。
>
> ——某国际知名私募基金管理人

20 世纪 90 年代：新兴市场私募基金的起源 [1]

20 世纪 90 年代，私营部门而非国家应该是经济增长和发展的主要推动力，这一共识被世界范围内的决策者、发展金融专家和学者普遍接受。很多新兴市场国家内出现了令人振奋的事件：发生于 20 世纪 80 年代的债务危机，给几乎所有中等收入国家，尤其是拉丁美洲国家的增长前景蒙上了阴影，但现在这一影响已很大程度上被消除；1989 年柏林墙的倒塌使得东欧很多国家急剧地从计划经济转变到市场经济；国有企业的私有化成为很多国家的当务之急；很多国家领导人，譬如，中国时任领导人邓小平以及印度领导人曼莫汉·辛格做出了对国际贸易和外资开放的决策。发展中国家的每一个地区似乎对无论是国内的还是国外的投资者，都秉持全新的也更为开放的态度。

随着经济增速开始回升，通胀和利率逐渐下降，以及旨在支持开放市场和降低竞争壁垒的政治和法律制度的完善，投资者开始察觉到新兴市场的投资机会。1995 ～ 2000 年，发展中国家的外国直接投资（FDI）数额几乎翻倍，从 1224 亿美元增至 2483 亿美元，年化复合增长率（CAGR）为 15%。[2] 具体到地区层面，亚洲地区国家的外国直接投资年化复合增长率为 14%，东欧地区为 12%，拉丁美洲地区为 20%（见图 4-1）。

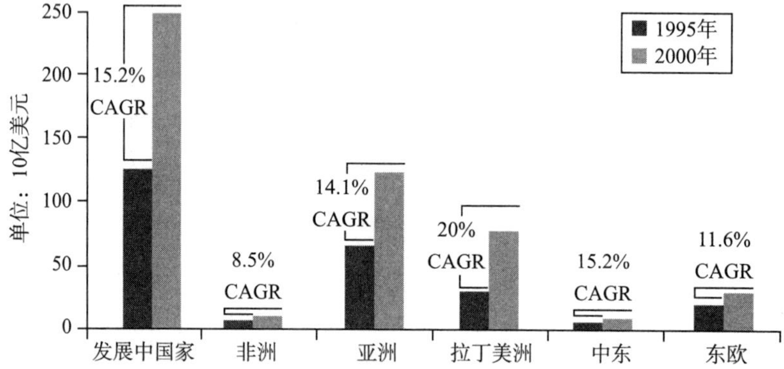

图 4-1　发展中国家的外国直接投资，1995 ～ 2000 年

尽管资金的流入对很多新兴市场而言是值得欢呼的进展，但这些资本未必会流向每个国家最具有竞争力的公司。一些国家严重依赖国内储蓄来为公共部门赤字提供资金支持，挤占了大多数私有企业获得资金的机会。只有市场中少数几家最大、最成熟的公司才能从国外直接投资高速增长中获益。与此相反，大约 95% 的私营企业并没有从投资热潮中获得资金，这主要是因为发展中国家在强化国内金融市场功能方面几乎没有取得任何进展。通过证券市场或者银行募集资金，除了对那些最大的、评级最优良的公司没有限制之外，对其他公司都是障碍重重，并且没有证据表明政府出台相关政策以鼓励中期和长期资金的私人提供者“下海”来满足诸如这些经济体中新兴的小型

和中型企业等其他企业的资金需求。

在这种背景下，新兴市场国家的私募基金市场发展潜力很大。亟须资金的公司在越来越有利的宏观经济环境下运行似乎为精明的私募基金投资者提供了一个绝好的机会。如果这些国家的融资模式仍然继续偏向为数不多的大公司，那么就必须完善这种既有的模式以弥补私有部门的资金缺口。毕竟，私募基金投资者追求的是长期利益，他们不会由于投资的企业刚刚出现危机就抽离资金。此外，相较于商业银行等传统的资金供给者，他们更能接受由于公司规模小、体系不完备而伴随的风险。以上这些说明：在新兴市场中，对私募基金融资的需求很强劲，政府也会接受这种融资方式，并且那些具备专业技能而且又经验丰富的投资者会有机会获得丰厚的收益。

尽管还是一个相对新兴的行业，但是私募已经让资金供求双方获益匪浅。对于资金的提供者而言，受到在美国和西欧取得的业绩的鼓舞，新一代西方国家的基金经理开始觉察到新兴市场国家由于严重的资金短缺而出现的巨大商机，由于希望获得资本投资的公司数量越来越多，他们的估值也变得较低，这种现象就为私募创造巨额收益提供了可能。

很多公司型基金的经理都对新兴市场投资前景持乐观态度。与 20 世纪 90 年代中后期全球金融市场蓬勃发展的表现齐头并进，新兴市场国家宏观经济环境的改善，政府对国外投资者的积极态度，多元化投资所带来的好处，当然最重要的还是与承担相应风险而带来高额收益的预期，以上种种因素使得很多投资者都乐意把收益的一部分投资到新兴市场。对于契约型基金的管理者而言也是如此，由于在西方市场，巨额的资金追逐有限的优质资产，使得资产估值高到难以接受的水平，他们对新兴国家私募投资市场的态度也发生了转变。很多投资者都认为是时候去更有潜力的市场以寻找新的投资机会了。

在诸多有利因素的影响下，新兴市场的私募数量快速增长。截至 1999 年年末，拉丁美洲有超过 100 只新私募基金开展投资，而且这些基金在过去 10 年是不曾存在的。1992 ～ 1997 年，拉美地区私募基金所募集的资金数额从区区 1 亿多美元增长至 50 多亿美元，年化复合增长率达到 114%。在亚洲，这一数值更大，增长率也更快，据统计，1992 ～ 1999 年，有大约 500 只基金成立，新增投资资本超过 500 亿美元。[3] 随着 20 世纪 90 年代前期苏联的突然解体以及随之而来的十几个中欧和东欧国家的出现，这些转型经济体中的私募市场也开始有所起色。尽管私募投资的金额和国外直接投资（FDI）相比规模还较小，但是私募的高速增长则表明未来私募会成为体量巨大的资产配置途径，而这一趋势在几年前是几乎不可能预测到的。

早些年间，大多数的契约型基金总部都设在美国等发达国家，在鼓舞人心的快速增长的迹象中，大多数基金经理似乎忽略了一个事实，正如第 2 章所讨论的那样，发展中国家的情况和西方发达国家的情况是大相径庭的。在新兴市场需要通过准确的市场情报、广泛的人际关系和良好的口碑来发现合适的机会，他们认为做到这一点所需的技巧和在发达市场通过循序渐进的过程达成一项协议所需的技巧是相同的，无论从进行尽职调查到构建能够预测公司未来业绩和价值范围的财务模型考虑，还是从和企业家进行协商到准备达成交易所必需的材料等角度考虑。他们还认为，这种相似性还会在投资后续阶段发挥作用，这会使得他们和公司所有者建立一种高效的工作伙伴关系，从而为他们的投资增值及后续在合适的时机获利退出做好铺垫。但是正如后续所讨论的那样，这一系列假设都是没有依据的。

发展金融机构的重要作用

私募基金投资早期的发展得益于少数发展金融机构的支持，这些金融机构的任务是促进私人部门经济的发展。在意识到私募基金投资通过调动资本和专业知识而对发展中国家产生广泛的影响后，这些机构成为第一批推动新兴市场私募基金发展的推动者。

例如，在美国，海外私人投资公司（OPIC）和美国国际开发署（USAID）作为直接投资者投资了旨在投资特定国家和地区（企业）的私募基金，并且设立了激励机制以鼓励其他机构投资者将部分资金配置到私募基金。比如，海外私人投资公司（OPIC）就首创了债务杠杆型私募基金的概念，该基金通过利用海外私人投资公司（OPIC）提供担保的债务来为股权投资提供杠杆以吸引公司型基金投资者。与此同时，美国国际开发署在 1999 年设立了发展信贷局，该机构通过为所在地投资公司投资额的 50% 提供担保以促进当地私人融资（包括私募基金融资），来源更加灵活。这些创新性的激励措施使得私人投资者将一部分资产配置到私募基金上来，而在此之前这种投资形式是不在他们考虑范围之内的。[4]

在促进私募发展方面，多边发展金融机构各显神通。与美国的机构为私人投资者提供担保不同，它们采用了更为直接的方式，即入股特定国家和地区的专业私募基金，这些基金都是经过仔细筛选的。以下是一小部分具有开创性的金融发展机构，它们明确规定为发展中国家的私营公司提供资金和技术支持，譬如国际金融公司（世界银行的私营部门）[5]、欧洲复兴开发银行（EBRD）[6]、英国联邦发展公司（CDC）。随着私募基金发展开始步入正轨，其他金融发展机构也开始积极参与，例如，非洲发展银行、亚洲发展银行、德国投资与开发公司（DEG）、欧洲投资银行、加拿大出口发展银行、荷兰发展金融公司、法国经合投资公司及南非发展银行。

上述这种激励、参股等活动表明发展金融机构对新兴市场私募基金的态度发生了令人惊讶的转变。20 世纪 90 年代初期，私募基金甚至都不在这些机构的考虑范围之内，但是 90 年代后期，诸如国际金融公司和欧洲复兴开发银行等机构都设立了专门的部门，这些部门主要的任务就是推动对新兴市场私募基金的投资。截至 1998 年，这些机构已经投资了约 220 只新兴市场的私募基金，累计投资额达到 150 亿美元，[7] 这对其他潜在投资者而言是一个强有力的信号。

在新兴市场私募基金发展的早期，当大部分私人投资者在犹豫是否将资金投资到不了解当地情况和风险 – 收益比率的国家的时候，这些发展金融机构对推动私募基金的投资发挥了关键作用。由于发展金融机构在进行尽职调查方面享有盛名，所以它们对某一个基金的投资往往成为影响其他私人投资者是否跟进投资的重要因素。正如当时一位基金经理所言："国际金融公司极具声望，它成为我们的投资者，对其他股权基金而言，就像是为它们提供了保险一样。"

可以毫不夸大地说，如果没有发展金融机构的领导和支持，新兴市场的私募基金是不会发展到今天这样的规模的。虽然发展金融机构经常被批评投资程序缓慢、烦琐、充满官僚气息，但是这些机构几乎对新兴市场的每一个区域（私募基金的发展）都起到了至关重要的作用——从向基金提供资金支持到对各种操作问题提供指导，比如，实施更宽泛的关于环境的、社会的以及治理的投资研究。它们对新兴市场私募基金投资，尤其是在早期阶段，也吸引了其他公司型基金的注意，这些基金本来是对发展中国家的项目避而远之的。此外，它们还向已经开始推广本地区私募基金的地方性、区域性以及全球性的协会组织提供支持，并且成为发展中国家政府和监管当局值得信赖的支持者，这些政府和监管当局对这一未被充分利用的私营部门的融资工具知之甚少。

虽然发展金融机构的作用，尤其是在较贫穷的国家，被广泛认为是不可或缺的，但是作为这些组织行为的受益方的契约型基金则普遍认为这种做法是一把双刃剑。一方面，尤其是对小型和中型基金而言，这些机构的投资是至关重要的，因为它们作为"优质的管家"可以吸引其他发展金融机构和公司型基金的投资。但是另一方面，几乎没有合伙人不对这些发展金融机构的严重官僚作风做出失望透顶的抱怨，因为这种官僚作风不可避免地导致长期的、代价高昂的筹资延迟。一位被激怒的基金合伙人总结他的经验时说："没有这些发展金融机构的帮助我们无法生存，但是和他们合作绝对是一场噩梦。"这句话反映了很多金融发展机构参与投资的基金管理人的心声。

国际金融公司：从毫无章法可言的私募基金投资者到不可或缺的有限合伙人

作为世界银行下属自营投资部门的国际金融公司建立于1956年，是第一个明确强调直接向私营公司而非政府项目提供资金和技术支持的发展金融机构。在 20 世纪 90 年代早期参与私募基金之前，国际金融公司是当时规模最大和最有经验的专注于私营部门发展的金融发展机构。虽然起初国际金融公司仅被允许作为贷款人，但在 20 世纪 80 年代被授权可以参与发展中国家的股权投资时，它事实上便成为第一批参与新兴市场股权投资的投资者。国际金融公司在建立的前 10 年间所参与股权投资的经验为其在私募基金投资方面的发展打下了坚实的基础。

20 世纪 90 年代早期，随着国际金融公司作为有限合伙人对新兴市场第一代基金的一系列投资，其在新兴市场私募基金领域方面获得了发展的动力。但是，这些早期的投资却被国际金融公司 12 个投资部门以一种不协调的方式完成，这 12 个部门各自为政，都有自己的优先事项和投资评判标准。据该机构的一位前工作人员回忆，早期这种对新兴市场私募基金的投资，很多投资部门的主管都认为只是运用资金和提高公司声誉的一种权宜之计："你所需要做的全部工作就是等着一个人进来然后说，'我会在某某国家创立一个基金——我只需要贵公司提供启动资金'。这在当时被视作可以轻松得到 2000 万美元的机会，几乎没有尽职调查，因为我们在向一个盲区投资，并且各个投资部门的人员到处进行这种投资。我们称这种投资为圣诞树，投资的资金被比作圣诞树上的'袜子装饰物'——你可以把它们挂在树上并且把它装扮的流光溢彩，但却做不了什么事情"。

不出所料，无论是从绝对数量还是相对于国际金融公司向其他公司的直接投资而言，这些初期投资业绩都很差。早期投资的这种糟糕表现引起了内部激烈的讨论，讨论主要关于是否应该继续向新兴市场私募基金投资。但是最终国际金融公司的管理层决定调整其投资策略，通过设立一个专门的机构来负责监督既有的和未来投资的私募基金的运作，并且在 2000 年私募股权投资基金集团应运而生。经过激烈的内部博弈，对新兴市场的私募基金投资成为国际金融公司业务的一部分，这个新部门的负责人在回忆这一过程时写道，我们集团在 2000 年成立时，我们在新兴市场中投资了 10 亿美元，涉及 100

只基金。当时我们做的第一件事是整理文件，我们的员工称之为堆肥。当时我们的法律文件乱糟糟的——有限合伙协议、缴款协议、资金投资的历史记录等文件都丢失了。我们花了一年时间用来构建一个文件归档系统并且为每只基金都设立了档案。

在最初的几年，这个新成立的部门对国际金融公司私募基金投资制度进行了大刀阔斧的改革，这些改革旨在改善对新兴市场私募基金的已有投资和新投资的业绩表现。譬如，它通过跟踪、评估及对基金和基金经理分级以提高尽职调查的质量；通过设立理想条款表来强化和基金普通合伙人的共识以确保前后运营的一致性；建立一套标准化的方法来评估不同国家同一产业的私募基金投资环境等。

新战略逐渐改变了其在20世纪90年代混乱的管理方式，并且国际金融公司在拓展投资类别方面声名鹊起。2000～2013年，国际金融公司投资了153只私募基金，总金额超过27亿美元，这些基金又投资了超过1100家公司，平均每家公司创造584个工作岗位。[8]另外，这个过程还有更难量化但却同样重要的事情发生——知识流通，尤其是在大多数投资者都不会去投资的国家，这一点尤为重要。例如，国际金融公司的很多投资都是在普通投资基金认为风险太高而不愿进行投资的地区。[9]国际金融公司良好的业绩表现反映了其对私募基金的投资成效：自2000年开始的13年间，其投资组合内含报酬率为18.3%，若是从最开始算起，其投资回报率则达到24%。

20世纪90年代末至21世纪早期：私募基金业绩下滑及可预见的衰退

私募基金的业绩表现充斥着谎言，这主要是因为它们不用像公开交易的证券那样依法披露信息。[10]事实上，关于早期投资新兴市场的私募基金业绩的数据根本就不存在。但是，金融产业的高效使得几乎没有秘密能够隐藏很长时间，并且一旦暴露，投资者的从众心理就会从中作祟，使其迅速调整投资方向。这在新兴市场的私募基金方面也不例外。

即使没有法定的信息披露，一些负面的小道消息也是层出不穷，传言投资回收期要比基金管理人在向有限合伙人推销基金时预测的时间长得多，并且收益率也令人失望。例如，根据 2003 年的一个调查，1995 ～ 2000 年年中，227 只投资拉丁美洲的私募基金中只有 15 项投资（仅占总投资的 7%）得以成功退出。虽然这段时期，投资在亚洲的私募基金额度更大，但是业绩表现同样令人失望。当这些数据公开后，投资者认识到事与愿违，他们承受新兴市场的更高风险却并没有获得相应的风险回报。

投资者对新兴市场私募基金这一资产配置形式的热情迅速冷却了，和几年前其对这一资产变得感兴趣一样迅速。例如，拉丁美洲地区的私募基金在 2003 年获得的投资只有区区 4.17 亿美元，这是自 1995 年以来的最低水平，而 1995 年是这个产业开始兴旺发展的年份。同样是在 2003 年，东欧、中欧及包括俄罗斯在内的其他国家的私募基金吸引到 4.06 亿美元投资，崛起的亚洲也只吸引到 22 亿美元，这只是几年前投资额的一部分。[11] 一位沮丧的私募基金经理的话反映了当时市场对新兴市场概念的普遍反感："投资者在经历过三四年的对亚洲、拉丁美洲和俄罗斯投资的糟糕回报后，再吸引新的投资是非常困难的事情。管理者已经不能用某只保持资金回报连续性的私募基金的例子来高调地宣称这种投资方式运作良好。他们的声誉很糟，并且变得越来越糟。"早期投资这些地区的私募基金的合伙人也都做出了悲观的预期。"我们基本上已经不会增加在新兴市场的投资头寸了，"一位受损的投资者说，"只有当我们得到收益时，我们才会考虑重新投资。"

对于这种突然的衰退，估计没有投资公司比那些发展金融机构更为沮丧和失望了，因为这些发展金融机构对推动新兴市场第一代私募基金的发展起了至关重要的作用。尽管这些机构自营部门的投资回报率是保密的，但国际金融公司官方承认 20 世纪 90 年代后期对这些国家私募基金的复合投资收益率是百分之几，2000 ～ 2003 年投资回报率则为负值。[12] 结果，这些机构的一些高层开始讨论是否应该取消对私募基金的财务支持，而将业务主要集中在更为传统的投资活动上，譬如基于实际项目而直接向公司提供债务和股权融资。尽管国际金融公司和其他受挫的发展金融机构一直在对此进行内部讨论，但最后他们认识到如果他们就此取消，那么对这种投资形式的打击将是毁灭性的。毕竟如果他们都不愿意承担这种投资风险，又怎能指望其他私人投资者承担呢？

对第一代新兴市场私募基金糟糕业绩的解释

事后看来，投资者对这种投资可以获得高收益的判断是不切实际的，正如他们之后判断这种投资形式没有未来一样。大部分第一代私募基金开展业务的时间才仅仅只有三四年，就被贴上没有未来的标签，尤其对于机构投资者而言，对新兴市场私募基金做出这样的判断时间太短了。正如第 1 章所讲的那样，私募股权投资是一种长期的、流动性较差的投资形式，投资收益往往要在投资承诺做出几年后才能实现。即使是在美国，私募股权投资实现周期通常为 10 年，并且在投资期的前 5 年不大可能收到正的投资收益。

除了这种对于投资期限和投资收益不切实际的期望外，同期新兴市场私募基金的业绩和投资在美国和欧洲等发达国家的私募基金的业绩对比更加重了这种对新兴市场私募基金糟糕表现的判断，由于发达国家经济回暖，投资的私募基金也获得了较好的回报。例如在 1999 年和 2000 年，投资在美国的私募基金的一年滚动收益分别为 18.09% 和 38.82%。[13] 即使公募基金市场在当时的大环境下也是欣欣向荣，几年后时任美联储主席格林斯潘称之为“非理性繁荣”，因为道琼斯工业指数从 1999 年的 1 月的 9350 点飙升至次年的 11 720 点，也就是在互联网泡沫破裂之前。

雪上加霜的是，新兴市场私募基金被投资者接受的可能又被一连串前所未有的全球金融危机的爆发所破坏，这又进一步打击了投资者对新兴市场的信心。正如第 2 章所提到的那样，1997 年的夏天，所谓的亚洲奇迹[14]随着一连串主权国家货币贬值而轰然破裂，并且还造成了这些国家经济的大衰退。这场货币危机于 1997 年 7 月首先从泰铢开始，然后迅速波及韩元、马来西亚林吉特以及其他很多国家的货币，这些国家中有很多都是在过去十几年中经济增速最快的那些发展中国家。这些国家的货币在当年年底就贬值 40% 甚至更多。可以预见的是，国外私人投资者争先恐后地撤资，这进一步加速了这些国家的货币贬值，但是由于资本的流动性较差，私人股权投资不能够及时退出。这些资产的价值暴跌及对境外资本撤资的突然限制使得这些国外私募基金受到重创。

世界各地的投资者对亚洲金融危机的快速蔓延感到震惊，这使得拉丁美洲和其他地区的私募基金管理人员风声鹤唳，担心突然出现的事件会对投资产生严重的不良影响。一年之后，1998 年 8 月 26 日，投资者再一次被意料之外的事情震惊，俄罗斯政府突然停止偿还短期政府国债，造成政府违约，这使得卢比当天暴跌 38%。尽管俄罗斯的问题基本上与其他新兴市场经济体的发展没有关系，但是投资者则认为俄罗斯的问题是新兴市场更大的危机的一部分，这加速了他们对新兴市场的撤资。最后，像是要证明投资者糟糕的联想似的，几个月后，1999 年 1 月，巴西（拉丁美洲最大国家）宣布本国汇率盯住美元的政策，导致币值贬值了将近 300%，这直接导致巴西的金融危机。接下来的事情和亚洲地区发生的如出一辙，巴西的危机很快影响到阿根廷、玻利维亚、厄瓜多尔、乌拉圭、智利等拉丁美洲国家。

尽管早期新兴市场私募基金的糟糕表现可以部分归因于外部宏观环境的影响，这是个人无法控制的，但显然还有其他因素。其中最重要的原因是，这些投资于发展中国家的私募基金主要是复制美国等国家基金的运作模式，它们简单地认为，在新兴市场投资所需的技能和发达国家所需的并无二致。因此基金的募集策略、组织架构、人员配置、退出预期等方面都和发达国家很相似。总部设在美国或英国的大部分基金主要是从大型的投资银行中招募工作人员，这些人员也都具备评估风险和在发达国家交易的背景和必备的技能。但是他们几乎没有在投资后如何运作基金的经验，而这对于发展中国家私募基金的成功至关主要。另外，这些基金管理人员认为他们也可通过美国式的基金退出机制而获得可观的收益。新兴市场私募基金界的一位资深人士说："当时的理念就是利用美国风投基金的模式以促进这些国家私营部门的发展。"西方一位长期从事私募基金投资的人士认为新兴市场可以运用这种已经被证明完好的投资模式，或许最多修改一下边边角角就可以应对两种市场的差异，并且运用这种模式的结果要么相同要么会更好。随着时间的推移，结论愈发明显，关于新兴市场投资模式的这些基本假定成为影响这个产业发展的致命缺点。

尽管已经有了数十年在发展中国家投资的经验，即使像国际金融公司和欧洲复兴开发银行等发展金融机构也在使用和西方私募基金相似的投资模式。国际金融公司的一位高级管理人员在回忆从早期新兴市场私募基金运作获得经验时说："在基金运作上，我们几乎完全依赖西方基金管理人员，但是他们之前在西方国家作为投资银行家或基金管理人员的经验在新兴市场并不受用。而且，即使是西方最负盛名和最成功的私募基金，在进军它们几乎没有经验的新兴市场时，也是一无所获。"

21世纪前10年：复苏和增长

马克·吐温在伦敦的一家报纸上读到"他的死亡报道"后，说了一句很有名的评论："关于我死亡的报道被严重夸大了。"与此类似，在新兴市场私募基金被很多投资者抛售后，这些基金像是故意反击这些投资者似的，在2003年开始了让人预料不到的显著复苏。正如图4-2展示的那样，2003～2008年，新兴市场私募基金募集资金数额增长了1300%，从46亿美元增长至将近630亿美元，所以同期投资数额也在飙升。曾经表现欠佳且主要依靠发展金融机构背书才能生存的投资形式，在短短几年间就发展成值得信赖的商业化资产形式，并且吸引了很多世界闻名的、历史悠久的机构投资者。

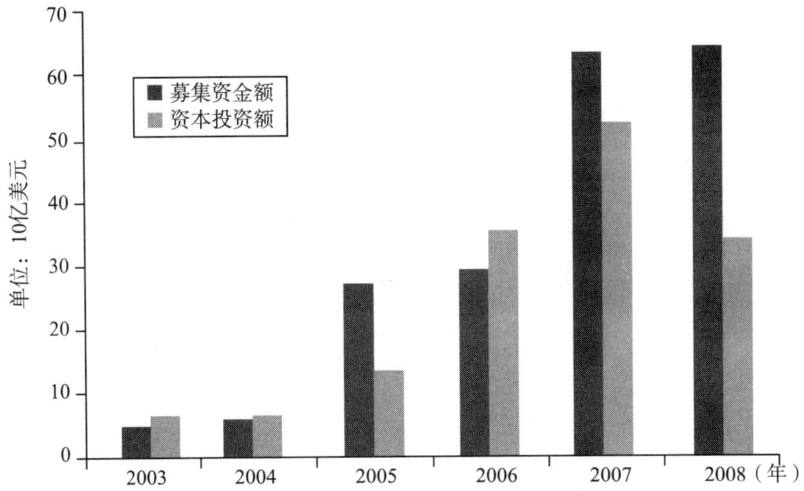

图 4-2　新兴市场私募基金资金募集和投资，2003 ～ 2008 年

资料来源：新兴市场私募股权投资协会（EMPEA）。

新兴市场私募基金不仅在绝对规模上飙升，而且就相对增速而言，其也快于发展中国家吸引资本的增速。例如，2003 ～ 2008 年，私募基金融资规模以平均 94% 的速度在增加，而同期净私人资本增速则为 57%。此外，尽管私募基金投资仅占流向发展中国家的私人资本的一小部分，但是其所占的比例正逐年扩大，从 2003 年的 4%，2006 年增长至 17.6%，2008 年又增长至 43.7%。[15]

尽管并不是所有的国家都能从这种复苏中获得同等的好处，但是毫无疑问的是，越来越多样化的发展中国家吸引了越来越多的资本流入。正在崛起的亚洲则具有相对优势，这是由其众多的人口、迅速扩大的中产阶级，以及尤为显著的快速的经济增速共同作用的结果，这些国家中尤以中国和印度最为显著。同样值得注意的是，2005 ～ 2008 年，拉丁美洲和中东地区的私募基金募集额增长了 3 倍，撒哈拉以南非洲地区增长了 4 倍多。这表明新兴市场的私募基金一扫 10 年前的颓势，完成了令人惊讶的逆转。

除了少数几个大的新兴市场国家外，这种复苏也在其他地区开始传播。在 21 世纪的前几年，只有金砖四国（人口总数有 27 亿之多）以及南非被认为有足够的吸引力来吸引其他国家的私募基金进行投资。但是，到了2008年，原先只在单个国家投资的基金开始在其他市场进行资产配置，这些国家有泰国、哥伦比亚、摩洛哥、越南、波兰、埃及、哈萨克斯坦、秘鲁、尼日利亚和墨西哥，并且这些国家的数量每年都在增加。

对于投资者而言，还有一点比私募基金融资和投资数额快速增长还要重要，即投资收益率令人欣喜的变化。在经历了几乎让所有投资者都避而远之的糟糕业绩回报后，终于在2007年和2008年，投资收益终于开始兑现，在某些投资项目中，其收益率竟然超出投资者预期值。正如表4-1所展示的那样，新兴市场私募基金业绩要优于美国公募基金的业绩，并且第一次能够和欧洲及美国私募基金收益相媲美。例如，2008年年末，新兴市场私募基金和风投净收益率为17%，同期美国私募基金收益率为18.8%，标准普尔500指数收益率为5.2%。

表4-1 新兴市场 vs. 美国和欧洲市场平均收益率（数据截至2008年9月底）

指标	一年期	3年期	5年期	10年期
全球新兴市场私募股权和风险资本	（6.9）	14.4	17.0	7.0
拉丁美洲和加勒比地区私募	（6.7）	21.8	18.5	1.1
亚洲/太平洋新兴市场私募	（10.3）	13.0	15.7	7.3
欧洲新兴市场私募	（4.6）	31.7	37.1	18.8
摩根士丹利资本国际公司（MSCI）新兴市场指数	（33.0）	8.7	19.0	14.8
美国风险资本投资	（1.1）	9.7	9.9	36.7
美国私募股权投资	（6.3）	12.1	18.8	12.8
欧洲发达国家	（13.0）	29.3	29.7	21.4
标准普尔500指数	（22.0）	0.2	5.2	3.1

资料来源：剑桥官方私人投资数据库。数据截至2008年9月30日；收益率为端对端数据，扣除费用、成本和持有利息。

对复兴的解释：什么改变了

就像私募基金行业初始发展时的令人失望的业绩是由于一系列外部因素加上过度乐观、缺乏经验的基金从业者的错误计算造成的，2004年的大幅回升也可以被归结为外部事件和内部关键股东调整的综合效应。也许更重要的是，许多在 20 世纪 90 年代末的金融危机受损的新兴市场国家进入了经济持续增长的时期，部分由有利于私营部门发展的内部改革所推动。俄罗斯从 1998 年的主权债务违约的严重后果中出乎意料地恢复；巴西进入经济持续增长、货币稳定的时期，这一时期持续了 10 多年；世界上人口最多的两个国家——中国和印度，每年的经济增长率是发达国家的 3 倍（见图 4-3）。

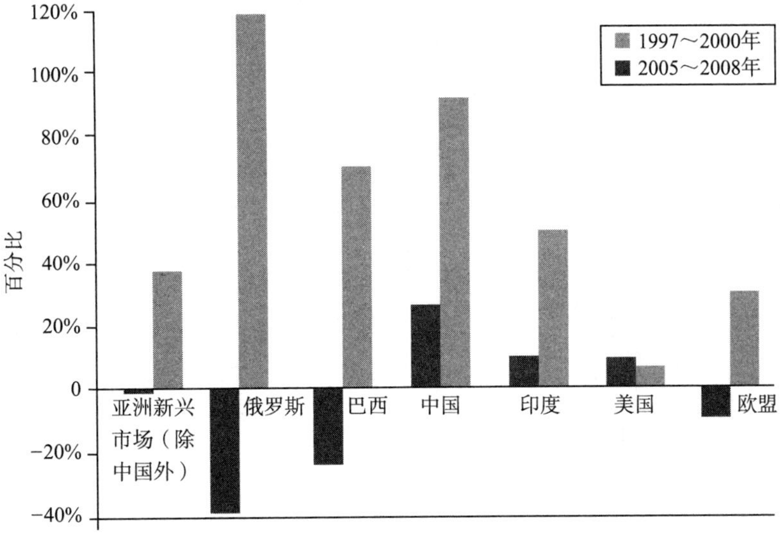

图 4-3　GDP 增长率

资料来源：The World Bank: World Development Indicators, April 2014.

伴随着政府主导的有利于投资者的改革，很多新兴市场国家开始利用它们的竞争优势，包括成本更低的生产基地和对原油以及其他自然资源、商品的需求的增长。这些市场也开始利用其内在有利的人口发展趋势，比如更年轻化和不断增长的劳动力，以及随着经济增长的加速，规模不断壮大的拥有较高收入的中产阶级。新兴市场占全球 GDP 的份额从 1999 年的 15.9% 逐步增长至 10 年后的 23.5%，这显示出强劲的经济增长表现。[16]

在这一时期全球的流动性也在增强，一部分是由于发达国家的低利率、几个新兴国家的外汇储备的增长和国内流动性的增强。2005 年 8 月，《经济学人》杂志报道："全球流动性已经达到近30年来的最快速度。"因此，"过多的货币追逐过少的商品"这一古老的格言使新兴市场获益。随着资本在相对低风险的发达国家寻求投资机会的需求超过了现有的有吸引力的交易时，市场竞争就不断加剧，特别是在大型的收购公司之间的竞争，这会导致估值膨胀。因此，在很多发展中国家的行情比以往任何时候都要好的时候，投资者会去寻求新兴市场的机会。

但是发展中国家强劲的宏观经济表现和不断增强的全球流动性并不是私募基金复兴的唯一原因。尽管在这个时期资本全面快速地流向新兴市场，私募基金投资相比其他的资产类别以更快的速度成长。私募基金的复兴也不能仅仅归因于新兴市场融资缺口的规模，这种融资缺口影响了一大批以成长为导向的中型和小型企业，这几乎不算是一种新的现象。相反，有明显的迹象表明，新兴产业正在逐渐走向成熟，其发展路径与发达国家颇为类似。

正如第2章中谈到的，美国的私募基金行业的产生和发展经过了四五十年的时间，逐步从之前的基金周期所犯的错误中进行学习和修正。这种从历史发展的角度来看待对于理解基金行业在新兴国家的逐步发展过程十分重要。具体来说，基金经理已经开始沿着学习曲线快速前进，与此同时不断修正前人所犯的错误。他们开始意识到美国的风险投资模式在新兴市场的效果并不好，因此他们需要一种完全不同的模式。与此同时，企业所有者开始逐渐摆脱他们对"外部人员"的不信任，开始认可由私募基金投资者为公司带来的财务和非财务利益。最后，国内的政策制定者开始重视私募基金这种被忽视的融资工具的潜力，并开始制定政策来鼓励私募基金的投资者而不是对其进行阻碍。

在从早期失误中吸取教训的基础上，私募基金投资者开始调整他们的业务模式，使其更加符合新兴市场的实际情况，他们开始认识到在发展中国家建立起本土机构的必要性。正如伴随着一大批新技术客户的出现，风险资本在硅谷的沙山路如雨后春笋般涌现一样，许多基金经理开始将他们在纽约和伦敦的业务机构扩展到他们想要投资的国家，以便能够更近距离地了解他们的客户。

尽管并不是每只私募基金都在锁定期做出反应，但是本土化逐渐成为共识，这样会使以下工作变得高效：获取关于当地竞争格局的市场情报，理解当地监管环境的细微差别，调研新的投资机会，进行尽职调查，和投资的公司保持直接的接触等。正如一位基金经理所说："我们再也不会在一个我们没有办事机构的国家投资了。"例如，2008 年，一项调查显示 127 只投资在巴西的私募基金中，有 125 只在巴西拥有办事处。[17]

在当地建立分支机构的另一个动机是处理业务时所带来的经济性。即使是在相比其他新兴市场地区私募基金活动微不足道的非洲，这种做法也是合乎情理的："非洲的执行和参与成本仍然较高，"一位合伙人解释说，"尽管很多投资者都选择将公司设置在伦敦，然后和非洲公司合作，这种模式在未来是不可能吸引到资金的。通过灵活的运作模式和当地的关系网以使得私募基金'接地气'比以往任何时候都要重要。"[18]

伴随着这种'本土化'的基金运作模式，其招聘策略也在发生变化。"我们需要居住在当地的人，"一位基金运作在巴西的基金经理解释说，"我们需要拥有当地的护照，并且致力于在当地发展的人。这是我们获取那里究竟发生了什么、哪里有合适的交易，以及谁才是我们想要合作的人等关键信息的唯一途径。"于是当地办事处数量激增，并且雇用了新的投资团队，这些团队不仅具有分析判断技能，而且还具备对一个崭新的和原先国家不同环境的敏感性。

随着时间的推移，这些当地办事处的中国外雇员越来越少，当地专家则越来越多，这些专家能够理解和应付当地商业文化的细微差别，说当地的语言，并且高效地和当地的商界精英及政府官员合作。幸运的是，随着新兴市场私募基金融资和投资的快速增长，越来越多的当地精英愿意加入进来。尽管他们中间有很多人都是在西方的大学接受教育，并且原先在发达国家金融机构和公司内工作，他们现在愿意返回家乡，拥抱新兴的私募基金所创造的机会。

不仅仅是西方基金经理转向本地专业人士。和 20 世纪 90 年代第一代雇员主要是美国和西欧的专家学者的新兴市场私募基金相比，接下来的数十年里，竞争格局已经发了翻天覆地的变化。正如一位西方基金合伙人解释的那样：“在过去几十年中该行业的本土化（包括更多的本土合伙人、更多的本土投资经理、更多的本土机构投资者）是本生态系统走向成熟过程的重要一步。”[19] 2009 年的一份关于新兴市场私募基金的报告也强调了这一趋势的重要性：“现在基金合伙人普遍认为，就中期投资而言，本地的投资人员将在这场游戏中占据主导地位。”[20]

促使私募基金复苏的第二个关键驱动因素是新兴市场中私募基金投资活动的潜在接受方，他们对待私募的态度和行为发生了戏剧性的转变。正如第 3 章所阐述的那样，成功哺育成功，并且一种积极的示范效应在企业家之间传播，他们已经开始注意到越来越多的公司开始通过私募这种途径扩大资本来源。当私募基金投资的公司成功的案例开始传播时，那些家族式企业的创立者，他们曾经拒绝改变，并且对在经营活动中第三方资本提供者的干涉持谨慎态度，现在他们也开始做出改变。“现在即使是一个相对较小的企业所有者也开始对外部资本持接受态度，”一位拉丁美洲的基金经理解释说，“他们逐渐认识到公司治理的专业化、运作的透明化，及会计制度的科学化等制度的重要价值。在过去，如果企业家积极寻求外部帮助就会被嘲笑，但现在则恰恰相反——吸引到私募基金投资者是具有良好声誉和地位的象征。”

私募基金也受到了一些国家政府官员的关注，因为这些国家开始认识到促进私募基金发展的潜在利益。很明显，当私募基金投资的公司开始快速发展时，会创造额外的收益，譬如：更多的就业岗位、逐渐提高的劳动生产率、符合当地发展状况的商业实践和更多的税收收入。在很多国家，监管当局开始出台措施以降低国外私募基金投资本国公司的壁垒。一位早期增遭受过巨大损失一度从新兴市场退出的私募基金合伙人感叹道，“诸如巴西、中国、印度等国家，就促进私募基金行业快速发展而言，投资政策的自由和其他因素同等重要。”

少数政策制定者也开始考虑重新制定某些限制当地机构投资者的投资能

力的政策，比如可以将养老基金的一部分资产分配给私募基金等替代性投资。正如“谨慎人”规则的监管政策的改变促进了美国私募基金的成长，一些新兴市场的政府也开始沿着相同的路径制定政策。比如 20 世纪 90 年代早期，智利首先通过允许养老基金投资于当地的私募基金来放松监管，以此来鼓励投资者对当地的投资，1997 年巴西政府也开始允许养老基金投资于国内的私募基金。

与此同时，发展类金融机构仍然是促进私募基金发展的一个关键因素，特别是在所谓的前沿市场，这些市场的私募基金的发展远远落后于更大的新兴市场国家。这些发展类金融机构也吸取了很多有价值的经验。一位国际金融公司的人员说：“我们从 20 世纪 90 年代的第一阶段投资中所犯的错误中学到了很多。”比如，我们对新兴市场基金经理的尽职调查更加严格，对基金表现进行更多的投资后监督。与注入资本本身同样重要的，或者说更重要的是这些面向私营部门的发展类金融机构重新对私募基金产生兴趣，这对于吸引更多的私募基金有显著的催化效果。

英联邦发展公司：催生了一个产业[21]

英联邦发展公司（CDC Group）由英国政府的国际发展部（DFID）全资拥有，被广泛认为是世界上最早的开发性金融机构。英联邦发展公司成立于 1948 年，作为一家法定机构，其使命是“在不亏损的同时做公益”。在其成立的前几十年，英联邦发展公司的投资组合以信贷资产为主，但是 20 世纪 90 年代中期在首席执行官罗伊·雷诺兹的带领下，这个组织的运作理念发生转变。雷诺兹是私募基金的提倡者，他认为好的管理和价值创造与投入资本同样重要。他认为，将公司的重点转移到私募基金上，英联邦发展公司能够同时实现快速发展并获得丰厚的收益。

21 世纪初，英联邦发展公司进行了一系列战略转变，包括拆分其私募基金投资组合的所有权和经营权，这通过设立两家新公司来实现：欧瑞斯资本和英联投资。欧瑞斯资本获得了从挪威发展金融机构（Norfund）额外的财政支持，负责接管主要投资对象为中小企业的私募基金；英联投资从英联邦发展公司拆分出来，主要负责管理剩余的私募基金以及一系列区域专项基金。一旦欧瑞斯资本和英联投资从英联邦发展公司分离出来，它们会被激励采取行动以使其后续基金的资本来源多样化，同时英联邦发展公司也通过投资其他基金以实现自身的多样化。这些创新活动对于新兴市场私募基金投资的发展具有催化效应。

2012 年年底，英联邦发展公司的投资组合估值超过了 36 亿美元，包括 1250 家被投资企业。虽然该公司在 2011 年以前主要投资于私募基金，最近英联邦发展公司将其投资范围扩展到直接股权投资和债务工具。该公司最近将其业务重点转移到支持非洲和南亚地区的企业发展上，但是其最终目标仍然是不变的：通过支持特定地区私营企业的发展来增加就业，推动世界上最贫困地区的经济发展。2014 ～ 2012 年英联邦发展公司基金的历史回报率如表 4-2 所示。

表 4-2 英联邦发展公司基金的历史回报率，2004 ～ 2012 年

年份	2004	2005	2006	2007	2008	2009	2010	2011	2012
年化组合收益率（%）	15.0	41.3	36.0	55.9	−35.9	24.4	18.3	−3.4	13.1
投资数量	36	47	69	100	127	134	143	152	155

资料来源：英联邦发展公司。

金融危机前：衰退前的顶峰

从图 4-2 可以看出，在 2008 年之前，新兴市场的私募基金融资额达到破纪录的 630 亿美元，自 2003 年以来增长了 20 倍。重点关注发展中国家的基金经理开始建立起信誉良好的跟踪记录；规模更大、更加多样化的机构投资者关注新兴市场并且致力于分配更多的资金到私募基金这种资产类别中；寻求中长期资本的企业主越来越关注并且信任这种融资渠道；地方政府官员开始制定政策和法规以鼓励私募基金的发展，而在早几年，私募基金甚至都不

在他们的关注范围之内。在得到了前所未有的信任和接受后，私募基金获得了显著的发展和成功。然而，在这种顶峰状态下获得的信心即将面临其最大的考验：2008 ～ 2009 年的全球金融危机。

第 5 章介绍全球金融危机之后私募基金行业面临的挑战，包括由于西方机构投资者面临崩盘压力而造成私募融资额的急剧下降；买方与卖方之间的预期收益不匹配；越来越严峻的退出环境；此外，危机前的私募基金投资导致了新兴市场的经济下滑。然而，与早些年这种资产类别几乎消失的情况不同，尽管经济下滑造成了很大的冲击，这一次私募基金表现出极强的恢复力。然而，虽然私募基金行业开始走上复兴之路，它仍然不得不面临一系列新的挑战。

第 5 章

后危机时代评估：新的挑战和机遇

大部分新兴市场在遭受金融危机冲击后都具有惊人的恢复力。这种特质可能会使得机构投资者重新考虑投资新兴市场私募基金。

——某新兴市场跨国私募基金 CEO

全球金融危机的冲击

2008 年秋季金融危机的爆发使得几乎每一种资产都面临严峻的考验，新兴市场基金也不例外。这场肇始于美国的危机迅速传遍全球，导致全球产出急剧下跌。这是自大萧条以来最为严重的全球金融危机，约 14.5 万亿美元（或者相当于全球上市公司总市值的 33% 的财富）在 2008 年 9 月～ 2009 年 2 月这短短的 6 个月间化为乌有。[1] 在全球股票市场急速下跌时，美国大型金融机构，诸如北岩银行、美国金融公司、贝尔斯登、雷曼兄弟、美国国际保险集团、房利美、房地美等，这些机构复杂的业务关系使得它们的衰退所造成的影响无处不在。这场金融危机的余威还未完全散去，2011 年欧洲主权债务危机就又接踵而至，这又进一步削弱了流动性，损害了投资者的信心。

新兴市场令人惊奇的恢复力

当遭受全球金融危机冲击时，新兴市场正经历着强劲的经济增长，这种表现也吸引了全球投资者的注意。正如第 4 章所展示的一样，2005 ～ 2008 年，新兴市场国家经济加速增长，这些国家 GDP 的年化增速实际上要比发达国家 GDP 增速快得多（见图 4-3）。一些经济学家甚至乐观地预测，发展中国家的经济表现长期中会继续优于发达国家。经济学家在论著中创造了一个新词汇："去耦"，用以表明新兴市场国家的经济表现已不再依赖发达国家的经济表现。为证明这个论断，经济学家引用数据表明在遭受金融危机后，发达国家经济所遭受的影响似乎更严重，并且 GDP 增速下降也更快，持续时间也更长。很多机构，包括国际货币基金组织，也都支持去耦论断。它们认为发达国家和新兴市场国家的经济增速差距未来很可能继续加剧（见图 5-1）。

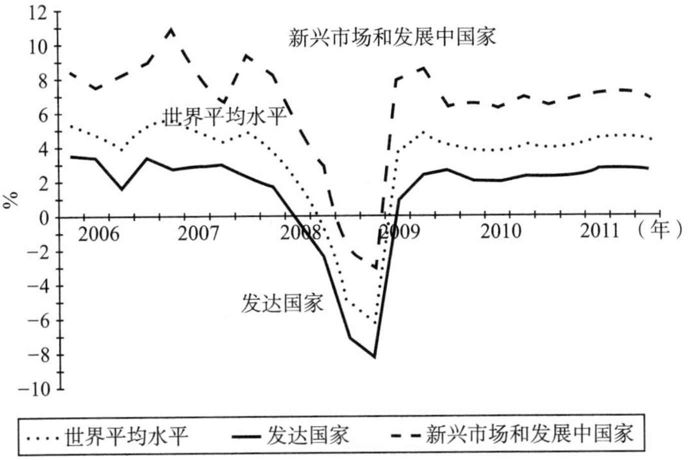

图 5-1　尤其是在金融危机之后，新兴市场国家经济恢复速度预计要比经济合作与发展组织成员国（成员皆为发达国家）更为迅速

资料来源：IMF staff estimates. IMF, *World Economic Outlook Update: A Policy-Driven, Multispeed Recovery*. Washington, DC: IMF, 2010.

在金融危机前，金砖四国的经济增速令人印象深刻，并且在危机之后经济立即取得了显著的恢复，但是并非只有这些体量的发展中国家取得显著的经济增长。例如，2001 ～ 2010 年，世界上经济增速最快的 10 个国家中有 6 个是撒哈拉以南的非洲国家。[2] 新兴市场国家取得的这些显著成就是多种因素共同作用的结果，包括稳定的政府、经济改革、贸易自由化、商品价格的上升、城市化的加速，以及一个快速增长（和消费）的中产阶级。

无论是危机前还是危机刚刚结束的一段时期，新兴市场私募基金都是这一轮发展中国家经济复苏的主要受益方。2008 年新兴市场私募基金融资规模达到破纪录的 630 亿美元，相比 2006 年的 285 亿美元，规模增长了 120%（见图 4-2），并且这种扩张几乎在所有的发展中国家都有分布。尽管私募基金主要投向中国、印度和东南亚的中等收入国家，但是中欧和东欧地区、俄罗斯及苏联的其他国家、拉丁美洲、中东地区和非洲地区的私募基金也在加速发展。更令人鼓舞的是，截至 2008 年，约 25% 的私募基金是第一次采用普通合伙架构。[3]

好事成双，西方有限合伙式基金也增加了它们投资新兴市场私募基金的头寸。在金融危机爆发前对机构投资者的调查表明（见图 5-2），74% 的机构投资者计划在未来 3 ～ 5 年增加对新兴市场的投资，以获得较高的风险溢价。[4] 调查表明，由于持续的经济增长，有限合伙基金对新兴市场的政治和经济环境也越来越适应，并且很多国家正在进行的旨在改善本国投资环境的改革也使得基金备受鼓舞。另外，很多迹象表明，有许多发展中国家的私募基金市场正在趋于成熟，这使得有限合伙基金有机会选择层次更高、视野更开阔，且更有经验的基金管理者。在 2008 年秋季金融危机爆发前，美国公共养老基金的一位投资者说："我们相信在长期中，新兴市场私募基金的发展潜力是巨大的，其回报率也是可观的，尤其是相比发达市场递减的私募基金投资回报率而言。"

更令人鼓舞的是，对新兴市场私募股权市场感兴趣的国际投资者越来越多。截至 2008 年，尽管外国直接投资仍是私募基金募资的重要来源，尤其是在较小的、较不发达的国家，但是，这种资产形式也在吸引着新的机构投资者，譬如公共养老基金。例如，截至 2008 年，加州公共职员退休系统基金

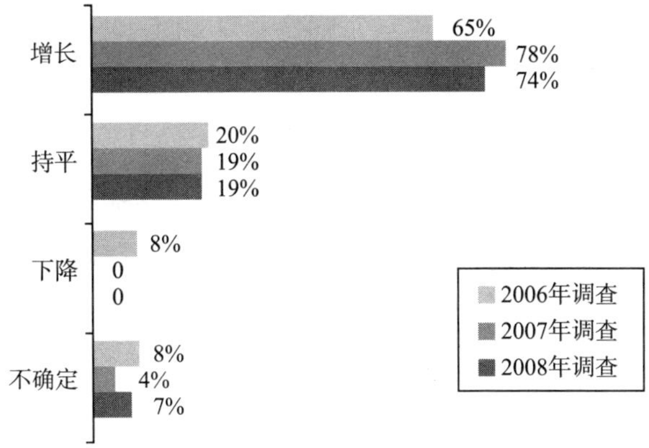

图 5-2 未来 3 ～ 5 年，私募基金投资组合中新兴市场私募所占比例的预期变化

资料来源：EMPEA Limited Partners Survey, 2008.

（CalPERS）是美国最早一批也是规模最大的投资新兴市场私募股权的公共基金之一，在其投资组合中，新兴市场私募股权或者风险资本投资大约为 30%，而这一比例在 2003 年还不到 10%。[5]

新兴市场，反弹证明是短暂的

随着金融危机的扩散发展，投资者对于新兴市场国家的经济表现，尤其是对私募股权的业绩表现的乐观预期被证明是短暂的。很明显，截至 2009 年年末，金融危机已经蔓延到世界的每一个角落，新兴市场私募股权也丝毫不能幸免。在投资者争相避险的趋势下，私募基金募资额 2009 年为 222 亿美元，相较前一年暴跌了 65%，这一规模仅与 2005 年之前的水平相当，与此同时，投资额也从 2008 年的 340 亿美元跌至 220 亿美元，下跌幅度为 35%。这与一年前的乐观展望形成了尖锐对比，美国共同养老基金的一位代表在总结国际投资者的心情时说道："我看到每个人都变得更厌恶风险，变得极不情愿尝试新事物。"

西方有限合伙基金是危机之前新兴市场私募股权基金得以快速发展的主要资本来源，在危机中遭受了巨大的损失。例如，一些美国的捐赠基金，投资新兴市场私募股权最多的基金，相较其他同业而言，遭受了史无前例的损失。2009 年 6 月，哈佛大学基金会、耶鲁大学基金会及普林斯顿大学基金会，投资私募股权的比例相对较高，分别损失了 24%、27% 和 25%。[6] 不仅所有的资产价值暴跌，而且很多之前重仓持有私募股权的基金都在试图弥补亏损，几乎没有基金准备再次投资这类资产。正如一位基金经理所说："危机以及由此产生的流动性危机使得基金经理质疑是否应该再次适当投资这种私募股权。大部分基金都选择拒绝投资。"

新兴市场私募股权基金的年化内含报酬率被 2008 年最后一个季度的收益率所拖累，2008 年 12 月底，剑桥全球新兴市场私募股权和风险资本回报指数下跌到 −31.4%（见表 5-1）[7]。这种剧烈的下降表明有大量未实现的投资收益在年底被减记。由于流动性欠缺，基金的投资人急切要求获得相应的投资承诺，为了应对这种偿付压力，一些普通合伙人想出一些创造性的方法确保投资人继续投资。在一些情况下，有限合伙人可以减少资本投资额，这种做法必然会导致基金整体规模的和管理费用的下降。其他一些合伙人就管理费用结构重新协商，或者是延缓获得投资回报，但是这些策略对双方都是不利的，这对未来的筹资前景造成不利影响。

表 5-1　新兴市场 vs. 美国和欧洲市场平均回报（截至 2008 年 12 月底）

指数	1 年期	3 年期	5 年期	10 年期
全球新兴市场私募股权和风险资本	（31.4）	1.6	8.0	2.9
拉丁美洲和加勒比地区私募	（19.2）	9.9	13.7	（0.6）
亚洲 / 太平洋地区新兴市场私募	（34.9）	（1.1）	4.3	2.0
欧洲新兴市场私募	（38.4）	10.7	25.2	14.2
摩根士丹利资本国际公司（MSCI）新兴市场指数	（53.2）	（4.6）	8.0	9.3
美国风险资本投资	（16.5）	3.6	6.3	29.7
美国私募股权投资	（23.2）	2.9	11.5	9.5
欧洲发达国家	（37.3）	11.2	18.8	17.5
标准普尔 500 指数	（37.0）	（8.4）	（2.2）	（1.4）

资料来源：剑桥官方私人投资数据库。基于 2008 年 12 月 31 日～ 2013 年第四季度的数据；收益率为端对端数据，扣除费用、成本和持有利息。

和一年前投资者的乐观情绪形成鲜明的对比，投资者正在缩减他们对新兴市场私募基金的投资；在 2009 年针对投资者的一个访谈中，65% 的受访者认为缺少现金支持是他们从新兴市场私募股权撤资的主要原因，同时有 37% 的受访者认为整体上减少对私募股权的投资头寸是必要的，这一现象也被称之为“分母效应”。[8] 全球金融危机导致公共股权市场的萎缩，基金的有限合伙人需要按照被广泛接受的基于公开上市证券的“市场对市场”估值原则，来迅速为他们投资组合中的私募股权进行估值定价。更糟糕的是，私募组合中未上市企业的价值必须按照初始成本进行估值。这一普遍做法造成一种现象，即私募股权投资中的报告价值比公开发行的股权价值变化慢，在危机后，很多基金合伙人发现私募股权投资在整个资产池中占的比例过大。这种比例的不平衡迫使基金管理人过早地以很低的价格将他们所持有的私募股权抛售，额外投资的计划也被搁置。[9] 针对分母效应所造成的现象，美国公共养老基金一位管理人员解释道：“这（私募股权）是从未被执行或结束的交易，我们决定暂时不去投资它们……这个决定和资产的质量没有任何关系，当形势改变后，如果还能投资，我们就会考虑。”

进行新一轮募资的前景越来越黯淡，基金管理者实现危机之前签订的基金业绩增长目标所面临的压力越来越大，除此之外，很多基金管理者还需要应对资产组合中被投资公司的糟糕业绩，这些公司的表现被经济衰退严重拖累。错综复杂的合伙人问题以及萎靡的公开交易市场使得基金通过上市 – 退出方式谋求退出变为不可能。即使对于那些在危机中免受波及的目标公司，向战略投资者的剥离越来越难以执行。

风暴之后

尽管全球金融危机造成前所未有的压力，但对于新兴市场私募股权投资的先行者而言，他们仍有乐观的理由。这和 21 世纪早期由于表现欠佳及有限合伙人之间逐渐丧失的信任而几乎导致这一新兴资产形式消失的情况相比，现在，新兴市场私募股权投资变得规模更大，也更为成熟，即使在遭受到金融危机的重创后也能强劲地反弹。可以确信的是，尽管募资金额和投资规模下降的幅度都是巨大的，但是已不像早期那样，大部分投资者都认为这种下降是暂时的，没有人质疑新兴市场私募股权基金在长期中的投资价值。

在这一轮衰退过程中，大部分基金管理者采用“稳扎稳打”的方法，集中精力仔细地把资产组合中的公司管理好。一位主要投资中东地区的普通合伙人说：“我们在2008年和2009年花费了大量资金去资助我们的目标公司，以确保它们不仅仅是能够挺过危机，而且能继续存活发展。（三年之后，）我们所有的投资仍然表现强劲。”

监管反应：另类投资基金经理指令（AIFMD）

在金融危机之前，在大部分发达国家，可替代的投资基金，包括私募股权，并不像传统银行和金融机构一样受到严格的监管。但是危机过后，监管者试图矫正可替代的投资基金监管缺位这一问题，该问题被视作是引发危机的潜在原因之一，在这场危机中，政府花费大量纳税人的钱去救助大型金融机构。发达国家的监管者要求包括私募股权等大型可替代的投资基金必须满足新的信息披露和报告要求，以此来强化监管。

监管者注意到大型私募股权基金运用过高的杠杆去购买一些问题公司，这一现象是推动监管者颁布新的披露要求的推动因素之一。即使凯雷集团创始人兼CEO戴维·罗宾斯坦也承认，私募股权通过简单的途径获取成本较低的信贷，造成了不稳定，最终传导至整个金融系统。“很明显，我们（对问题公司）支付更高的价格，这一过程我们几乎没做贡献……在没有其他条件的情况下，可以获得成本如此低的负债，这是很诱人的，”他说，“人们想要做更多的交易，并且越来越重视规模很大的交易。”[10]

欧洲另类投资基金经理指令（AIFMD）于2012年通过，就是监管强化的结果。这项指令的实施，无论是对注册地在欧洲境内的旨在投资新兴市场的基金，还是从欧洲获取投资的基金，都造成了深远的影响。这项指令要求无论基金的规模有多大，注册地在哪个国家，只要在欧盟境内营销及募集资金的私募股权基金，必须满足以下要求：

- 通过欧盟授权；
- 遵守欧盟关于私募基金透明度、信息披露、指导、薪酬、运作杠杆及报告的要求；
- 聘用独立托管机构对旗下管理的基金进行托管；
- 将风险管理和价值评估函数分离。

私募基金公司和哈耶协会对这项监管反应强烈，指出为满足新指令的要求所付出的成本太过高昂，尤其是对于像主要投资于发展中国家的规模较小的基金更是这样。那些注册地在欧盟境外的新兴市场基金通过计算由于更严格的监管所造成的额外募资成本，以确定它们开拓欧洲市场的限度。

全球金融危机造成新兴市场国家的经济表现严重恶化，事实上，美国、西欧和日本的经济表现更糟。截至 2010 年，发展中国家的经济增长对世界经济的贡献第一次超过发达国家的贡献（见图 5-3）。[11]“投资者认识到新兴经济体是唯一仍在保持增长的经济体。”在危机最严重的时候，一位基金经理如是说。另一位基金合伙人发言相对谨慎：“对新兴市场的兴趣可能减少，但是从市场中学到的很多知识和经验却不会随之消失。”[12]

尽管危机之后新兴市场私募股权募资规模下降，但是这种资产表现依然抢眼。例如，相比发达国家，新兴市场私募股权募资额所占世界上私募股权总募资额的比例却在逐年增加——从 2009 年的 11% 增长至 2012 年的 21%(见图 5-4)。正如在危机最严重的时期，一位基金经理所说的那样：“新兴市场私募股权能够持续取得令人瞩目的价值增长——在高速增长的市场，增长的资本寻求增长的公司。”截至 2009 年春季，一项调查表明约有 75% 的投资者有意向在未来 5 年增加对新兴市场私募股权的投资，这表明大部分投资者并未由于金融危机而停止投资新兴市场。这种积极的趋势在随后几年得以持续，因为大部分投资者在 2010 年和 2011 年仍然选择增加他们对新兴市场私募基金的投资。[13]

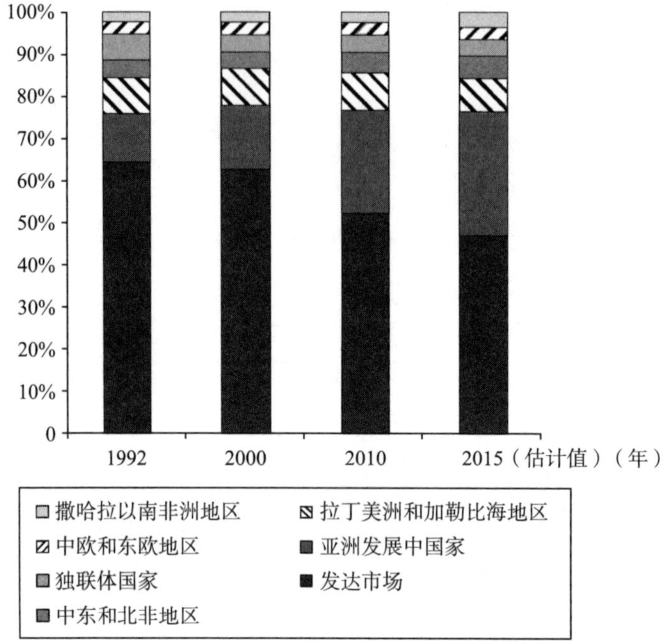

图 5-3　世界总产出中发达市场所占份额，1992 ～ 2015 年

资料来源：国际货币基金组织，世界经济展望数据库，2011 年 4 月。

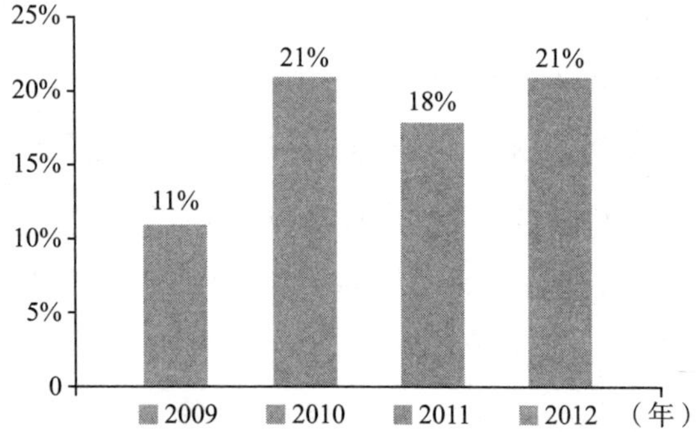

图 5-4　新兴市场私募股权募资额占全球募资的百分比，2009 ～ 2012 年

资料来源：新兴市场私募股权投资协会（EMPEA）。

后危机时代：新常态

即使这个产业在金融危机之后开始反弹（见图 5-5），一些基本的变化已经发生。三种重要的趋势已经出现，每一种都蕴藏着一系列的机会和挑战：①私募股权投资开始从金砖五国拓展至撒哈拉以南、拉丁美洲及东南亚地区的较小国家；②新兴市场上那些表现欠佳的基金后续难以获得资金注入；③由于第二个趋势的原因，该产业开始向少数规模较大的基金集聚，因为很多西方投资者秉持这样一个策略，即只投资少数几个规模大的基金。

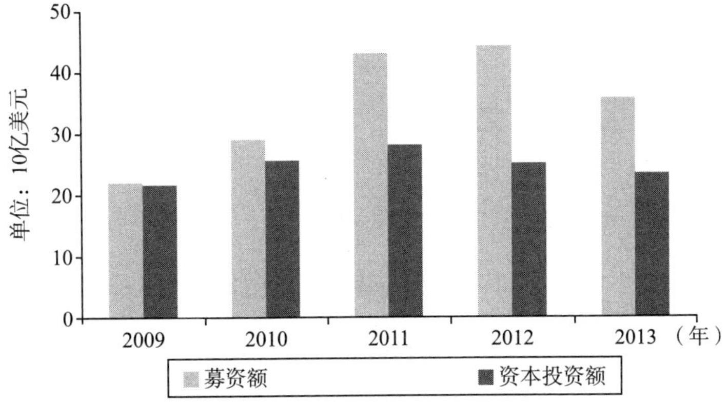

图 5-5　新兴市场私募股权募资和投资，2009 ～ 2013 年

资料来源：新兴市场私募股权投资协会（EMPEA）。

多元化策略

全球金融危机使投资者深刻认识到多元化投资的重要性。尽管中国、印度和巴西是西方投资者主要的投资目的地，但之前被视为风险太大或者规模太小的国家或地区，诸如撒哈拉以南国家、非洲、东南亚和安第斯山脉地区也逐渐获得投资者的青睐。和新兴市场私募基金第一个 10 年增长期不同，无论是普通合伙基金还是有限合伙基金，都开始寻求多元化投资，它们不仅仅投资新兴市场，而且在多个国家展开投资（见图 5-6）。例如在 2011 ～ 2013

年，很多基金都开始投资土耳其、印度尼西亚、尼日利亚、秘鲁和墨西哥等国家，且投资规模较大。

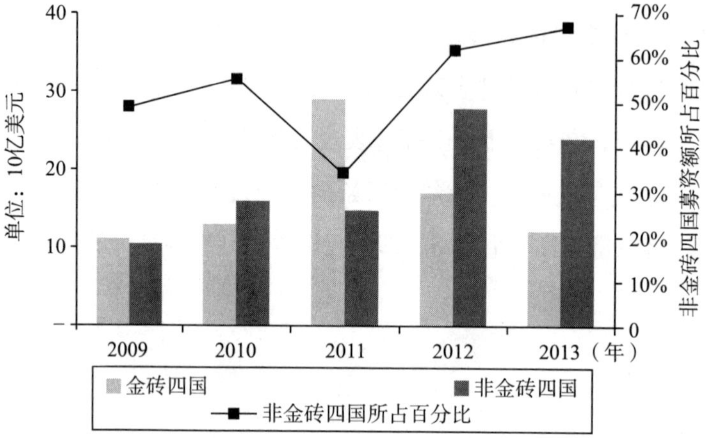

图 5-6　基金在金砖四国和非金砖四国中的募资百分比

资料来源：新兴市场私募股权投资协会（EMPEA）。

随着越来越多的全球和区域投资基金在新国家建立办事机构，投资区域多元化也逐渐显现。例如，很多基金打破以往只在南非运营撒哈拉以南地区的业务的惯例，开始在加纳、尼日利亚、肯尼亚等地建立分支机构，而且旨在投资亚洲的基金也把办事机构从中国和印度拓展至东南亚国家，譬如印度尼西亚和越南。截至 2012 年，这种多元化的趋势使得新兴市场私募基金约有 36% 的交易额发生在金砖四国之外的市场，较去年增长 16%，并且这种趋势还在加速，使得交易额在 2013 年猛增 44%。这使得那些私募股权投资历史相对较短的国家也吸引到了可观的交易额，譬如马来西亚、哥伦比亚、阿拉伯联合酋长国、坦桑尼亚、克罗地亚、巴基斯坦和马达加斯加等国。

与此同时，金砖四国市场私募股权投资经历了显著地下滑，中国和印度在 2011 ～ 2013 年分别下滑 50% 和 46%。金融危机之前最受新兴市场私募基金青睐的目的地遭受剧烈下滑的原因之一是，这些投资者逐渐认识到金砖四国市场已经出现“太多的钱追逐过少的资源”这一现象，增长必然不是可持续的。无论这几个最大新兴市场的下跌是暂时的还是长期的一种趋势，投资者对规模较小的国家展开投资则表明新兴市场私募基金已经开始进行多元化投资。

这种投资多元化趋势在撒哈拉以南的非洲地区表现最为明显。2013 年的一份私募基金调查报告显示，这一几年前曾被投资者完全忽略的地区（南非除外）如今成为最受新兴市场私募基金欢迎的目的地——9 年来第一次有金砖四国之外的国家成为最受欢迎的投资地区（见图 5-7）。[14] 几年前，一份在当时看起来难以理解的报告里，一位受访者称："这些市场是非常有吸引力的，因为它们的经济增长、管理人才的集聚、当地资本市场的发展及基金合伙人基于经验而获得的能力。"

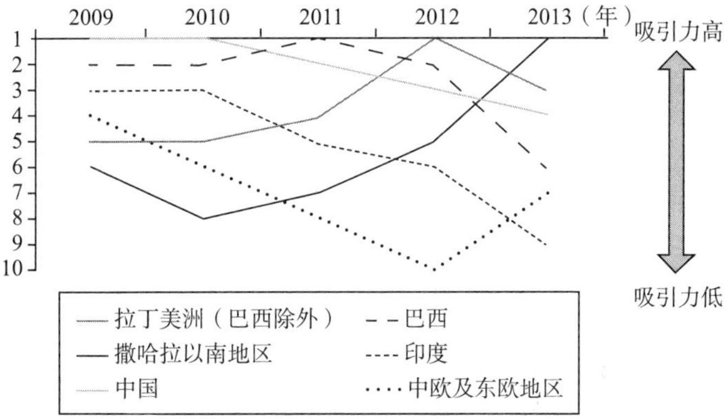

图 5-7　市场吸引力排名，惊人的变化

资料来源：新兴市场私募股权投资协会（EMPEA）全球基金有限合伙人报告，2013。

市场调整

后危机时代虽然有令人鼓舞的反弹和投资的多元化，但是对未来的担心还是给这个产业的未来蒙上了阴影。最令人担忧的是，相对危机前的水平，流向新兴市场基金的资金正在减少。即使 2012 年的募资额达到 450 亿美元，较 2009 年增加 102%，但是仍低于 2008 年 630 亿美元的峰值。[15]

另外，一些非官方数据显示新兴市场基金数量正在收缩。在金融危机之前的五年，投资新兴市场的国际和本土基金数量都呈指数级增长，尤其是在一些规模大的国家，譬如中国和印度等。由于普遍认为投资在这些国家会增长，所以很多进入者都是第一次管理基金，缺乏或没有私募股权从业经验，更致命的是，他们缺乏创造价值的能力，而这是一个成功的基金合伙人的标志，也是盈利后实现退出的先决条件。最终，这些缺乏经验的进入者两手空空，也不会再次募集资金重新进入。正如一位某基金的有限合伙人所说的那样："我们最终寻找的是把他们当作合作伙伴共同开创业务的合伙人，而非那些'公司采摘者'。几年之前后者的策略可能是可行的，但是随着市场的成熟，基金的管理者需要能够在公司基本的增长之外驱动价值创造。"

非传统的合作：欧瑞斯资本和阿布拉吉集团

仅从最初的表现来看，阿布拉吉资本2012年7月收购欧瑞斯资本（英联投资集团的一个下属投资公司）似乎是不可能的，并且颇为复杂。阿布拉吉资本是一家大型私募股权公司，其在2011年管理的资产超过60亿美元，[16]其业务主要聚焦在中东地区、土耳其、北非和南亚。而欧瑞斯资本则在亚洲地区、撒哈拉以南地区和拉丁美洲投资了众多小型和中型企业。所以，这两家企业在业务地域、公司战略（例如收购政策和少数权益）及投资公司规模都有明显不同。

事实上，这两家公司拥有的共同点要比表面的更多，并且潜在的协同战略是很重大的。这两家公司都极具企业家精神，高度聚焦具备价值创造机会的企业，并且坚信当地的运作对于获得具备吸引力的交易和使得回报最大化至关重要。与此同时，阿布拉吉资本正在寻求将业务拓展至东南亚和撒哈拉以南地区，以获得一个更全面的私募股权投资平台，这个平台能够覆盖世界上所有增长区域的一系列差异化的私募股权产品。正如阿布拉吉资本创始人兼集团总裁艾瑞·纳维（Arif Naqvi）所说："收购欧瑞斯资本是实现我们10年前所设立远景的重要一步，即创造一个对新兴市场高度敏感且专业的私募股权投资公司。我们和欧瑞斯资本所信奉的投资哲学相同，我们坚信在长期中，我们在增长市场中的投资模式会带来丰硕的社会和经济利益。”[17]

抛开在不同国家运营相似的业务所获得的经验不谈，这次合并还创造出一个在世界各地拥有超过 25 家办公机构，业务几乎覆盖所有新兴市场的公司。[18] 截至 2014 年，这家新成立的公司旗下已拥有 75 亿美元资产，管理着超过 6 个地区的基金，已经投资了 200 多家公司，并且已成功退出 70 次。塞夫·维蒂维特皮莱（Sev Vettivetpillai），欧瑞斯资本总裁兼阿布拉吉合伙人，解释了这个合并的合理性：“由于我们公司庞大的规模，我们可以通过区域中心向当地的投资团队提供更高水平的执行支持及运作支持。”[19] 据纳维集团总裁分析，这次合并同样会吸引那些想要投资新兴市场基金的有限合伙人：“我想我们可以成为那些想知道他们的钱是如何投资的合伙人的代理人。如果一个投资者对我们说，‘我对撒哈拉以南地区的不动产感兴趣，并且我想投资不包括印度在内的亚洲地区’，那么我想我们可能会有所帮助。”

中型市场的萎缩

即使在 2013 年后危机时代的资金融资已经开始展现出复苏的迹象，另外一个严重的挑战却在削弱这种潜力并可能显著改变新兴市场私募基金版图。尽管越来越多的合伙人选择投资这一资产形式并且投入重金，许多投资人向少数规模最大的基金管理者投入更多资金。这种结果使得最后破产的基金数量减少，但是平均规模却上升。正如图 5-8 所展示的一样，例如，2009 年有 111 家基金破产，平均资产规模为 1.85 亿美元；2013 年则有 88 家基金破产，平均资产规模则上升到 3.9 亿美元。如果这种趋势持续下去，本产业就会步入数量越来越少、规模越来越大的循环之中，从而促使投资者投资那些能够获得足额资本投入的新兴市场企业。

2011 年一家私募股权投资基金在巴西成立，规模达到破纪录的 71 亿美元，但是资金规模的 99% 都是由 5 个合伙人出资的，即每个合伙人出资额超过 10 亿美元，这是私募股权基金针对数量更少、规模更大的基金进行合并

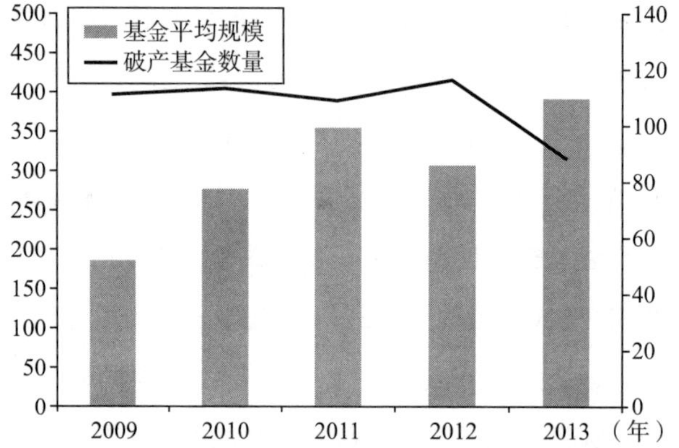

图 5-8 2009 ～ 2013 年破产的新兴市场私募股权基金平均规模

资料来源：新兴市场私募股权投资协会（EMPEA）。

的典型例子。这种趋势仍然在持续，2012 年和 2013 年以巴西为投资地的所有基金中，其最大的五个投资人投资额所占比重分别为 75% 和 88%。2011 年，在南撒哈拉以南的非洲地区，私募股权基金规模为 11 亿美元，其中 9 亿美元都是由单一最大合伙人提供资金的。[20] 这种趋势具有全球性，2013 年新兴市场私募股权基金中，前十大基金占总资产规模的 70%，四年前这一比例为 48%。[21]

规模越来越大的基金越来越集中地投资于各个市场中最优秀的企业，这一循环是暂时性的还是更为持久的结构性改变尚未可知。如果是后者，这种现象的出现对于主要从事中小型企业的基金的未来发展不利，而中小企业的发展对于发展中国家的经济增长至关重要。以下算法是直接且明显的：通常情况下，一个基金通常会投资 10 ～ 15 家公司，基金规模越大，单个项目资金投资额就要越大，以保持一个比较合理的资产配置。[22] 因此，一个规模为 10 亿美元的基金，其单个公司投资额应为 5000 万～ 1 亿美元，但是即使在最大新兴市场，能够吸纳以上额度资金的公司也不是很多。“几乎没有哪个发展中国家能有如此多的能够吸引这么大规模投资基金的公司。”一位沮丧的投资者在面对中型市场萎缩时如此说道。

结论

后危机时代新兴市场私募股权基金呈现出萎缩的趋势。一方面，私募基金在经历过 2008 ～ 2009 年的金融混乱之后变得更加值得投资，但是另一方面，这个产业也面临着严峻的挑战，尤其是对那些将主要精力都放在中型规模公司的基金更是如此，而中型规模的公司往往需要资本支持和价值创造的经验才可获利。就像其他被广泛认可的大势一样，这种笼统的定义往往会模糊新兴市场挑战和机遇的界限。本书接下来的三章将通过详细的分析三个不同的国家——中国、巴西和肯尼亚来说明发展中世界的私募股权有多么大的差异。

第6章

中国：中国特色的私募股权[1]

我们必须按照在中国的方法做事，不能把西方国家的标准强加在中国身上。[2]

——中国某私募股权基金管理人员

中国私募股权基金的发展史和中国近30年的发展史有很大的相似性，近30年的时间，中国经济已经从中央计划的经济模式转变成由市场力量和逐渐壮大的私营部门推动的经济模式。尽管私募股权基金在中国已经有了长足的发展，但是仍然受到相关政府部门的严格监管和指导，谨慎而严格地引进西方私募基金的运作模式，以此来获得持续的资本和运作经验。但是本产业在很多方面都与其他国家有显著的不同，无论是发展中国家还是发达国家，这也反映出中国独特的国情和经济发展方式。

可能最为特殊的是，世界没有哪个国家像中国一样，政府在私募股权投资系统发展过程中发挥了如此积极而重大的作用。就像在其他经济部门所发挥的作用一样，中国政府同时使用市场和行政力量来指导和监管私募股权产业。“为了促进中国私募股权的健康良性发展，”一位级别较高的监管者解释说，“我们相信只有相关政府部门和企业家进行积极的、紧密的合作才能实现这一点。”正如本章所讲的一样，尽管在监管过程中有过失误和监管混乱（部分是由于政府部门的庞杂和产业的快速发展），在发展中国家中，中国政府在积极性和学习意识方面是很出色的，从而通过私募基金市场的发展有利地促进了其他私有部门的发展。

政府一直在密切关注着私募股权市场的发展情况，尤其是在中国的西部地区，这样就可以结合政府的优先事项对私募基金的发展做出相应的调整。一位深耕中国私募股权投资市场多年的风险投资者解释说：“中国政府认真地从世界各地学习私募的发展经验，并根据中国的实际情况谨慎地制定政策和监管框架。”他继续说道，“这包括制定一些精密的政策以尽可能地为本土基金和企业提供激励。”换句话说，无论国外还是国内的从业者都承认，中国的私募股权市场在一定程度上没有实现公平的竞争环境。

因此，中国的私募股权基金市场从发展初期就存在一个现象，即它一方面在进行着旨在发挥市场和私有部门力量的改革，但是另一方面，又有政府在调控着这一市场，决定着本土和国外公司投资活动的步伐和方向。从这一点来讲，中国私募股权基金市场的发展和状况仍然遵循着同一个模式，这一模式可以描述这个国家很多方面的发展，即“中国特色的私募股权基金”。

评估中国无与伦比的经济转型

尽管中国有其独特之处，但是要想客观描述中国私募股权市场的发展历史，就需要除去一些夸张甚至扭曲的描述。当然，中国是不同的，但更明显的是，中国众多的人口和巨大的经济规模对于投资者有很强的吸引力。尽管印度的人口正在快速逼近中国的13亿规模，但是印度的GDP（以2012年为例）只有中国的1/4，人均GDP不到中国的1/2（见图6-1）。[3]

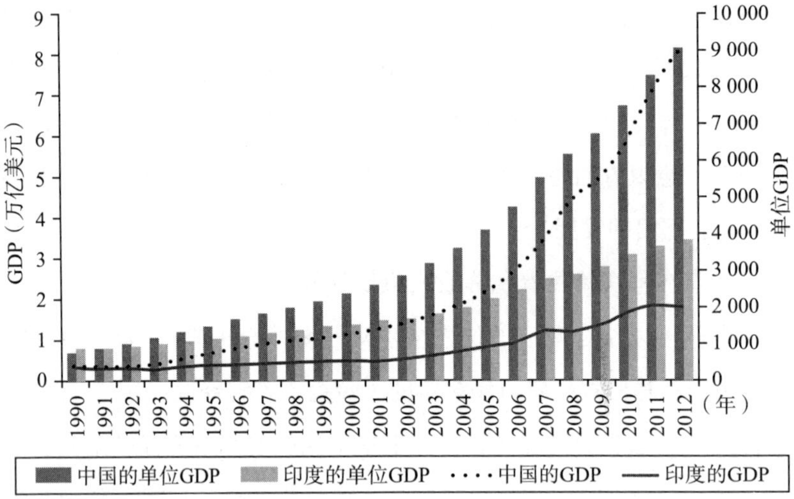

图 6-1 中国与印度的经济数据对比（2012 年年底）

资料来源：世界发展指标，世界银行。作者的分析，2014 年。

中印之间这种明显的差距是由中国长期持续的经济增长造成的，中国在 1980 ～ 2012 年经济的平均增速达到 9%。居民收入在 1978 ～ 2012 年增长了 8 倍，产生了 3 亿人均收入至少在 10 000 美元的中产阶级消费者，并且使贫困人口数减少了 80%。[4] 同样不可复制的是，中国取得如此巨大的发展成就是在转换经济体制的情形下实现的，中国成功地从国有企业在经济生活的方方面面占据支配地位的经济体制转换为多种经济并存的经济体制。现在，在政府的引导下，私营部门创造的产值大约占经济总产值的 2/3。[5]

中国整体的经济情况和人口结构所具有的独有特征对于理解以下问题大有裨益，即为什么中国对于私募股权具有吸引力，以及相对其他国家，私募股权基金市场在中国为什么能以较小的成本取得如此快速的增长和如此大的规模（见表 6-1）。

表 6-1 前十大募资国，2008 ～ 2013 年（百万美元）

国家	2008 年	2009 年	2010 年	2011 年	2012 年	2013 年	总计
中国	14 104	6 933	8 079	19 185	11 024	9 626	68 951
印度	6 876	2 673	3 225	2 198	2 586	1 187	18 745
巴西	2 995	1 298	2 076	7 109	2 843	1 024	17 345

（续）

国家	2008 年	2009 年	2010 年	2011 年	2012 年	2013 年	总计
俄罗斯	1 068	327	75	97	678	601	2 846
墨西哥	152	169	316	430	798	805	2 670
土耳其	–	103	50	307	1 990	49	2 499
韩国	344	316	154	765	213	500	2 292
印度尼西亚	55	7	285	890	757	188	2 182
南非	217	32	448	307	861	50	1 915
秘鲁	351	–	92	455	50	962	1 910

注：数据仅为投资国为本国的基金。

资料来源：新兴市场私募股权投资协会（EMPEA）。

中国和其他新兴市场国家的相似之处

除去巨大的规模、具有活力的经济增长和财富创造能力之外，中国的私募股权基金市场和其他新兴市场还存在着很多相似之处。这其中有三点尤为突出：疲软的金融部门造成私人部门融资缺口；人力资本短缺；不够健全的投资者保护制度。尽管中国的独特制度使得这个市场仍充满活力，但是以上几点仍需要持续的改进。

疲软的金融部门造成私人部门融资缺口

如果说疲软的、反应迟钝的金融部门是私募股权在新兴市场获得发展机会的一个驱动因素，那么中国就是一个典型的例子。相比中国经济所取得的卓越成就，中国的金融部门处于相对落后地位。[6] 根据一项分析，中国的金融部门在动员和分配国家储蓄方面起到的作用相对较小，即使金融部门确实在为这一根本目标服务，它的效率却有待提高。[7] 尽管中国拥有世界上最大的储蓄量（2012 年大约为 4.3 万亿美元[8]），理论上这些储蓄量可以被动员并用于生产性投资，但是超过 50% 的金融资源通过大型的、效率欠佳的国有银行进行分配，这些国有银行主导着金融部门并且把它们的大部分资金分配给国有企业。[9] 这种国有企业之间的金融交易造成的一个不令人惊讶的结果是，贷款决定很可能是建立在与商业考虑无关的标准的基础之上的。正如前联邦储备银行主席格林斯潘在官方访问后考察到的：“中国的银行与我们所了解的西方银行不同……没有银行信贷员提供贷款是建立在预期会被偿还的基础之上的，他们主要起到‘注册登记人’的作用。”[10]

对中国企业高管的调查证实了这样的情况：获得融资永远是他们最重要的事情，比其他阻碍成功的因素都要重要。[11] 一项对中国企业的调查表明90% 的被调查企业的投资资金是自筹的。企业所有者表示，从银行取得借款是不合适的，因为利率太高，贷款程序太复杂，或者需要抵押品和满足较高的保证要求。[12] 正如一位分析师所说：“银行将他们的贷款记录视为一部小说，它们不得不集中所有的抵押品来担保过高的贷款，同时每年还要额外支付 2% ～ 3% 的费用给第三方的信用担保公司以得到银行要求的保证，但这种保证在银行看来其实没有很大价值。”[13]

在国内股票市场上筹集股权资本的模式也与此类似。在中国恒生指数包含的企业中，尽管非国有企业在全球金融危机之后的业绩表现显著超过国有企业，但国有企业仍占有近 75% 的市场资本（见图 6-2）。[14]

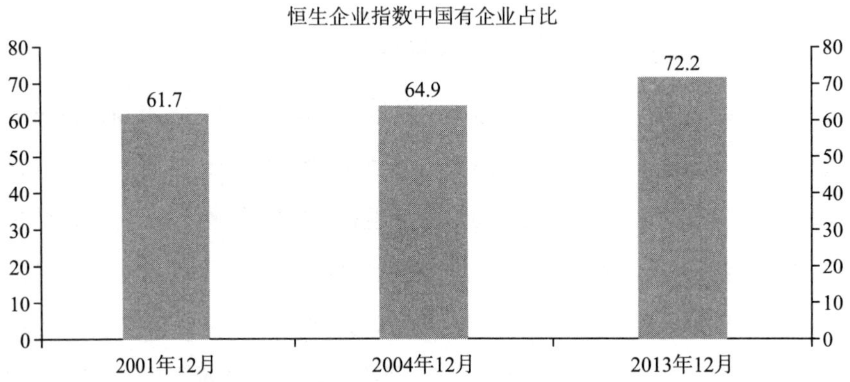

图 6-2 国有企业主导中国恒生企业指数

资料来源：KKR, “China Repositioning Now Required.” February 2014.

债务资本市场的情况也是一样。2013 年，中国中小型企业发行的债券仅占政府部门发行债券的 0.012%。甚至将所谓的混合所有制企业（由国有企业和其他大公司组合而成）算进去之后，发行的债券价值也仅仅达到政府发行债券的 23%（见图 6-3）。

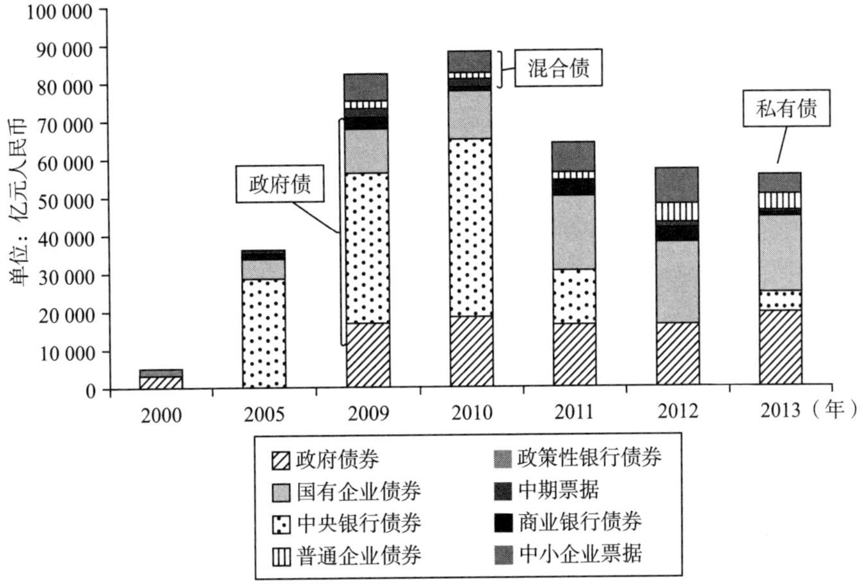

图 6-3　中国债券市场组成，按类型发行规模

资料来源：中央结算公司，2014 年 3 月。

因此，疲软、低效率、严重偏向数量有限的大公司的急剧分化的金融体系造成了中国的融资缺口，这种情况与其他发展中国家相比没有什么不同。对于私有企业来说，仅有的可以替代的融资渠道就是影子金融体系，即一些金融机构的组合，包括传统银行、表外贷款机构、保险公司，以及地下市场（包括典当行以及其他非正式的贷款机构）。一方面，影子银行在弥补企业不能从传统银行获得贷款的融资缺口方面起到了重要的作用，但是另一方面，它们通常收取很高的利息率，附加不合理的契约和条件，并且很大程度上不受管制。[15]

人力资本短缺

在对几乎所有发达的私募股权行业都很重要的专业技能水平上，中国与其他发展中国家非常相似。的确，中国显著的变化很容易使人忘记一个事实：20 世纪 80 年代之前，中国几乎没有私人部门，甚至尚未有市场经济的萌芽。由于没有私营企业，也就不存在对标准会计准则和公司治理以及第 2 章所述的其他数不胜数的基本构件的需求。结果就是，中国过去几乎没有专业的会计师、律师、银行家和依据市场准则运营公司的专业管理人才。

尽管中国在过去 25 年中获得了显著的成就，但是人力资本短缺仍然是企业和私募股权投资者面临的关键挑战。如一位教授所说："中国缺少的是专业的管理人，不管是证券公司层面还是私募基金层面都是如此。"[16] 然而，这同时也为私募股权带来了机会：通过弥补遏制中国企业发展的技能短缺来创造价值。

与此矛盾的是，因为没有足够的能够管理行业发展的熟练专业人员来应对资本的大量流入，在如此短暂的时间内私募股权活动的急速上升实际上可能使行业变得更糟糕。尽管中国有数以千计的所谓私募基金公司[17]，只有少数拥有具备进行严格的投资前尽职调查并在交易完成和工作开始后执行重要的价值创造功能所需的经验与技能的专业团队。

不够健全的投资者保护制度

中国的法治仍有需要完善之处。虽然最有经验的投资者似乎没有因此退却，一名中国律师在 2012 年说："私募股权的法律框架根本还没有到位。"庞大的国内市场和高速的经济增长的巨大诱惑使得投资者忽视了与法律制度相关的不可避免的风险，该法律制度似乎在不断变化。一位分析师观察到，尽管中国已经成为私募股权投资的第一大新兴市场目的地，但是合同仍然是一些含糊的概念而不是真正的协议[18]。和其他新兴市场一样，因为绝大多数成长资本投资包含了少数条款，私募股权投资者对法律追索甚至不能保有起码的信心。

这些至关重要的私募生态不足之处显示了至少从私募股权投资的角度来看，中国并不像它一开始展现的那样独特。人口、经济发展以及强大的政府指引与支持或许能够解释中国超越所有其他发展中国家成为私募投资目的地的原因。但是随着私募基金在长时间内爆炸式扩张，投资者陶醉于中国经济增长的故事，并且在多年内习惯了这些私募股权投资在无论哪个新兴市场国家都不可避免的风险。

把握在存在这些缺陷的情况下私募股权如何快速发展需要了解中国私募股权的转变，它从 20 世纪 90 年代为作坊式工业所设的所谓国有风险投资基金转变为在动态和多维度的行业环境下吸引了越来越多的多元化的国内外私募基金投资者。随着私募股权的持续发展，哪怕是最有经验的国内外从业者也倾向于忽视或是掩饰这个市场脆弱的基本面。曾经有一种观念，中国在某种程度上确实与众不同，但是这个前所未有的私募股权增长在 2011 ～ 2012 年停顿了下来（至少暂时来说是这样）。事实是，中国的基本面问题与其他国家不存在明显差异。

中国私募基金的起源

在中国政府开始其深远的经济体制改革（原来是计划经济）时期，私募基金开始发展起来。这一历史性转变在 1976 年后的几年进展得有些缓慢，关键转折点是在 20 世纪 90 年代初期邓小平率先宣布建立“社会主义市场经济”。这一声明开始了这个世界上最大的社会主义国家一系列的非同寻常的市场化改革，1997 年，中国的宪法第一次官方承认私人部门应当作为“经济的重要组成部分”[19] 发挥关键作用。这一转变虽然没有削弱政府的最高地位，但却使大部分经济领域向国内外投资者开放，一系列精心规划的市场化措施开始成形。

在这复杂的全国性转型过程中，允许私募股权交易的政府意志是微小却重要的一部分。虽然许多新兴市场国家在这一阶段也开始了私募股权试点，鲜有国家拥有中国这样的制度基础。一位中国分析师回忆道：“在那个开创性的时期，我们不仅要向先进工业国家学习经验，还要考虑到当时中国的政治和经济现实，在形成整体的发展战略、法律框架和公司实践标准方面找到适合的发展道路。”[20] 也就是说，中国的私募基金发展是从零开始的。不管是投资者，还是政府政策制定者、寻找外源融资的公司管理人以及会计师和律师等其他服务于这个繁荣发展的行业的专业人员，都经历了快速的学习过程。

尽管公司和金融的基础设施尚不健全，衡量私募股权发展的每个指标都持续向好，且不受困扰其他国家的经济周期的影响。比如，筹集资金金额从 1991 年毫不起眼的 1600 万美元到第二年超过 5.8 亿美元，增长了近 30 倍，[21] 到 2000 年，中国已经吸引了超过 50 亿美元的私募基金投资。[22] 同时，不仅是从事中国投资的私募基金数量，基金的规模和其投资的规模也在稳定地增长。[23]

和其他发展中国家的模式相似，在发展初期，该行业是由国际的而非中国本国的私募基金主导的。[24] 虽然中国在当时对这些第一代投资者来说充满未知，而且他们还需要面对复杂的政府约束条件，但是进入这个巨大的神秘的未开发的市场仍然有着无法阻挡的诱惑力。当时市场上放肆的乐观主义情绪可以通过一名早期进入的私募基金投资者的看法表现出来：“在中国，你就是放置一些马桶座也能获得良好的收益。”[25]

虽然这种乐观情绪的蔓延存在一定的逻辑，但是它使得众多训练有素和经验老到的国际投资者为了站稳脚跟而减少了对他们精心建立起来的标准运营流程的重视程度。如果说中国发展市场经济的方式违背了许多西方国家的传统观念，那么国际私募股权投资者在中国的推进同样也在打破传统，因为中国的基本信息制度尚不健全，而这正是做出所有财务决策的命脉所在。在投资周期的每个阶段，投资者都做了许多调整。比如，决策往往是在缺乏可靠的公司财务和运营信息的情况下制定的，投资者也没有信心信息流会在投资后有所改善。在这个早期阶段，独立审计不过是个模糊的理论概念而已。

“公司治理”的概念同样尚未进入当时的中国，更不用说作为标准实践存在了。只有极少数的中国企业设有真正独立的董事会，而且就算私募基金投资者成功获得了董事席位，他们在决策制定上的影响力也是微乎其微。最让人不舒服的一点可能是，在公司法或证券法尚未出台的早年间，投资者在与公司管理层或其他股东的事务纠纷上不享有真正意义上的法律追索权。虽然中国当时释放出了逐步建立市场经济基本制度构件的信号，这些早期的私募股权投资者秉持该信念做出的决策仍然违背了其建立在经过实践检验的尽职调查基础上的决策方式。他们倾向于忽视一系列风险因素，而换到其他国家，这些风险可能早就让他们快速退出投资项目。

在发展市场经济的同时，政府严格控制能够投资的主体以及投资的对象和条件。举个例子，在这一早期阶段，外国基金不被允许在国内筹集资金，也尚未建立起能够为西方常见的有限责任制公司治理结构创造条件的法律框架。当时非中国的基金管理人的唯一选择是在海外设立公司并筹集资金，然后与中国国有机构建立合资企业。而且，与传统的私募股权投资完全背道而驰的是，早年大部分的投资都投向了国有企业而非私营企业。因此，与世界上任何其他国家私募基金的特征相反，投资者是如此渴望在中国市场站稳脚跟以至于他们默许了投资于那些大股东和管理层都是政府的“公司”。

尽管面临着前所未有的一系列不熟悉的约束条件、控制和风险，第一代国际投资者在不断学习中适应了环境并繁荣发展。在 10 年内不仅是专门投资中国市场的国际基金筹集的资金规模和投资规模稳定增长，在内地证券交易所和火热发展中的香港证券交易所上市的有私募基金背景的国有企业数量也在增加。[26] 随着私募行业的发展并逐步完善，投资条件开始改善，私人部门对经济增长的作用加速显现，投资者开始将注意力从国有企业转向私营企业。[27] 因此，早期愿意适应这个不熟悉的高风险环境的投资者一开始所展现出来的乐观情绪似乎是有理由的。

国际基金管理人和机构投资者早期的控制地位和其他大多数在 20 世纪 90

年代经历第一次私募基金投资浪潮的新兴市场国家有所不同。这一资产类别对包括政府官员、投资者和公司所有者在内的国内相关利益者来说是崭新的，未经检验的，也是完全陌生的。对国际投资者的依赖是可以理解的：如果没有他们的参与，私募行业在缺乏当地机构和专业知识以及实践经验的情况下的发展会缓慢得多。

但是随着投资机会逐步向国际投资者开放，中国政府也开始牵头为本国的私募基金提供更多的机会，尽管规模要小得多。与认为国有私募基金是一个弄巧成拙的矛盾体的西方传统观念相反的是，中国政府从一开始就在发展私募行业上起着重要作用，它不仅仅是管理者和政策制定者，还是基金管理人和有限合伙人。政府在 20 世纪 90 年代积累的经验在之后数十年内起了重要作用。

随着发展步伐加快，本地的基金管理人涌现

在不断膨胀的私营部门推动中国经济持续增长的过程中，金融服务行业一直处于落后的状态。随着越来越多的私营企业设立起来并努力筹集中长期资金以谋求发展，融资缺口实际上不断扩大。而且，几乎所有这些新创立的公司都缺乏管理人才。

到 21 世纪第一个 10 年中期，投资者和政府都承认了规模庞大的快速膨胀的中小私营企业对中国经济发展所发挥的不可磨灭的重要作用。官方统计数据显示数量庞大的近 4200 万中小企业是中国私营部门飞速增长的主要驱动力。根据政府估计，这些公司提供了 80% 的私营部门就业，获得了 65% 的专利授权，贡献了 50% 的税收收入，产生了超过 90% 的劳动密集型产品出口（比如服装、纺织玩具和鞋子等），并吸收了 80% 的被国有企业解雇的劳动力。[28]

比私营企业的规模和重要性更令人震惊的事实是，其重要地位和发展成果是在几乎没有债权和股权融资渠道的情况下获得的。如本章前述，尽管私营企业对中国 GDP 增长的贡献度不断加大，投资资金主要还是流向了国

有企业，绝大多数私营企业面临的融资难问题并没有明显改善。正如一名政府顾问所说：“钱在中国就像是一条水管，大部分水从国有银行流向国有企业。”[29]

填补融资缺口并为中国企业创造价值

张先生20岁从四川的乡村来到成都时，没有钱也没有工作。凭借满怀的野心和充沛的精力，他很快在当地一家规模小却成长性强的食品分销公司找到了一份运货卡车司机的工作。因为业绩突出，他升职得很快，在五年内张先生从司机调到了市场部，最后成为市场销售部的经理。张先生表示：“我非常感谢我的老板，但是我的野心很大，因此我决定离职并创立我自己的公司。我观察到中国在20世纪90年代正在经历一个历史性的时刻，而这为我成立公司赚钱提供了机会。”

当时，食品加工工厂正在为争取在成都这样拥有1000万居民的大型商业中心快速增加的中小零售商店的货架席位激烈竞争，观察到中国中产阶级不断扩大，张先生成立了自己的食品分销公司。他正确地观测到，随着这一新兴消费者群体收入的增长，对加工食品和零食的需求也会加速增加。作为一名初露头角的企业家，张先生在回忆他早期的经历时自豪地说：“从第一年到第二年公司的收入翻了一番，在第三年又翻了一番，在我成立公司的五年内，我成为成都最大的食品分销公司的所有者。基于我分销公司的成功经验，我决定成立第二个公司来生产和包装葵花籽。”

到21世纪第一个10年初期，两个公司都获得了丰厚的利润并有着持续发展的前景，张先生遇到了对整个发展中国家的成功企业家来说都很熟悉的问题：“之前支撑我公司发展的资金主要是利润和当地一家银行的短期贷款，但是为了满足不断增长的消费需求，我需要从外部融资来建新的厂房扩大生产力。尽管我们的公司很成功而且有着优秀的利润业绩记录，但在中国基本上没有为像我的公司这类企业提供的长期资金。大型国有银行只关心大公司和政府项目。”

张先生承认，在被朋友的朋友介绍给当地一家专门投资于中小企业的私募基金的代表时："我对引入外部投资者感到非常恐惧。"但是在几次会议之后，他不仅开始对各种条件感到自在，同时也认识到这个潜在的投资者能够提供比资金更多的东西。张先生叙述在达成少数股权协议后发生的事，并列举了他的合作伙伴在建设公司过程中起到的非财务性作用：

"他们使我们的会计水平更加专业化，还购买了许多软件设备，为我提供更准确和及时的信息，帮助我成为更好的CEO。

"能够获得外国私募基金的投资在当时颇具声望，快速提高了我们的声誉。我们的员工恢复了信心，员工流失率也因此下降了。先前从不考虑给我们的公司增加贷款额度的银行也突然间愿意与我们合作了。

"我们设立了第一届董事会。尽管董事会的高要求有时会让我感到沮丧，但董事们给了我很好的建议和反馈。"

在接受私募股权投资期间，公司用募集到的长期资金改善采购和提升产品质量。员工从520人增加到1240人，平均工资也基本上翻倍，供应商数量也翻了3倍。达到规模效应之后，张先生认识到合并他的两家公司能够达到更大的规模经济效益。两家公司的董事会就合并达成了统一意见，2009年，两家知名私募基金投资了这家新合并的公司，促成了初始投资者的退出过程，同时也为公司下一阶段的发展提供了资金。

因此从表面看来，私募股权作为消除融资约束和改善人力资本短缺的方法获得持续发展的时机似乎已经成熟。实际上，私募基金募集资金规模和投资规模一直在高速增长，甚至超过了经济增长率（见图6-4）。

随着私募行业规模的扩大和日益成熟，它也反映出了中国经济的发展已深入到多元化的行业中。和20世纪90年代大多数私募基金投资于国有企业的情况不同，投资者现在涌入了增长型私营部门的每个角落。虽然投资于信息科技和通信技术等充满活力的行业显然充满机会，对医疗保健、基础制造业、消费品和专业服务等行业的投资规模也在扩张。伴随着旅游业和商务旅行的爆炸性增长，连锁旅馆、连锁饭店、餐饮企业和其他与迅速发展的旅行休闲行业相关的公司也成为投资目标。[30] 在经济高速增长、消费群体快速扩大以及成千上万私营企业对资金和专业技能需求不断增加的共同作用下，所有行业都似乎蕴含着无限的投资机会（见图 6-5）。

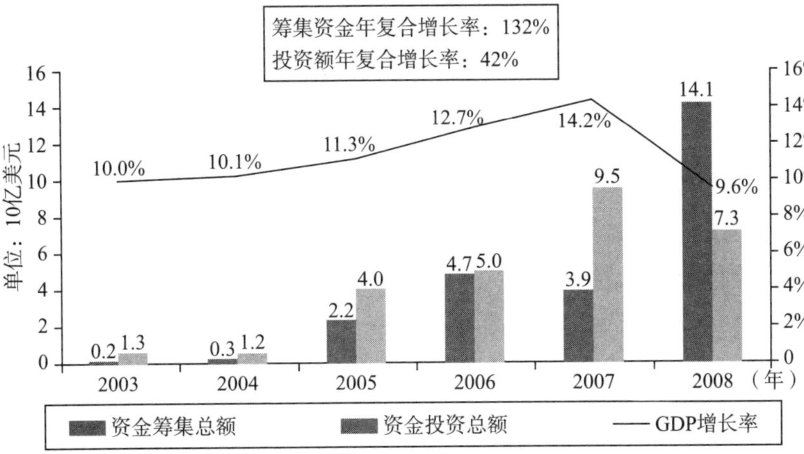

图 6-4　私募基金筹集金额规模和投资规模的增长超过 GDP 增长率

资料来源：亚洲私募股权期刊（APER）、新兴市场私募股权投资协会（EMPEA）、世界银行和作者分析，2014 年数据。

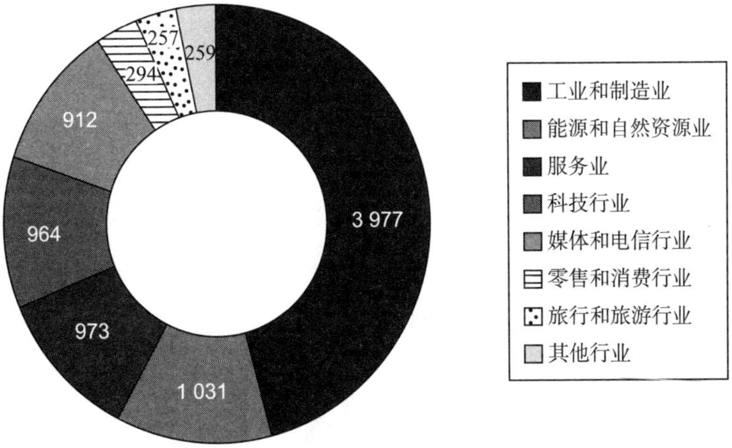

图 6-5　2008 年按行业划分私募基金投资（单位：10 亿美元）

资料来源：新兴市场私募股权投资协会（EMPEA）。

但并不是所有的行业都平等地向私募基金开放。正如一次又一次发生的那样，外国基金管理人在中国面临着限制其运营的法律法规壁垒。规避对直接投资于中国企业的限制是一个挑战。外国投资者首先需要设立一个合法的境外控股公司以接收美元计价的资金。在境内，外国投资者只能设立被称为外商独资企业（WOFE）的“代表处”来管理在中国的投资组合。不过，由于筹集的是美元资金，这些外商独资企业被视为外国投资者，因此被限制进入某些行业。

这一复杂而代价高昂的法律安排有一个优点：当进入退出阶段时，在中国香港等离岸证券交易所首次公开发行股票比在中国内地刚起步的两个证券交易所上市更容易。离岸证券交易所的上市条件更加透明，发行股票的公司不必与主导境内证券交易所的国有企业竞争，而且离岸交易所还能提供获得深入化和多元化国际投资资金的渠道。

一个错误交易的故事[31]

虽然我们意识到一些中国企业的透明度还不高，我们还是努力找寻第一笔交易的目标，花费很长的时间找到了一个高质量公司。我们找到了一家有着巨大发展潜力的农业综合经营企业：产品市场快速扩大，是行业龙头企业，客户包括了沃尔玛和家乐福，而且在北京市场上有着足够的竞争力。我们被这家公司吸引还因为已有许多投资公司基于其严格的尽职调查基础增加了对这家公司的融资额度。总之，所有事情看起来都很完美。

我们和一家筹集外国有限合伙人的资金并享有良好声誉的中国私募基金共同投资。作为重要的少数股权投资者，我们和作为普通合伙人的中国私募基金都在公司的董事会获得了席位。

数年之后，我们开始发现许多严重的问题。公司在新工厂的建设上严重超支，而且还存在生产和营销问题，但是作为公司大股东的创立者（同时也是CEO）显然并不了解自己在做什么。我们早前在股东大会上提出了对这些问题的关注，但是没有成功。于是我们自费从美国请来了一名行业专家，他提出了公司提升业绩需要执行的96项改革措施。但是公司所有者对他的建议根本不感兴趣。

在那之后不久，董事会的一名独立人员被聘为CFO，他很快发现了公司大量的销售合同其实并不存在，而且产品存在“后门销售”问题。我们同样认识到公司营业收入再也不会如我们所预期得那样增长了。在CEO告诉我们整个行业都不景气的时候，尼尔森公司的调研数据显示竞争公司的营业收入有20%～30%的增长。这时我们得出结论，我们需要动员其他董事会成员，替换营销总监并解除创始人CEO的职位——他的专业水平已无法管理如此大规模和高专业化的公司。

我们的努力受到了强烈的抵制。创始人拒绝离职，董事会中一名我们认为是支持者的成员对我们的提案犹豫不决，另一位董事是创始人的朋友并坚定地站在他那一边，而和我们一起投资的本地私募基金经理不愿意在其筹集新资金的过程中再生枝节。

一名股东将董事会成员叫到一边并对我们说：“总算能和你单独谈话了。我们都觉得你在制造麻烦，但是你说得越多，我就越觉得我们再也拿不回钱了。”我们最终认识到了所做的努力都是毫无意义的。当我们鼓励这名股东支持我们改革的提案时，她回答道：“不行，我们不想给创始人那样重要又有影响力的人物惹麻烦。”

有趣的是我并不知道我们能采取什么其他的措施来达到更好的结果。公司的基础投资理念在今天仍然有效，但是尽管我们拥有几十年审查新兴市场公司创始者的经验，我们还是支持了错误的人。公司是当时发展迅速的行业的龙头企业，但还是错误的选择。他针对小规模经营的能力水平很快不能胜任，而且谁又知道还有何种弊端正在发生呢？在他的观念里，公司就是一个储蓄罐，他的动力就是“面子”和荣誉。

在法律界定不明的情况下，本国私募基金投资者相较于外国投资者更受欢迎的情况愈发明显。比如，2006年出台了新的企业并购法，正式授权政府审批所有投资于“重点行业、拥有驰名商标或者中华老字号企业”的外国资本，尽管对“重点行业”或其他条件并没有明确的定义。[32] 虽然 2007 年通过的合伙企业法是一大主要的进步，允许了与西方国家私募基金的结构和法律保障相似的有限合伙制，但是该法律只适用于本国的合伙企业。

外国基金管理人在充满吸引力的私营市场上同样受到偏见对待。哪怕是黑石集团、凯雷资本、KKR 集团和 TPG 集团等在中国拥有重要业务以及良好投资业绩和声誉的大型国际私募基金，也处于弱势竞争地位。越来越使他们失望的是，许多私营企业交易都有限制。某本地基金经理承认：“私有化拍卖的过程一直都像猜哑谜一样。中国的私募基金几乎不会互相竞争，我们是朋友，而且政府（卖方）在私有化交易中对中国基金管理者有强烈的偏好。”

在这样的环境中，一些完全由中国的专业人员组成和管理的私募基金比筹集美元资本的国际公司有更大的竞争力。这一新型基金管理公司的典型代表是弘毅投资。

弘毅投资[33]

弘毅投资有限公司成立于 2003 年，联想控股注资 3800 万美元。联想控股是由中国科学院投资创办的。[34] 联想的创始人是影响力很大的柳传志，他建立了首个单一控股的私募基金。利用建设联想集团的经验，他准确地理解了中国政府在市场经济转型中希望获得的成果。他相信中国正处在一个关键的节点，很有可能为新兴私募行业带来无数机会：

> 第一，中国的传统行业都有很大的成长空间，因此私募基金的回报可能比风险投资还要高。在其他国家，传统行业增长前景有限，但是在中国，建筑材料、纺织工业和食品饮料等传统行业风险低增长快，因此很好地适应了私募股权投资的需求。第二，因为中国企业缺乏资源，所以私募基金一进入企业就能激发大量的改革。第三，私募股权有助于改革国有企业和管理层激励机制。

柳传志的第一个挑战是为基金找到领导者，考虑到中国私募专业人才的匮乏，这并不是件易事。他最后找到了赵令欢。赵令欢是江苏人，毕业于南京大学，在国有江苏电子公司有过工程师工作经历，之后去往美国深造。获得硕士双学位和西北大学凯洛格商学院工商管理硕士学位后的数十年间，他在许多高科技公司和硅谷创业企业工作。2002年，赵令欢回到中国，任职联想CEO的高级顾问。之后不久，柳传志任命他为弘毅投资的第一任CEO。

赵令欢很快开始按照柳传志的蓝图建设弘毅投资。到2007年，团队中除了一名中层员工外全是中国人。聘任一批世界一流的专业员工是他面临的最大挑战之一。在中国私募市场上成功需要有独特的专业形象，因此他积极聘请了对中国有着深入了解并具备高度专业化的经营能力的员工。一开始，价值创造能力就是被优先考虑的。

除了组织起专业的员工团队，赵令欢在新上任后开始充实弘毅投资的投资战略。麦肯锡公司对中国99个行业自上而下的调查分析得出了投资于生物医药、重型设备和建筑材料等高增长行业的投资战略。次优选择是消费品、零售行业、传媒和金融服务行业。赵令欢解释说麦肯锡的早期投资实践在开始发展弘毅私募业务时期为团队提供了注意事项和操作规范。

在第一个完全依赖联想资本的基金之后，弘毅投资的第二个和第三个基金吸引了国际知名的投资者，包括斯坦福大学基金、高盛集团、新加坡淡马锡控股、盖茨基金会和罗斯柴尔德家族等。到2013年公司创立十周年时，弘毅投资已经积累了在国有企业重组、成长资本投资和跨境投资方面的专业经验，并已募集了7只基金（包括5只美元基金和两只人民币基金），管理资产规模达到70亿美元。

本国私募基金的深入发展和国内外基金发起者的区别对私募行业下一阶段的发展至关重要。随着中国保持着9%～10%的高经济增速，本国私募发展到了新的高度，一系列新的法律改革更促进了私募行业的进一步发展：人民币基金的引入。

从美元到人民币，投机行为激增

和其他新兴市场国家相比，中国私募基金行业最具变革性的一大事件是2008年国务院允许比如全国社保基金（NSSF）[35]、国家开发银行等特定的知名大型国有存款类机构作为有限合伙人将至多10%的资产投资于人民币私募基金。两年后，保监会允许保险公司将5%以内的总资产投资于私募基金。

政府首先授权弘毅投资和鼎晖投资这两家大型专业化公司募集人民币基金，全国社保基金成为主要投资者，贡献了总资金的40%，这再一次证明了对本国基金公司的偏好。但是，由于没有足够的本国机构作为有限合伙人在社保基金后跟进投资，尽管两家公司声名卓著并受到政府的大力支持，完成资金募集工作仍然花费了一年多。

在这一初始步骤之后，在政府指导下，人民币私募基金的投资者从全国社保基金逐步扩展到政府或省政府等其他本国机构投资者。最终，一些特定的外国基金公司也被许可募集人民币基金，通常是以与当地政府和企业（一般是国有企业）合资的形式。比如凯雷北京人民币基金、上海黑石股权投资合伙企业、TPG西部成长基金（重庆）和TPG上海人民币基金等。

因此，2008～2012年年初，投资者队伍逐渐扩展到了除作为主要投资者的全国社保基金之外的其他本国有限合伙人。这一政府精心设计的起步方式是其发展“中国特色”私募行业的又一个例子。一定程度上，政府对人民币私募基金的支持意义重大。毕竟，中国的国民储蓄比世界上任何一个国家都要多，资金并不是稀缺资源，但是金融中介系统效率不高。这一变革证明政府至少默认了私募行业巨大的资金缺口。如果银行和其他金融中介不愿意将部分资产配置给作为经济增长主要驱动力的成长型私营企业，为什么不能鼓励私募基金投资者填补这一缺口呢？

人民币基金的创立同样表明了政府意识到私募行业能从减少对长期占主导地位的美元资金的依赖中获益。对数以千计的活跃于多元化行业并产生人民币收入的成长型企业来说尤其如此。它们对可能带来外汇风险的融资方式不感兴趣。

这一开创性的对美元融资的脱离立即带来了爆炸性的增长。四年间人民币私募基金募集规模从几乎为零激增到超过了美元资金（见图6-6）。对新兴市场私募行业来说，这是空前的发展。

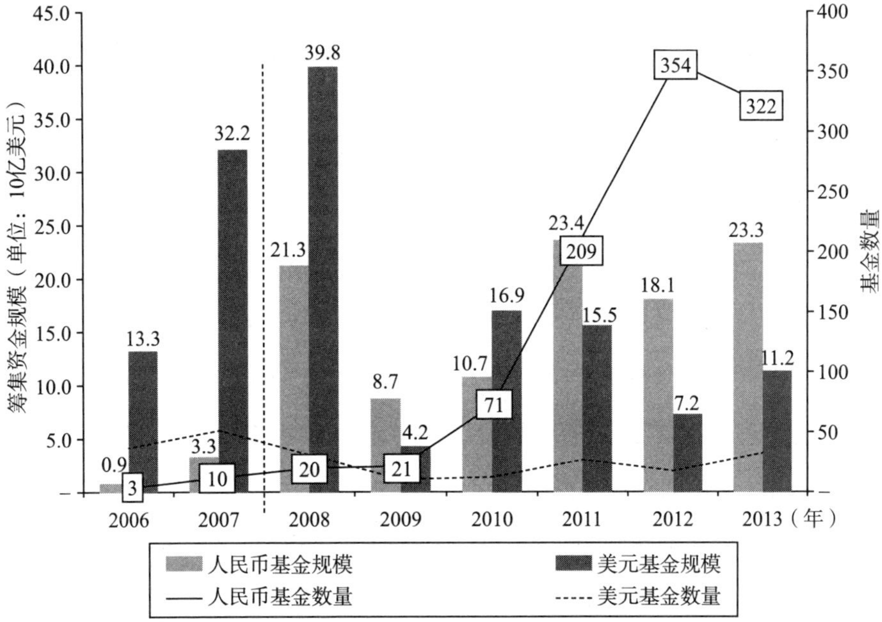

图6-6　人民币基金的发展

资料来源：Zero2IPO, 2014.

但是人民币基金短时间内的迅速发展也产生了许多问题。政府虽然起到了催化剂的作用，但欠缺对涌入这个新市场的基金管理人和投资者的监管能力。一名中国律师承认："中国证监会（CSRC）对私募基金实行最简化管理，并没有给予其足够的关注。证监会将其主要的注意力集中于证券公司和证券市场也不难理解。此外，在这个新兴本土市场上获利颇丰的私募基金的大举游说成功使证监会陷入了困境。"

只要经济年复一年地保持高速增长，国内股票指数也随之跟进，监管层就不会给予人民币市场发展的内在风险足够的重视。但是随着投资日益狂热，意想之外的不良后果也日益增多。众多的基金发起者和投资者的投资技能非常有限，也不具备对所有私募基金投资者来说必不可少的耐心和长期投资视角。

从近年巨大的财富创造过程中获益的中国企业和富人是人民币基金重要的投资者。这些投资者对投资于私募基金经理管理的非流动资产了解甚少。思维方式和经验匮乏使得这些投资者不切实际地短视，而且对投资回报的期望过高。他们对消极投资者（有限合伙人）和积极投资者（普通合伙人）之间的巨大差别理解有误，因此与经验丰富的国际机构投资者相比更倾向于高估自己能对普通合伙人配置资金施加的影响。当他们不切实际的期望与现实碰壁时，这些投资者与普通合伙人的矛盾开始产生，双方信任恶化。

普通合伙人则对有限合伙人肆无忌惮地拒绝遵循法定资本金承诺和干预投资组合管理怨声载道。在认识到投资于未能正确审查的普通合伙人的风险后，有限合伙人的抱怨进一步增加。

通过回忆命运的逆转，一家大型基金的中国 CEO 总结了这一不可避免的结果："2009 ～ 2011 年，新兴人民币私募基金的蓬勃发展主要是由高净值个人客户和其他想赚快钱的投机者驱动的。这是私募行业迅速发展的阶段，许多行业新进入者对风险概念不屑一顾。"

蓬勃发展的私募市场的利益相关者（普通合伙人、有限合伙人以及投资组合公司）也很少注意到另一大即将爆发的问题：几乎完全投资于那些他们相信在短时间内很有可能上市的公司的投资策略上的羊群效应。认为猛增的股票市场一定还会继续增长的信念进一步加强了过度乐观情绪。毕竟，上证指数在 2005 ～ 2008 年上涨了近 400%，[36] 虽然指数在金融危机冲击下有所下降，但是市场恢复得很快。这使得公司估值与西方证券市场相比高得惊人，为私募股权退出创造了一个充满诱惑的利益可观的平台（见图 6-7）。[37]

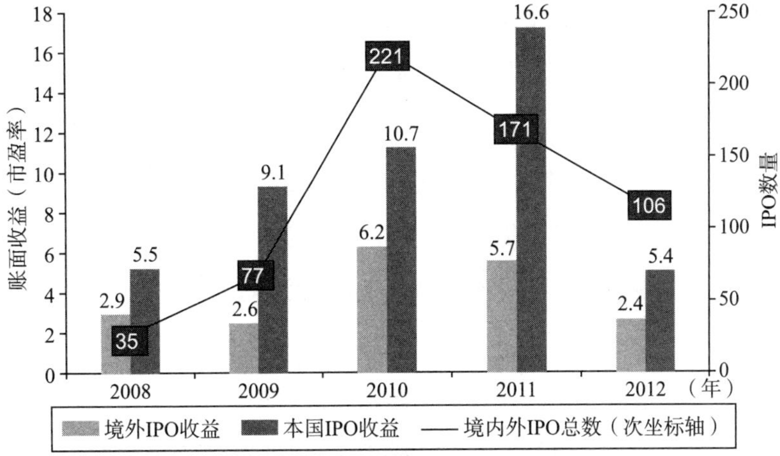

图 6-7　中国有 PE/VC 背景的 IPO 情况

资料来源：Zero2IPO, 2014.

2008 ～ 2011 年，以 IPO 退出的私募基金数量增长迅速。这种发展轨迹或许促成了许多新进入人民币基金市场的普通合伙人的一种观念，即在投资前或是在展现出参与核心价值创造过程的意愿之前忽视基本尽职调查过程。大多数新进入的有限合伙人就更加不会关注这些私募投资基础流程了。一份研究报告指出："在许多情况下，不加选择地投资于资金池的投资策略是非常盲目的——相当于寻找彩票回报的彩票投资策略。"[38] 这种情况是不可持续的，迟早要采取纠正措施。

好日子是否走到了头

正如美国著名经济学家赫伯特·斯坦所说，无法永久持续的东西必将终结。金融史上投资者因为忽视这一众所周知的事实和低估风险管理的重要性招致了可怕后果并由盛转衰的例子比比皆是。虽然中国持续增长了 30 多年，私募基金募集金额和投资额的增长也势不可挡，但初始的人民币基金的衰退最终证明了中国和其他国家一样无法免受风险。

随着损失加重，私募行业的利益相关者的批评声也越来越大，政府对其数年前出于好意的放开管制措施越来越感到谨慎。到 2011 年，政府已经很难忽视关于内幕交易、蓄意欺诈和其他贪污行为的谣言。突然的转折发生在 2012 年 7 月。深感忧虑的证监会通过突然在上海交易所和深圳交易所停止 IPO 激进地干预市场。在私募历史上，政府的突然干预第一次使得推动行业发展了 15 年多的淘金热心理走向了终点。正如过去经常发生的那样，一位经验丰富的中国基金经理抱怨道："政府一直在谈增加对市场力量的依赖，但是当形势变得艰难时，却一次又一次地不愿意考虑让市场力量发挥其惩戒作用。"

政府的干预立竿见影。通过突然阻断以 IPO 退出的路径，人民币市场被有效搁置。据估计，超过 760[39] 家私募基金投资的中国企业发现以 IPO 退出的路径将被无限期延迟，普通合伙人和有限合伙人超过 1000 亿美元的资金被困于流动性低的私募股权投资。[40] 证监会采取行动的短短数周之后，上证指数暴跌至金融危机以来最低点，而且政府一开始并没有给出何时重启 IPO 的政策信号。随着市场的不确定性加强，私募基金的资金募集金额和投资额也出现了暴跌。2013 年，新投入基金的资金额同比下降了 13%，成功退出的基金数量下降了 30%。[41] 与此同时，2013 年只有 18 家准上市企业，募集资金金额 18 亿美元，而 2009 ～ 2011 年每年平均有 45 家准上市企业，募集资金金额年均 38 亿美元。[42]

2014 年 1 月，证监会开始逐渐重启 IPO，但是上市条件变得更加严格。2014 年的前五周，共有 48 家企业成功在国内交易所上市，带来了行业复苏的曙光。[43]

总结

与其他国家私募行业鲜明的周期性特征不同，2012 年前中国私募行业的发展方向只有一个：向上。在经济稳定增长了近 30 年以及众多渴求资本的企业组成的私营部门不断扩张的驱动下，中国私募行业的短暂发展历史中几乎没有低速增长或负增长的阶段。一名在 2013 年竭力处理其资金损失的投资者解释道："在中国所有人都只经历过私募行业年复一年的高速增长阶段，机会似乎是无穷大的。没有人经历过衰退，所以风险被系统性地低估也就不足为奇了。"和其他任何一个发达国家或是发达国家私募行业周期性地造成损失不同，中国私募行业看似无止境的增长环境很容易使所有的利益相关者对风险视而不见。

2012 ～ 2013 年的事件打破了这些不切实际的幻想，中国私募行业开始了久违的调整过程。私募行业参与者认识到中国市场并不是基本原则的例外：如第 1 章所述，私募股权是一项高风险的资产类别，并遵循周期性波动。在这一混乱的阶段得到的另一个痛苦但必需的教训是，能使得私募行业更加成熟的基本构件非常重要，它需要在相当长的时间内逐步构建。就算考虑到私募行业会根据中国特色以自身独有的方式发展，如第 2 章所述的私募生态基础构件仍然需要建设到位。

虽然取得了巨大的进步，但是私募行业发展得太快了，不管是在人力资本技能、法律法规的遵循、重要的公司治理和透明度还是其他的因素上都已经达到了极限。问题在于泡沫何时破灭，而不是会不会破灭。

如果说突然衰退带来的损失是不可避免的，那么这同样也是私募股权专业人员在一个又一个国家一次又一次得到的教训：成功的投资最终取决于逐个企业进行的价值创造过程。一名长期观察中国的专家说："展望未来，中国的成功私募股权投资与世界上任何地方不会有区别。成功需要在企业公司内部勤劳苦干。这意味着要更加关注营运能力和在投资后提升公司价值。"[44]

本章开篇就指出，中国私募行业的演变与其他新兴市场国家有着惊人的相似性和差异性。在某种层面上，私募股权在中国长期的爆炸式增长与传统相违背。有限合伙人（LP）和普通合伙人（GP）是否应该受到指责，因为他们在缺乏基础安全措施和基础金融设施的情况下屈从于渴求资金的企业创造出的巨大机会？或者他们是否应该受到赞扬，因为他们认识到了能够带来许多投资新机会的中国每天都在发展变化？

大多数中国和外国的私募基金从业者很好地适应了逐渐向市场经济转型的环境。2012 年夏证监会干预市场造成了重大损失之后，随着私募行业逐渐恢复，几乎没有人会反对在衰退中幸存的某投资者的这一告诫："我们需要回到基础。这意味着要关注价值创造过程，而不是执着于以高市盈率快速上市的短视目标。"

第 7 章

巴西：未来的国家

在过去，如果一个巴西企业主积极寻求外部投资者，他就会被嘲笑。现在则相反，积极寻求外部投资被认为是伟大的声望和地位的标志。一旦我们拥有私人股本合作伙伴，我们的客户和银行的信誉就会大大提高。他们会更加认真地对待我们。

——圣保罗一家软件公司的创始人兼首席执行官

巴西人长期以来一直意识到他们是未来的国家，而且一直都会是。巴西地域广阔，经济和人口几乎是拉丁美洲任何其他国家的两倍，还拥有令人羡慕的自然资源。但在整个国家动荡的历史中，一个又一个的经济或政治危机破坏了乐观主义者的预测，并为愤世嫉俗提供了丰富的资料。正如前总统费尔南多·恩里克·卡多佐解释他的国家一样，“当缺乏预期时，就会发生这种特殊的失败，这是巴西经常有的那种失败。”[1]人们对这个国家的普遍印象是恶性的通货膨胀、困难的经济增长、巨大的外债负担、收入不平等、严重的腐败、臭名昭著的不可靠的法律执行、劳动生产力低下和糟糕的基础设施。2014 年年初，该国一个著名经济学家说，即使考虑到 2008 ～ 2010 年相对强劲的经济表现，“在过去 10 年中政府没有进行根本性的改革”。

但这个看似不具有吸引力的国家概况只是更复杂的情况的一面。事实上，尽管存在着矛盾和风险，多年来，投资者已经发现了被巴西吸引的充分的理由。私募股权行业尤其与卡多佐总统所描述的“特殊失败”形成鲜明对比。20多年来，巴西在筹资和投资活动以及活跃全球基金的规模和多样性方面，都位于新兴市场国家的前列。即使考虑到最近的挫折，几乎没有发展中国家可以声称拥有像巴西那样成熟和多样化的私募产业。

投资者有许多理由涌向巴西。如果没有其他原因，只有规模可以继续得到国家的支持。1996～2012年，人均国内生产总值从约6500美元增加到11 630美元，使巴西的排名提高，成为世界第七大经济体。随着人口接近2亿，巴西成为拉丁美洲最大的国内市场，中产阶级在2001～2012年扩大了3500多万人，加剧了消费支出。巴西大众汽车公司的合伙人说：“消费结构上已发生了改变。”[2]这解释了为什么面向消费者的部门已经成为许多私募股权基金经理的主要关注点，不论其规模大小。尽管从2011年开始出现了经济衰退，以上这些因素揭示了为什么巴西仍然是最具吸引力的新兴市场私募股权目的地。在过去几年中，只有印度和中国的私募股权融资额高于巴西（见表6-2），这表明纯粹的经济和人口规模是新兴市场私募股权活动的重要驱动因素，并且不太容易被改变。

除了规模之外，巴西还具有其他新兴市场的一些特征，特别是在私人部门的中心，这为私募股权从业者带来了挑战和机遇。投资者可以从成千上万的中型公司中选择，其中本书中强调了许多公司共同的概况。从信息技术到娱乐、零售市场到医疗保健、环境保护到建筑，公司部门到了后期通常由表现相当好，直到发展到一定阶段，然后他们会遇到众所周知的金融壁垒。未来的增长取决于所得的额外资本和专业知识，以及通过有效的扩张或收购竞争或扩大公司规模。一家基金经理的合伙人说：“许多市场仍然非常分散，因此，规模经济是竞争优势的主要驱动力。”这也是巴西私募股权投资者的共识。[3]

然后是有严重的融资缺口。例如，针对巴西中小企业所有者的一项调查显示，超过70%的企业仅靠内部财政资源为其增长提供资金，只有4%的企业获得了外部股权融资。[4] 世界银行通过对银行业的研究得出结论，在巴西，“金融中介的信贷在大多数经济中相当稀缺，绝对利率和利差仍然是世界上最高的，而且信贷在大多数经济中相当稀缺，根据报告，较小的公司一般是被认为“信贷限制，信贷成本是不申请贷款的最常被引用的理由”。[5] 一家中型公司的所有者解释说：“在巴西，银行是无效的，他们要求繁重的抵押品，利率是无效的，[6] 条款是糟糕的。然而，这种糟糕的私营部门概况为私募股权投资者创造了潜在的机会。”

本章首先描述了巴西 20 年的私募股权历史，突出了令人瞩目的增长期，其次是由外国和国内金融危机的结合造成的困境。然后评估该国的私募股权生态系统，表明第 2 章中描述的许多特征在巴西逐步成为现实，为资产类型的成长和成熟提供了基础。然而，正如最后一节将讨论的由于国家的具体原因，巴西的私募股权行业大幅分化，导致在广泛的巴西中端市场中投资者严重不足。最值得注意的是，巴西的实际利率是世界上最高的，对国家的养老基金和机构投资者造成了不利的负面影响，否则他们更倾向于将其一部分资本分配给私募股权。因此，尽管该国拥有大量的国内储蓄，专注于中型市场公司的普通合伙人公司仍然严重缺乏资金。如果在政府放松货币政策时，国内有限合伙人公司有可能更倾向于看资产类别，私募股权行业将成为向巴西公司提供融资和价值创造的更重要的角色。

利用分散市场

导致巴西牙科护理提供商 Odontoprev 首次公开发行的私募股权投资证明在低效率、零散市场所产生的机会。市场贸易集团公司资本的高级合伙人解释说：“我们的方法从一开始就注重整合部门的合并机会，巴西中型的普通合伙人公司在 21 世纪第一个 10 年中期成为巴西最著名的私募股权成功案例之一。我们访问了 20 世纪 90 年代后期的数百家公司寻找投资机会，偶然发现了牙科保健，很快就发现了这个未被人关注的行业的巨大潜力。由于有 700 多个小型和不成熟的供应商，牙科市场成为一个高度分散、严重欠缺透明的保健行业；只有不到2亿人口巴西人中有300万人被牙科计划覆盖，并且数量迅速增加。”

Odontoprev是由一个创业牙医Randal Luiz Zanetti博士创立的，他在预见到市场贸易集团公司到来之前就预见到了机会。他相信，如果他的公司可以获得资本并开始收购其他小型提供商，他就可以在一个公司之下创建一个全国性的牙科提供商网络。这个与市场贸易集团公司的共同愿景使得市场贸易公司化1998年投资800万美元于该公司，而该公司只有82名员工。正如市场贸易集团公司合作伙伴解释的那样：“我们从一开始就非常亲切，我们每周都会与Zanetti博士和高级管理层举行会议，我们最初安排了市场贸易集团公司合作伙伴为首席财务官。”在市场贸易集团公司投资之后的几年里，Odontoprev收购了一些竞争对手，稳步增加了其市场份额。它还进行了一系列内部的创造价值的改变，例如安装管理和财务信息系统，以及开发改进的营销和品牌战略，吸引了大量国家和跨国公司客户。随着公司持续增长，规模带来的收益导致单位成本稳步下降，利润率提高。在初始投资之后的8年里，Odontoprev从保罗的小型办公室发展成为遍布全国的14 000家牙科提供商；收入从最初投资时的每年约900万美元增加到超过1亿美元；息税前收益年增长率为56%，并且该公司的市场份额等于其四大竞争对手的市场份额之和。该公司被公认为国内领先的牙科保健公司，因此是时候退出了。

2006年11月，Odontoprev成功完成了对巴西证券交易所的新市场的首次公开发行交易，[7] 该交易是为本地中小型公司设计的国内证券交易所。高度公开的5.22亿雷亚尔（约2.33亿美元）[8] 首次公开募股被超额认购13次，其中40%分配给公司，60%分配给创始人、员工和私募股权投资者。市场贸易集团公司的回报是原始投资的40倍。

简史：巴西私募股权的阶段

最初的增长和乐观情绪的爆发：直到1995年，在巴西只有少数普通合伙人，私募股权很难成为独特的资产类别。在那里既没有政府承认或支持私募股权，也没有对这个未开发地区感兴趣的国际私募股权投资者。[9] 但是在 20 世纪 90 年代中期，私募股权市场开始发生变化，有明显的迹象表明一个行业开始崛起。在国内，巴西经济在 20 世纪 80 年代的外债危机之后，出现了复苏和增长的迹象。在一系列新举措的推动下，宏观经济迅速发展，包括政府在 1994 年推出了一种广受欢迎的新货币（即雷亚尔），由财政部长费尔南多·恩里克·卡多佐（之后即将成为总统）推行，进行了一系列的法律改革，首次制定了如何组织和监管创业投资私募股权基金的程序 [10]，并于 1997 年发起了一项有吸引力的私有化方案，吸引了外国投资者的注意。

这些有利的发展增加了众人对私募股权的兴趣。1997 年，60 多个新的私募股权基金运作，管理的资本总额超过 80 亿美元，是两年前的两倍。[11] 增长势头表明了，一些主要的国际银行和私募股权基金（如安宏资本）在该国开设办事处。巴西准备建立一个可信的私募股权市场，能够在经济增长和私营部门迅速多样化的时候为众多公司提供资金。

2000 ～ 2003 年“核冬季”：由于巴西经常出现经济进展停滞不前的情况，在未来几年中，在国际和国内因素的共同作用下，使经济发生转变，这不是巴西所独有的，例如在 1997 年亚洲金融危机蔓延全球，俄罗斯政府违约一年后，在 2001 年互联网泡沫破灭，导致已经流入新兴市场的国际资突然紧缩，在金融市场中一直重复出现的模式里，投资者群体为了寻找风险较低的资产而对出口进行了抵押，如第 5 章详细讨论的那样，这些事件不可避免地导致了新兴市场私募股权的严重挫败，巴西也不例外。

同时巴西受到严重的国内问题的困扰，这进一步破坏了早期私募股权继续增长的前景。最严重的危机是货币危机，导致巴西雷亚尔在 1999 年 1 月中旬至 3 月初损失了近两倍的价值，[12] 给整个经济带来毁灭性的后果，最有经验的私募股权投资者在经济严重低迷下陷入了困境。对于国际基金经理，1999 年贬值前的美元投资实际上注定会为投资者带来负收益，除非他们无限期地延迟退出。以当地货币计算的投资组合公司无论表现如何，以美元计算的估值的巴西雷亚尔一旦暴跌，就无力贬值。

2001 ～ 2002 年，20 世纪 90 年代创立的巴西私募股权基金的铁事结果逐渐减少。与许多其他新兴市场国家一样，巴西的表现远低于投资者的期望，而筹集额外资本的机会也突然全无。那么多年都很失望的老牌巴西私募股权投资者认为这个时代是行业的“核冬天”，这是一个严峻的经济损失时期，更重要的是，有大规模流离失所的投资者。许多人甚至猜测资产类别是否非常不可靠，或许它不会恢复平常。

2004 ～ 2010 年繁荣时期：只有当这种悲观的前景似乎成为一个既定事实时，另一个戏剧性的事件才导致私募股权复苏。2004 年，巴西开始走上了与 10 年前相似的路径，新兴市场私募股权再次引起国际的关注。然而，这一次，不仅强劲的全球经济增长和经历着流动性的增加推动了经济复苏（见表 7-1）。很多人都惊讶，巴西似乎正经历着一个令人信服的情况，“这一次将是不同的”。几乎每个宏观经济指标，巴西都表现出持续的改善，以及令人钦佩的政治稳定。国内生产总值在 2003 ～ 2008 年以每年 4% ～ 5% 的速度增长，通货膨胀终于有所改善，利率大幅下降，货币走强，一系列经济改革似乎为未来奠定了坚实的基础收益。

表 7-1　巴西宏观经济指标，2003 ～ 2008 年

年份	2003	2004	2005	2006	2007	2008
国内生产总值（10 亿美元）	552.4	663.7	882.0	1 089.3	1 366.9	1 653.5
经常账户余额（10 亿美元）	4.2	11.7	14.0	13.6	1.6	−28.2
外汇储备（10 亿美元）		52.9	53.8	85.8	180.3	193.8
通货膨胀率（%）	14.7	6.6	6.9	4.2	3.6	5.7
汇率（巴西雷亚尔 / 美元）		2.9	2.4	2.2	2.0	1.8
人均国内生产总值（美元）	3 090	3 665	4 810	5 870	7 284	8 721

私募股权行业在这一时期的增长的几乎每个指标都与国家强劲的宏观经济保持一致或有所超越，如图 7-1 所示。

筹资和投资随着经济复苏而急剧增加。例如，2004 ～ 2007 年的筹资额从几乎可以忽略不计的 5 亿美元到 50 亿美元以上，增长了 10 倍以上，私人股

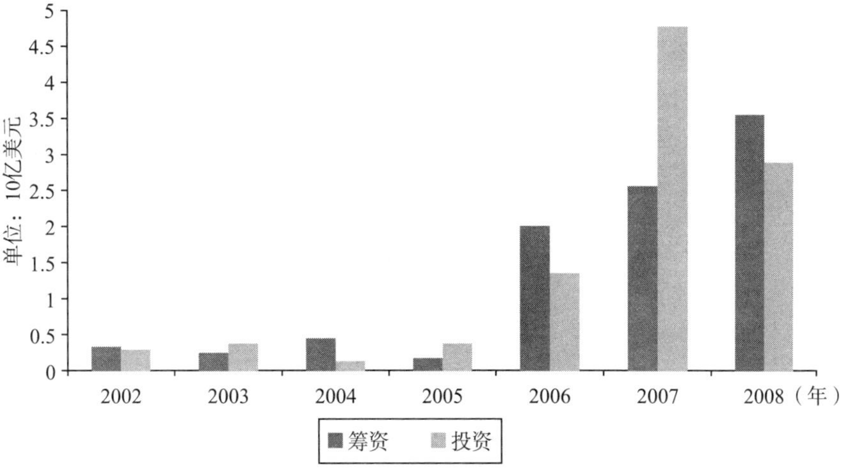

图 7-1 巴西私募股权筹资，2002 ～ 2008 年

资料来源：新兴市场私募股权投资协会（EMPEA）。

本投资也以类似的速度增长，惠及各种行业，包括农业、消费品、药品、电力和电力，以及软件开发。

即使占据了拉丁美洲的国家主导地位，巴西的私募股权转型也令人印象深刻。它在拉丁美洲私人股本投资活动中，所占份额与南半球其他地区相比，在 2002 ～ 2009 年几乎每年都占总筹资额的 55% ～ 60%，占总投资的 50% 以上（见图 7-2 和图 7-3）。[13]

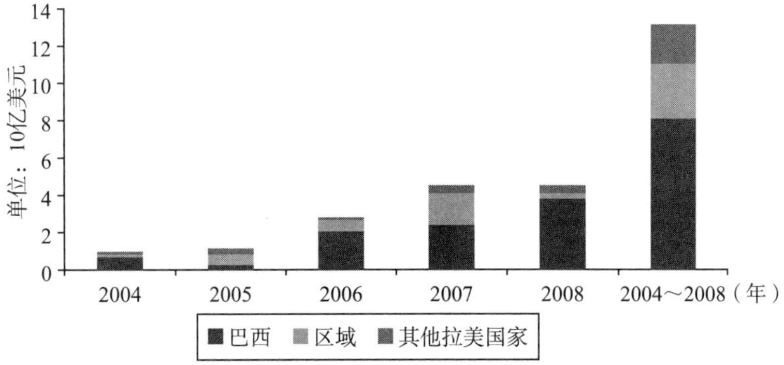

图 7-2 2004 ～ 2008 年拉丁美洲私募股权筹资

资料来源：新兴市场私募股权投资协会（EMPEA）。

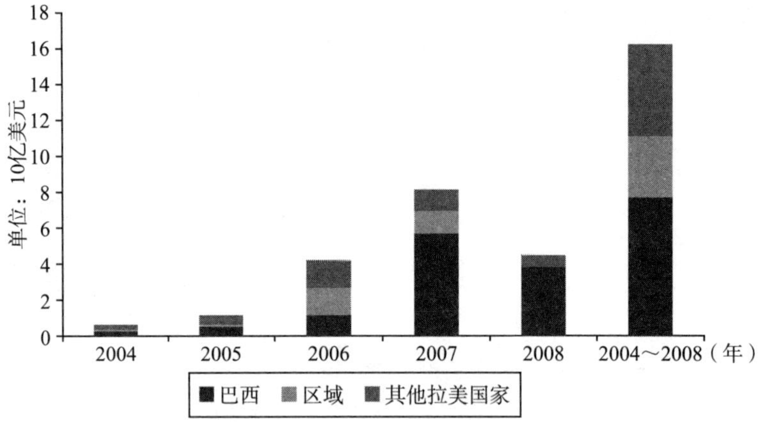

图 7-3 拉美私募股权投资，2004 ～ 2008 年

资料来源：新兴市场私募股权投资协会（EMPEA）。

然而，在私募股权方面，成功的最终晴雨表是退出业绩，这是一个众所周知的难以评估的因素，因为私人股本基金在法律上不需要披露业绩结果。这个难题的一个例外是出口是通过 IPO 实现的。2004 ～ 2007 年，巴西支持的私募股权 IPO 是巴西国内证券交易所（见图 7-4）的全盛时期，与 2004 年之前没有发生过一次 IPO 退出的时期形成鲜明对比，2008 ～ 2013 年，国内 IPO 市场再次可忽略不计。但在这短暂的时间内，私募股权支持的 IPO 的激增大大提高了投资者对资产类别的影响和声誉。

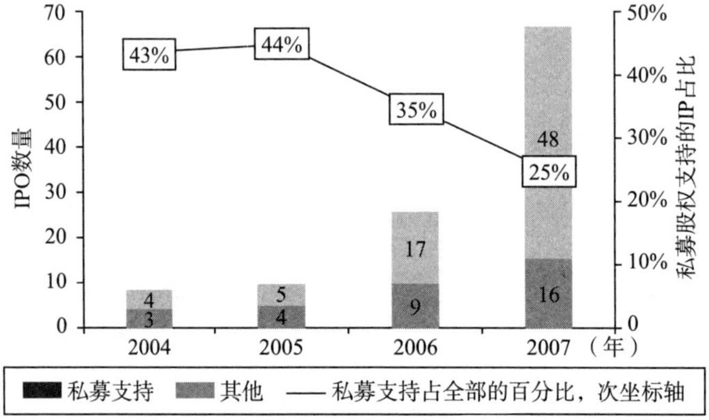

图 7-4 巴西的 IPO 活动，2004 ～ 2007 年

资料来源：巴西证券交易所。

在此期间，所有迹象似乎都有利于巴西的私募股权行业发展。筹资、投资和退出的数量不断增加，这表明市场已经变得越来越成熟，并且拥有广泛的国内外投资者。更令人鼓舞的是，该行业正在通过吸引更多的国内储蓄，挖掘本地技术熟练的从业人员，以及与越来越多的企业家和家族企业建立信誉，来消减地方根源，这些企业和家族企业传统上已经放弃了股权融资的想法。

即使在 2008 ～ 2009 年全球金融危机之后，巴西的经济也表现出弹性。虽然经济合作与发展组织的国家在危机爆发后的 12 个月内国内生产总值下降了 2.7%，但巴西在同一时期增长了 4.9%，而 2010 年增长了 7.5%。[14] 这种令人惊讶的强劲表现，特别是在工业化国家正在从经济衰退中消失的时候，可以预见在投资者中创造了超乎想象的期望。2011 年年初，“经济学家”推测，国际投资者的资金“涌入”巴西，一个主要的国际私募股权基金的负责人自信地喊道，巴西“绝对是目前最有吸引力的新兴市场”。[15]

对巴西私募股权未来前景的普遍乐观态度自然而然地延伸到巴西基金经理。“如果我们成功地筹集了新基金的资本，”一个当地普通合伙人公司的合伙人说，“我对我们的成功充满信心。随着行业以惊人的速度增长，经济表现出前所未有的水平，毫不奇怪，即使是经验丰富的行业专业人士也在欣喜若狂。也许巴西终于准备发挥其潜力。”

重复一个熟悉的场景：被熟悉的预言困扰，巴西永远不会实现其潜力，经济从 2011 年开始再次逆转，所有基本经济指标都显著下降。年度国内生产总值增长率从 2010 年的 7.5% 下降到 2012 年的仅 1%，之后略微上升至 2013 年的 2.3%（见表 7-2）。巴西雷亚尔的价值也急剧下降（2013 年比美元下跌约 13%）；实际利率是世界上最高的；[16] 通货膨胀开始加剧，到 2013 年年底达到 6% 以上；股票市场指数在 2010 ～ 2011 年下降了 18% 以上，2012 ～ 2013 年下降了 15.5%。[17] 巴西不仅在绝对数量方面出现经济疲软，而且其经济增长比其他大型新兴市场国家（如中国、印度和俄罗斯）以及一些拉丁美洲国家（如墨西哥、秘鲁、哥伦比亚和智利）还缓慢。正如过去经常发生的那样，这些不利的经济发展导致投资者信心的下降，而标准普尔在 2014 年 3 月将巴西主权信用评级下调至 BBB-，这是一个只高于垃圾债的地位。

表 7-2　巴西不断恶化的宏观经济状况，2010 ～ 2013 年

年份	2010	2011	2012	2013
国民生产总值增长率（%）	7.5	2.7	1.0	2.3
通胀率（%）	5.0	6.6	5.4	6.2
利率（%）	10.8	11.0	7.3	10.0
汇率（巴西雷亚尔 / 美元）	1.76	1.67	1.95	2.16
人均国内生产总值（美元）	11 089	12 694	11 437	11 311
巴西证券交易所指数	693 05	56 754	60 952	51 507

可以预见，随着宏观经济表现恶化，私募股权融资和投资也有所减少（见图 7-5）。即使在危机后的时期，当经济首先表现出弹性（2009 ～ 2010 年），私人股权筹资和投资活动仍然远低于 2006 ～ 2008 年所达到的水平，有迹象表明，巴西相比其他新兴市场已经失去了投资者。

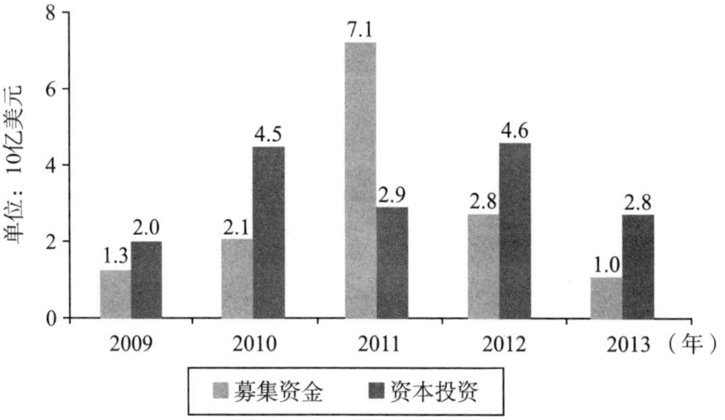

图 7-5　巴西私募股权的筹资和投资，2009 ～ 2013 年

资料来源：新兴市场私募股权投资协会（EMPEA）。

虽然 2011 年有转好的迹象，私募股权活动开始增多，但乐观情绪证明这是短暂的。2012 ～ 2013 年，筹资和投资分别下降了 64% 和 39%，尽管拉丁美洲其他国家的可比数据在这一时期也令人失望（分别下降 38% 和 22%），但巴西的情况更糟糕。在对有限合伙人公司新兴市场私募股权偏好的一项调查中，反映了投资者信心的下降，显示巴西在 2011 年吸引力排名中排名第一，2013 年排名第六。[18]

这些令人失望的数字使我们很容易得出结论，资产类似乎在巴西面临着一个不确定的未来。然而，这种悲观的解释忽略了在过去 20 年中取得的重大进展。对私募股权行业的一个更细致的评估，除了弱点之外，不仅仅是一个严峻的未来，而是一个显著的优势。

巴西的私募股权生态系统：评估 20 年的逐步进步

在任何新兴市场国家，巴西 20 年的私募股权史描述了一个可以说是持久和成熟的行业概况。虽然巴西生态系统与发达国家并不相称，宏观经济波动继续阻碍一些投资者，但支持可持续私募股权行业所需的支柱却逐渐增强。

多样化的国内外普通合伙人公司的出现：尽管理所当然的是，巴西的私人股本权益的稳步增长将伴随着全球公司的数量的激增，但是在 2000 年年初几乎没有人预测到人口密集的地区由不同的本地和外国基金经理组成。当资产类别在 20 世纪 90 年代末首次获得动力时，除了几个显著的之外，外国基金经理主导该行业，就像几乎所有其他新兴市场的情况一样。相反，10 年后，普通合伙人公司人口的组成显著不同，小型、中型和大型基金经理的多样化人口，许多由巴西人发起和管理（见表 7-3）。[19]

表 7-3　巴西私募股权基金经理的组成

	2004 年		2009 年	
起源	数量	百分比（%）	数量	百分比（%）
巴西	53	74.7	102	73
拉美	–	–	3	2
美国	10	14.1	22	16
欧洲	4	5.6	7	5
其他	4	5.6	6	4
总计	71	100	140	100

资料来源：GVcepe of FGV-EAESP Fundação Getulio Vargas.

此外，存在大约十几个数十亿美元的外国和巴西收购基金，其质量与美国和欧洲的对手无法区分（除了其专业团队的巴西组成）。[20] 除此之外，小型的风险资本基金数量不断增加，这些基金也类似于发达国家的风险资本基金，专注于初创企业和早期本地公司。中间是中型增长资本基金，专注于巴西私营部门的庞大中心，其中成千上万的成熟公司在不同部门经营。

深化巴西私募股权专业人士：巴西管理型普通合伙人公司的稳步增长伴随着合格的本地私募股权从业者人数的扩大。

即使是拥有巴西办事处的外国普通合伙人公司也几乎完全由巴西专业人员组成。例如，凯雷集团是世界上最大的私募股权公司之一，拥有超过 2000 亿美元的资产管理和遍布六大洲的全球办事处网络，于 2010 年开设了保罗办事处，由 100% 的巴西人管理以巴西雷亚尔和美元计价的资金。这种转变已经大大加深了熟练的土著从业人员实践私人股权的亲身经验，这对行业的长期未来是一个良好的预兆。[21]

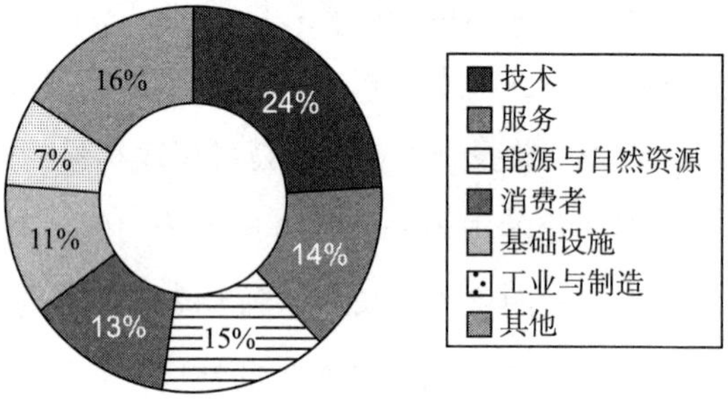

图 7-6　2013 年巴西私人股权投资

资料来源：新兴市场私募股权投资协会（EMPEA）。

私募股权投资几乎渗透到经济体的每个部门：随着私募股权投资行业逐渐扩大，几乎没有任何部门被基金经理忽视（见图 7-6）。同样在其他新兴市场见证的模式，投资者特别关注城市中产阶级迅速崛起所产生的交易流。作为一个普通合伙人公司的合作伙伴，他说：“让我们兴奋的是当地的国内消费市场。”[22] 尽管巴西经济在过去 20 年间经历了起伏，但在 1995 ～ 2012 年，人均国内生产总值（PPP）从约 6500 美元增加到 12 600 美元，而基尼系数从约 0.6 下降到 0.53。[23] 换句话说，随着人口在人均基础上变得越来越大和越富有，收入不平等正在减少。

但巴西的私募股权交易流程的范围远远超出了正在成长的中产阶级所带来的机会。与早期的行业增长不同，例如，普通合伙人越来越专注于商业和住宅房地产，并且历史上所有的基础设施行业都被投资者忽视了。[24] 因此，巴西的普通合伙人公司成为一个越来越多样化的私募股权投资行业，投资于私营部门的每一个角落。

高级解决方案的首次公开发行

20 世纪 90 年代中期，一位拥有宏大雄心和有限资本的巴西软件工程师创办了一家名为“高级解决方案”的公司，为大型银行、保险公司和其他金融机构设计定制软件。公司首席执行官和总裁贝尔纳多记得很清楚，在创业之初，他的新公司遇到了一些挑战：

“高级解决方案公司最开始只有我自己和另一个员工。作为软件设计师，我们在开始时不需要太多的资金，我们通过个人储蓄和第一批客户产生的现金流来为运营提供资金。然而，到了21世纪初，我们在软件领域的利基经历了极快的增长。但该部门效率极低，数百家资金不足的软件供应商之间的竞争激烈，无法获得所需的融资，从而成长到一个新的水平。我们相信，争取竞争对手的最佳方式是通过收购快速实现规模。虽然我们可以在一个充满活力的部门证明稳定的增长和盈利，银行没有注意我们，因为我们的规模小，作为一个服务公司，我们没有固定资产、房地产或任何其他提供作为贷款的抵押品。该行业已经巩固，但每个人都陷入了同样的融资障碍。我相信我们的公司可以成为一个市场领导者，如果我可以筹集资金，使用收益来收购一些竞争对手，并实现规模。”

在21世纪初，贝尔纳多会见了超过15个私募股权基金和其他投资者没有成功。然后，2004年，贝尔纳多终于与中型私募股权基金云彩集团和巴西的银行进行了认真的谈判，[25]该子公司或巴西开发银行专门为中小型公司提供股权融资，而且已经是该公司的贷款人。经过近一年的努力和艰难的谈判超过可接受的估值，贝尔纳多终于同意在2005年向两个外部投资者出售36%的股权。一旦公司被第一次大额注资强化，两年内三个收购就会提上日程。贝尔纳多解释说：“除了强化资产负债表外，我们还受益于我们的新董事会成员（来自云彩集团的高级合伙人和来自巴西的银行的代表）的参与。他们积极参与我们每月的董事会会议，并在制定和实施我们的增长战略方面发挥了重要作用，云彩集团团队也积极参与了我们与每个收购目标的谈判，一旦我们有一个知名的私募股权公司作为股东，公司突然受到以前忽略我们的客户的关注，云彩集团为公司提供了我根本没有的信誉和专业知识。”

2005～2013年，高级解决方案公司的收入以25%的年复合增长率从

950万雷亚尔增长到5670万雷亚尔，并且建立了180多个客户的名单，其中包括巴西十大银行。到2012年，虽然该部门仍然高度分散并且进行了成熟的额外整合，高级解决方案公司被广泛视为市场领导者（见图7-7）。正如贝尔纳多所解释的："现在我们准备进入下一个满足所有要求的级别，成为一家上市公司，这将使我们能够利用更深层次的资本。随着IPO的成功，我们可以继续进行收购，提高我们的信誉与客户和其他来源，并保持我们的强劲增长和金融底线。"

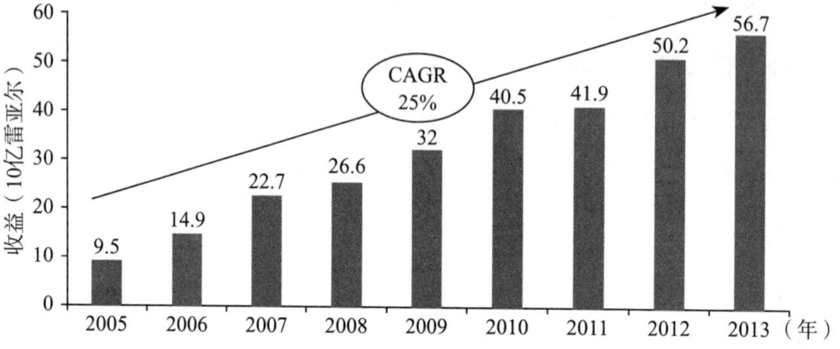

图7-7 高级方案的发展

资料来源：云彩集团。

随着云彩集团继续发挥积极的咨询作用，高级解决方案分两步上市。2012年，公司符合所有证券交易所要求，并正式上市公司。一年后，该公司成功地筹集5700万雷亚尔，成为BOVESPA历史上最小的IPO之一。大约60%的净收益进入公司，为未来扩张提供资金。余额被分配给IPO之前的股东（例如，创始人、公司员工、云彩集团和国家经济和社会发展银行）。

中间市场：一个等待起飞的私募股权机会

与任何新兴市场国家一样，巴西是一个典型，它充满挑战、风险，最重要的是，充满私人股权投资者的机会，专注于广泛、高度多样化的中产阶级公司的机会。如图7-8所示，估计有17 000家年收入在3000万～2.5亿美元的公司占据了巴西私营部门的这一大片区域，是分类为“大”数字的 5 倍多。[26]

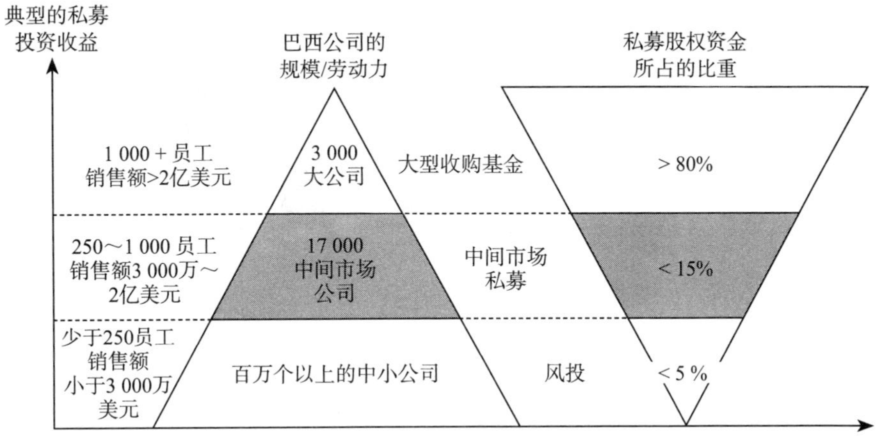

图 7-8　巴西不发达的中间市场

资料来源：云彩集团，2013 年。

这些中型企业的典型特征中许多都类似于其他新兴市场国家：由创始人或其家庭成员拥有和管理；无法获得中长期资本扩大业务或者获得的业务有限；管理技能的弱化，随着公司的发展和竞争压力的加剧，管理技能变得越来越明显。简单来说，这个中间市场公司提供了增长资本私募股权投资机会的一个典型例子。正如一位巴西基金经理解释的那样：“中型企业已经准备好出现，但是服务不足，无法获得其他资本来源，这可能是潜在风险所在的地方——当今世界的投资。”然而，2010 ～ 2013 年，针对这个所谓的最有效点从 2010 年的 50 个减少到 2013 年的 25 个，在同样的四年期间中期市场交易占私人股本交易总额的百分比从 2010 年的 76% 急剧下降到 2013 年的 45%（见图 7-9）。[27] 一位巴西私募股权投资者透露，如果没有惊人的低估，那么“一个拥有成千上万中型公司的是世界第七大经济体的驱动因素，令人非常失望的是，我们每年完成如此少的中间市场交易。评论和基本数据明显地肯定了本书的一个大前提：无论如何，巴西私人股本投资者投资的最大不足是私营部门严重不足”。

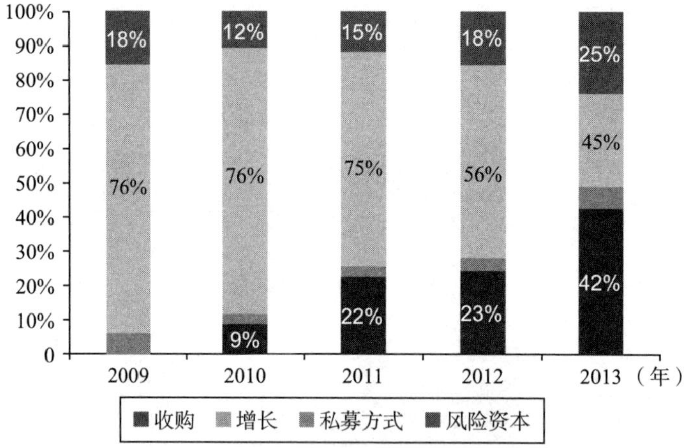

图 7-9　2009 ～ 2013 年巴西的私募股权投资

资料来源：新兴市场私募股权投资协会（EMPEA）。

巴西全球中型企业的外部筹资

许多解释说明了大量潜在的中间市场交易流量和针对这些公司的投资活动量之间的间断。这个细分市场的问题从筹资开始。不仅在巴西，而且在大多数新兴市场国家的中型市场基金经理，重复无数次的重创，一个拥有 10 年业绩记录的普通合伙人公司的失败的创始合伙人解释道："我花了两年时间试图筹集一个基金，虽然这个过程对于像我这样的小基金是非常昂贵的，在安置代理的帮助下，我在 2011 ～ 2013 年访问了美国和欧洲 80 多个有限合伙人公司，但我还是认为他们对投资一个小基金并不热衷，他们对巴西经济形势的恶化感到紧张。除了有一两个之外，几乎每一个尝试在外部募集资金中都遇到同样的结果，这可能是出于类似的原因。[28] 虽然其中一些普通合伙人公司自 2000 年年初以来一直在巴西经营（例如，见"高级解决方案的首次公开发行"），国际有限合伙人公司发现它们想要相对于它们的替代品。

在熟悉的新兴市场模式中，国际有限合伙人公司表现出极大的偏好，投资大量的资本与少量巴西最大的品牌普通合伙人公司。例如，2011 年，在 71 亿美元的总资金中，99% 的资金只流向了五个非常大的普通合伙人公司，每个都有超过 10 亿美元的资产管理规模。[29] 2012 年是一样的，五个普通合伙人公司占据了募集资金总额的近 75%，总额大幅下降 28 亿美元，因为巴西作为新兴市场投资目的地的声誉因宏观经济表现持续恶化和市场上的大型基金较少而大幅恶化。

随着数十亿美元的投资，少数大公司相互竞争，在巴西私营部门金字塔的顶部执行交易，有 3000 个大公司在一个相对小的平台上（见图 7-8）。这些普通合伙人公司只是变得太大，不能在中间市场进行投资。"这些大型基金中的一个合伙人承认"，投资组合公司的个人投资范围从 80 美元到 2 亿美元不等。具有讽刺意味的是，它们往往针对同一个大型公司，最容易获得传统的融资渠道，而不像中等规模的公司继续受到融资缺口的影响。

私人股本投资的主要目的地与潜在交易流量最大的 17 000 家中小型公司之间存在严重不匹配。这是竞争不太激烈，估值相对具有吸引力，部门效率低下（例如分散）为幸运地接受私募股权投资的公司创造潜在的巨大增长机会。但从巴西中等规模全球公司寻求外部募集资金的失败结果来看，外国机构投资者显然没有投入少量资本的兴趣。避开这些基金经理的规模而言，国外有限合伙人公司有许多显著不同，当比较国外的有限合伙人公司和少数大普通合伙人公司时，例如可接受在成功退出交易时获得较低回报的投资，在更长的投资期间中许多中型交易与他们的专业交易团队相比缺乏经验。[30] 由于国际筹资市场前景有限，大多数中型普通合伙人公司的未来生存主要取决于他们从巴西有限合伙人公司吸引资本的能力。虽然一些国内机构投资者正在逐渐增加其对资产类别的敞口，但这种融资选择的演变有其自身的障碍。

增加当地货币筹资的挑战

正如在监管方面的变化一样，在美国和其他发达国家私募股权活动的急剧增加（见第 2 章），巴西政府试图通过重置最大额养老基金来强化 2009 年的资产类别可以投资资产管理规模的 2% ～ 20% 的私人股本。作为 2011 年国内储蓄最大的储备库，拥有约3400亿美元的资产管理规模，巴西约400个养老基金是私募股权投资者在其国内资本的一个巨大的未开发的来源。然而，与美国和其他发达国家发生的监管变化不同，巴西养老基金仍然不愿意开放，这让普通合伙人感到沮丧。

增加当地货币对私人股本融资的最大障碍是利率环境。从历史上看，巴西使用了积极的货币政策来控制通货膨胀，导致实际利率在世界上处于最高水平。[31] 因此，投资者都没有机会增加收益，部分资本用于风险较高的金融资产类别，这是大多数国家的做法。一个著名的地方养老基金的首席投资官解释说："巴西养老基金文化一直都是固定收入，因为我国有高利率的历史。这种强劲的固定收益偏差来源于巴西长期的定价债券，为投资者提供了官方通货膨胀率的扩大。"例如，如果巴西10年期国债发行7%的票息，通货膨胀率为6%，投资者自动产生13%的回报，定期调整，以反映官方通货膨胀率的变化。因此，政府当局制定了不正当的激励措施，允许养老基金和其他大型机构投资者通过投资于高流动性、无风险的政府债券，持续产生5%～7%的实际收益。相反，机构投资者没有动力将资本分配到私人股本流动性和风险相对较高的地方——无论普通合伙人公司的业绩如何。

巴西养老基金投资官解释说："我很难说服我们的董事会承担私募股权固有的额外风险，当我们能够从我们的固定收益投资组合中持续获得至少6%的实际回报时，我可能偏好私募股权并欣赏构建一个多元化的金融资产组合，固定收益对像我们这样的受托人来说是完全有道理的。保罗·麦德龙员工的养老基金表示，巴西养老基金获得了非常吸引人的回报，表明2012年的合并财务收益达到令人羡慕的19.5%。68%的投资组合分配给固定收益证券，不到6%投资于包括私募股权投资在内的替代资产。[32] 另一家中型养老基金的首席投资官具有类似的业绩记录，只有对私募股权的适度分配，虽然我个人偏好有吸引力的资产类别，但是私募股权对我这样的小基金来说是一项浩大的工程，有更多的风险，特别是与固定收益替代品相比，但我们遇到了很多普通合伙人公司治理问题。此外，即使出口良好，它们也总是需要很长时间才能实现。我们的私募股权投资组合中的每个单一普通合伙人公司都要求延长投资期。”[33]

这变得更糟。虽然有限合伙人公司和普通合伙人公司之间在费用结构上总是存在内在的紧张关系，但不管国家如何，高利率和事实上的指数组合使得巴西普通合伙人处于明显的劣势。一位巴西养老基金投资官在 2014 年承认：“我们有良好的定价能力，如果一个普通合伙人公司想得到我们的资本，至少现在他们必须接受我们的条件。不难想象，与其他大多数国家相比，巴西的有限合伙人公司条款非常繁重。例如，所有国家的标准做法是，在利润分配给普通合伙人公司之前（在第 1 章中讨论），有限合伙人公司在其承诺资本（即“跨栏利率”）上获得首选回报。然而，一旦有限合伙人公司接收到他们指定的优惠回报，通常普通合伙人公司就会收到一个等价回报，称为“追赶”，然后剩余的资本收益按比例分配。[34] 由于养老基金前所未有的定价能力，然而在巴西，标准做法被颠倒，这对普通合伙人有害。一位投资人员向普通合伙人公司解释了他的收费谈判策略：“我们坚持高阻止率，加上通货膨胀，我们拒绝任何‘追赶’。如果普通合伙人公司拒绝我们的条款，这对我们来说是一个交易！”因此，如果首选回报率为 8%，官方通货膨胀率为 6%，有限合伙人公司要求有效的 14% 的跨栏率，普通合伙人公司不会从“追赶”中受益。有了这种前所未有的利润分配公式，普通合伙人公司只有在有限合伙人公司获得原始投资的 14% 之后，才开始收取绩效薪酬（例如持有利息）。例如，如果退出的交易产生非常可观的 25% 内部收益率，则普通合伙人公司的流动利率份额将只等于 11%。这些异常苛刻的条件在发达国家闻所未闻，在这些国家，有限合伙人公司不享有类似于巴西对手所施加的杠杆的任何东西，这些条款在其他新兴市场也不常见。

在另一个偏离标准国际私募股权规范的情况下，许多巴西养老基金将一部分资本分配给私募股权的先决条件是参与普通合伙人公司的投资委员会。实际上，这些有限合伙人公司坚持是积极而不是被动的投资者，参与通常是普通合伙人公司的专有权限的决策。不仅一些有限合伙人公司在评估正在考虑投资的个人交易的质量方面的经验和资格有限，而且普通合伙人公司经常抱怨说，他们的参与常常使决策过程复杂化并延误决策过程。“他们的内心完全不正常，”一个普通合伙人公司抱怨说，“但除非我们加入他们的条款，不然我们将失去业务。这并不奇怪，因此，几乎没有任何有规模的巴西公司总是热情地从国内投资者募款。相反，他们勉强接受这个浮士德式的交易，以希望生存的环境迟早将改变，谈判会在一个更公平的竞争环境下进行。”[35]

“如果利率将开始下降，”一个巴西有限合伙人公司承认，“我们将有更多的激励，使我们的投资多元化，一切都会使私募股权行业发生变化。”在2009～2012年这一短期内，有一丝希望会通过这种预测。“从2009年开始，随着利率开始下降，我们开始更积极地多元化，更加看重私募股权和其他替代资产。”据一个本地有限合伙人公司所说。但是，一旦高通货膨胀的逼近威胁回归，这种有利的趋势证明是短暂的。在2013年1月开始的12个月期间，国家经济和社会发展银行同业拆借利率从7.25%稳步上升至10%，[36]打破了对私募股权投资者更有利的国内筹资环境的希望。

尽管由国内利率环境造成近期阻碍，一些迹象表明，资产类别将随着时间的推移从巴西机构投资者获得更有利的接待。作为最大的养老基金之一的高级投资官预测：“我们对巴西的私募股权长期非常乐观，我期望我们的分配会增加，我们建立内部信心，更多的本地普通合伙人公司满足我们的标准。此外，由于我们是该国最大的养老基金之一，其他人可能会跟随我们的脚步，而私募股权的本地资金将增加。”尽管支持这种更乐观预期的数据很少，但是这种观点受到轶事证据的支持。例如，有限合伙人公司和普通合伙人公司之间存在广泛的共识，即负责评估私募股权机会的熟练的巴西专业机构投资者池逐渐深化，一些最大的养老基金甚至创建了专门从事资产类别的整个部门。[37]

政府的催化作用

国内金融机构不愿意将资本用于私募股权，但最显著的例外是巴西国有的开发银行，通常被称为国家经济和社会发展银行。[38]该银行成立于1952年，自20世纪90年代以来，国内私募股权投资业仍处于起步阶段。为了充分体现国家经济和社会发展银行的巨大规模和影响力，该银行在 2013 年向广泛的巴西公司（包括私人和国有公司）发放了 1900 亿雷亚尔（见图 7-10），约为世界银行同年统计的全球总额的 3 倍。

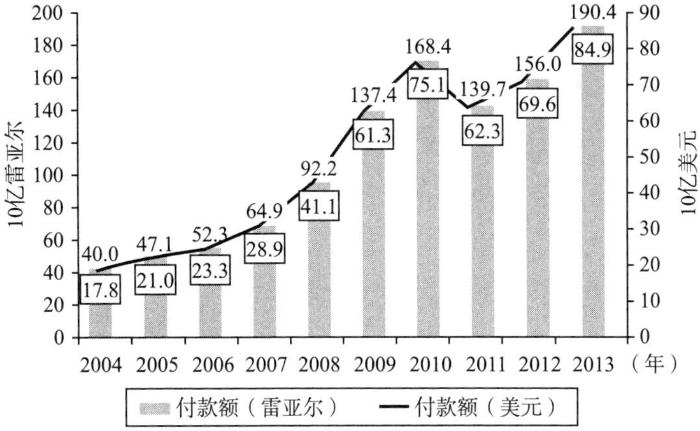

图 7-10 国家经济和社会发展银行的付款额，2004 ～ 2013 年

注：截至 2014 年 5 月 7 日，从雷亚尔转换为美元。

资料来源：BNDES Annual Report，2013。

通过巴西私人股权历史的起伏，在大多数其他新兴市场国家，国家经济和社会发展银行比政府所有的金融机构发挥了更为突出的作用，为行业提供了直接和间接的支持。一位资深的巴西基金经理解释说，没我们从旨在促进当地私募股权和风险投资的特别政府计划的支持，“我们不会走到今天这一步”，这些计划证明政府对私募股权的支持可以作为有效的催化剂。

国家经济和社会发展银行融资任务的一个重要部分是作为一个有限合伙人公司提供资金到精心挑选的巴西普通合伙人公司，投资中小型公司。与国际金融公司和一些其他私营部门导向型发展金融机构作为私募股权融资的主要来源一样，发展银行也作为催化剂发挥着巨大影响力的作用，吸引了更多支持国内私募股权基金的基金经理。例如，2011 年，该银行发起了一项计划，向 10 个巴西普通合伙人（8 个中等规模私募股权基金和两个风险资本基金）投资 15 亿雷亚尔（约 6.7 亿美元）。国家经济和社会发展银行对每个基金经理的财务承诺限制在每个基金的 25%，其余预计将从其他国内有限合伙人公司提高。该银行开展了精心的普通合伙人公司选择过程，优先考虑基金经理，承诺投资于专注于农业企业和乙醇 / 生物发电行业企业的基金管理者给予优先权。BNDES 1/3 的优先权是用来支持当地的基金管理者，他们承诺在加强公司治理中，着重于投资组合公司，而不是组合部门。[39]

三年后的 2014 年 4 月，BNDES 成立了一个相似但却规模更大的项目，财务分配达到 30 亿雷亚尔（大约 13 亿美元），其取决于 12 个私募基金和风险投资基金。随着 2011 年的倡议，BNDES 作为锚定投资者，为每一个基金管理者提供上升至总资产的 20%。为了顺应全新的倡议，一般合伙人需要符合 BNDES 一系列的标准，包括：

- 可查询的渠道记录，包括出口能力；
- 资历以及管理团队之前对私募基金的管理经验；
- 坚持承兑基金管理者的管理秩序；
- 竞争管理和表现费；
- 对其他有限合伙投资者具有约束力的承诺。

银行估计，如果对希望提高和改善其经营管理模式的公司完全承诺，它的资源在大约 90 家公司中的（私募基金）投资可以进行上升至 100 亿雷亚尔的举债。[40] 这样，就可以如同以往的项目一样，BNDES 通过对私募基金投资的金融资源，实现其吸引其他国内金融机构投资者参与的目的。更重要的是，BNDES 预计其金融投资将会刺激到巴西一些抚恤基金机构，使得它们反思当初不愿承诺给私募基金资本的行为。[41]

一个不确定的未来

正如本章之前说的，在过去的 20 年里，巴西私募基金的系统已经实现了跨越式的发展。与巴西相比，几乎没有新兴市场国家拥有更多、更全方位的基金管理者，巴西的基金管理者在不同平台的每一次私募基金循环的周期内积累了丰富的经验。BNDES 与其他政府机构，共同促成了对私募基金产业支持的可信服的交易记录，并且尽管由于持高不下的高利率导致了一些不良因素，依旧有越来越多的国内投资者逐渐愿意分配一部分对私募基金的核心权力。这样，许多对繁荣的私募基金产业的重要支柱已经就位，并且会随着时间的推移越来越强。

然而，一个当地的投资者发现了令人沮丧但却真实的评论，经过了 20 多年的努力，巴西的私募基金依然处于初级阶段。尽管这听起来像是一个过于苛刻的评价，但依旧有相关证据显示世界第七大经济体的资产分类仅仅才刚开始。在专项贷款信用中有两个指标可以证实这一结论。第一，私募基金的投资无论是与绝对的市场相比还是与其他发达的私募基金市场相比，在巴西 GDP 贡献中均占有很少百分比（详见图 7-11）。

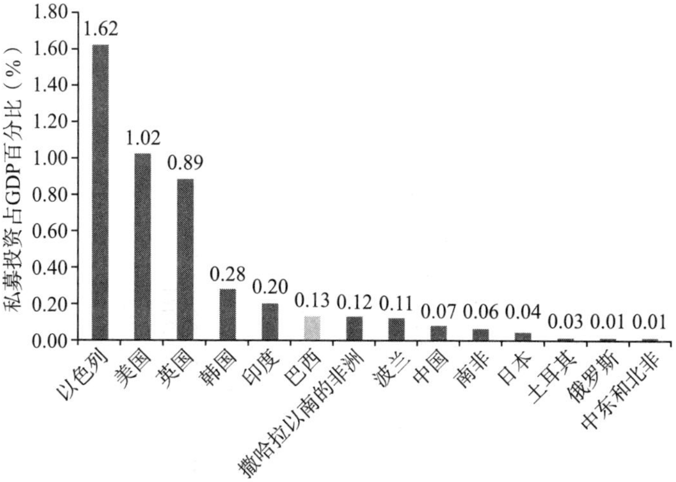

图 7-11　私募基金在巴西与其他国家所占份额的比较，2013 年

注：渗透率表示在特定时期内私募股权投资占 GDP 的百分比。

资料来源：新兴市场私募股权投资协会（EMPEA），国际货币基金组织，管理层买卖研究中心，项目建议书，以色列风险投资研究中心，亚洲私募股权评论。

第二个指标则进一步证明了该产业未能满足潜在的能力：尽管巴西有成千上万的公司是金融资源和私募基金投资者价值创造能力的潜在受益人，但是在这些公司里，年度完成交易的公司数量却少的惊人，在 2013 年只有 55 笔执行交易（详见表 7-4）。

表 7-4 2013 年巴西不同阶段的投资

年份	2009		2010		2011		2012		2013	
阶段	交易宗数	占总交易宗数的百分比（%）	交易宗数	占总交易宗数的百分比（%）	交易宗数	占总交易宗数的百分比（%）	交易宗数	占总交易宗数的百分比（%）	交易宗数	占总交易宗数的百分比（%）
收购	6	18	8	12	10	15	14	18	14	25
增长	26	76	50	76	40	75	45	56	25	45
PIPE	2	6	2	3	2	3	3	4	1	7
风险投资	–	0	6	9	15	22	18	23	15	42
总交易宗数	34		66		67		80		55	

资料来源：新兴市场私募股权投资协会（EMPEA），2014 年 2 月（截至 2013 年 12 月 31 日的数据）。

在巴西，私募基金产业由于其巨大的潜力而运行得很好，这是不可否认的。相比于大多数新兴市场，巴西被认为是两极分化的结构。底端是一小部分核心的基金管理者，这些人具有足够的能力从复杂的国际投资机构获得数十亿美元的基金。尽管在市场高端依旧存在着激烈的竞争，给估值带来上行压力，但仍旧有少量证据显示这些公司中最好的公司也不会为了巴西私募基金，而持续引进外部资本注入的最大份额。时间将会告诉我们是否会有大量的交易随着一般合伙人而进入，这些一般合伙人数量有限，并且占据着私营部门尖端的大公司。然而，提及收缩吸引投资展望的支持，很多一般合伙人已经开始调整战略，正如西方许多垄断基金的转型方式，逐渐向多元化财产管理转型（详见第 2 章）。这一变动最明显的结果可能是将他们的注意力以及除主流私募基金的投资机会资源进行再调整。

在这些大型基金组织下还有许多中小型基金管理者，在本书中强调的是，他们的投资机会主要针对成千上万中型公司和许多濒临破产公司。由于筹款困难，这些一般合伙人中的大多数屈才去做金融家和价值创造者，与一些现实的合作伙伴去处理无尽的巴西私营部门中段大部分的业务。只要利率异常持续走高，同时实际指数化合乎规范，大多数的中型一般合伙人本土筹资依旧困难[42]，他们与国际有限合作人的展望将不会有任何发展。尽管相关证据是传闻，正如一个有着十多年经验的巴西一般合伙人说道："中型市场的私募基金产业不仅没有增长，而且由于筹资问题还有可能导致收缩。"

不管这个严格的评估是否有所夸张，其揭示的挑战必须得到解决，以便更好地服务于巴西大量私营部门中段的需求。尽管政府对推进中型市场的私募基金做出了努力，但讽刺的是，巴西中型市场私募基金发展的最大障碍之一就是巴西政府专治的货币政策。真实的高利率的强加有效地使得国家对生产性私营部门的投资减少。如果这些比率降低，那么就会吸引相当多的本土货币为私募基金尤其是中型一般合伙人融资。这一改变将会加速私募基金产业初级阶段的过渡期，并且使其意识到作为经济中重要的资源以及价值创造者的潜力，对巴西私营部门更大、更多样化有着重要的意义。

Private Equity
Investing
in Emerging Markets

第8章

肯尼亚：前沿市场的挑战和机遇

在非洲交易机会众多，但需要你主动出击。在西方国家，投资银行家会为你带来交易机会，但是在非洲，交易机会隐藏在食物链中，你必须更努力，并且明白与交易对手建立关系需要时间。

——关注非洲的基金经理

肯尼亚的人口结构极具吸引力。拥有着青年和中产阶级资源，加之国家及各行业经济增长率良好的增长潜力，我对他们的私募基金产业增长持乐观态度。

——关注非洲的机构投资者

一位住在内罗毕的私募基金投资顾问提到，向那些境外人士解释非洲不是一个国家是最大的障碍之一。他说："非洲有54个国家，每一个国家都有其独特的文化、种族构成以及经商环境。未来的投资者，无论是私募基金投资者还是其他，都必须考虑到这一点。你不能认为边境两边是完全一样的。"[1]本章会提出，肯尼亚有其自己的特征，包括它有着作为东非地区金融和商业的中心。从私募基金角度考虑，相对较大的人口规模以及悠久的历史，这使肯尼亚在某种程度上有别于其他53个非洲国家的绝大多数肯尼亚。但是抛开这些差异不谈，肯尼亚与其他非洲国家以及其他正在努力建立私募基金产业的低收入发展中国家，相同点大过不同点。

投资者因而会简单地将肯尼亚纳入所谓的前沿市场的范畴。这是一个宽泛的分类，其中囊括了最小和最欠发达的国家，这些国家的大多数直到最近才被私募基金投资者注意到。尽管这个标签的定义不明显，就像其他试图将发展中国家分类的标签一样。根据国际货币基金组织，前沿市场通常指世界上最贫穷的国家。[2] 并非巧合，无论怎么考虑，这些国家的经济部门一般有了相对的雏形，但是缺乏吸引私募基金投资者大量涌入的投资机会。尽管表达起来会有点不同，如果在第 2 章中叙述的私募基金生态系统是对的，即所有的新兴市场落后于发达经济体，那么前沿市场就要更靠后，而肯尼亚就是这些国家的主流。

肯尼亚差不多有 46% 的人口在贫困线以下，是世界上最贫困的 40 个国家之一。[3] 像落入这个不幸分类的其他大多数国家一样，肯尼亚受制于落后的基础设施、低效的金融系统、不完善的监管体系和法律架构。所有的这一切阻碍整个经济运行。在世界银行的经商适宜度排行榜中，肯尼亚在 2014 年的 189 个被调查国家中排名 129，比上一年下降了 7 名。说明这对投资者来说是个不小的挑战。甚至以前沿市场的标准来说，肯尼亚在创业指标上排名 134，在合同执行力指标上排名 151，在电力供应指标上排名 166，说明肯尼亚对投资者来讲，依然是具有挑战性的选择。获得融资对于许多肯尼亚企业来说也是一个主要的障碍。中小企业融资 61% 依靠内部融资，24% 依靠银行，8% 依靠股权投资。然而，这仍然比撒哈拉以南非洲的平均水平好一点，在那里，中小企业投资项目大约有 79% 依靠内部融资。[4] 2008 ～ 2013 年肯尼亚的宏观经济指标如表 8-1 所示。

表 8-1　肯尼亚在 2008 ～ 2013 年的宏观经济指标

年份	2008	2009	2010	2011	2012	2013
国内生产总值（10 亿美元）	30.5	30.6	32.2	34.3	40.7	45.1
经常账户余额（10 亿美元）	−2.0	−1.7	−2.4	−3.8	−4.3	−3.7
通货膨胀（%）	15.1	10.6	4.3	14.0	9.4	5.7
人均国内生产总值（美元）	785.8	768.4	787.9	816.8	942.5	1 016.5

资料来源：国际货币基金组织。

类似于其他前沿市场，肯尼亚相比于更发达的新兴市场，其私募基金才刚刚起步。与中国、巴西和其他一些在过去的15年间吸引了最多投资者目光的新兴市场国家相比，肯尼亚更新、更小且更不健全。但值得回顾的是这些较大国家中私募基金的形象在20世纪90年代后期相似，当时基金经理“先驱”们刚刚着手于新兴市场的投资。当时，中国实际上没有私募基金活动，巴西也只有少数几个基金刚刚起步，在这些市场中资产分类还几乎没有被讨论过，描述当地私募基金产业用得最多的词汇就是“新生”。

如今的肯尼亚，少有私募基金从业者不用同一术语来描述这一行业。但是如果这意味着规模小、全新的产业，其也表明事物的增长潜力，这一潜力还会因肯尼亚的人口结构得以增强。肯尼亚的人口从1963年（摆脱英国统治，获得独立）的大约1000万人增加到2013年的4000多万人，其中估计有2/3的人年龄在25岁或以下。近年来，GDP增长令人印象深刻，从2009年的306亿美元增加到2012年的407亿美元。与其他国家一样，强劲的经济表现推动了中产阶级的快速扩张，从而推动了新企业的出现，以适应拥有可支配收入的消费者队伍的不断壮大。正如一个机构投资者所说：“肯尼亚的人口结构非常具有吸引力。随着青年和中产阶级的壮大、国家的经济增长率和各行业的良好增长预期，我对今后私募基金产业在当地的发展持乐观态度。”

正是这种对有吸引力的人口结构的乐观态度，吸引了越来越多的私募基金投资者到肯尼亚，他们认为这个市场是一个关键的接入点，从而激发该地区其他一些国家的一些增长动力。一位投资者说：“那些看到消费者在巴西、印度和中国等新兴市场爆炸式增长的人认识到，非洲现在已经准备好进行同样的大规模扩张。到2020年，消费品支出预计将增长到5000亿美元。在未来10年内，非洲大陆的2亿多人将从贫困走向低级中产阶级，这会是他们首次有可支配收入以满足基本生活以外的开支。”[5]

一家全球私募基金公司的董事总经理激动地说：“我们甚至不在非洲私募基金的优先考虑名单上。”[6]这种估计准确地揭示了肯尼亚私募基金格局的机会和萌芽本质。揭开肯尼亚私营部门发展的主题，私募基金不太可能进入这一话题。再说到私人资本的流入，内容不过是外国直接投资、汇款和偶尔的小额信贷。企业里大多数成员、商业银行家、政府官员和其他对私人部门生产力和成长能力提升负一定责任的人员基本上不认可私募股权基金。除了几个明显的例外，这种情况同样适用于成千上万的肯尼亚企业家和企业主，他们是潜在的资本和价值创造专业知识的接受者，这些资本与专业知识可以由私募基金投资者提供，以发展他们的业务。然而，有明显的迹象表明，这种情况正在缓慢变化，虽然速度不均匀。

城市中产阶级的快速增长：必要但不充分

与肯尼亚的私募基金投资者一起度过一段时间，一段叙述的展开与在其他任何一个发展中国家的情况都是一样的，这无关地理位置、经济发展水平或规模。围绕资产类别潜力的乐观主义是基于该国的人口结构和一个坚定的信念，即交易流将是强大和可持续的基于最重要的一个原因：城市中产阶级人口迅速扩大。这一新类别的消费者的定义是，它有强烈的偏好将可支配收入用于购买一系列产品和服务——速食、药品、手机、耐用消费品、家具、教育和健康服务。城市居民还呼吁面向消费者的公司，因为更多消费者意味着大幅降低成本，并为面向大众市场消费的公司提供更高的利润。此外，这些消费者比农村地区的消费者更有可能拥有银行账户和上网渠道，这两个因素为扩大消费信贷敞开了大门。

肯尼亚也不例外地具有了这种需求驱动的中产阶级态势，并且不出所料，该国的许多基金经理阐述了一个遵循同样逻辑的投资策略：选择面向消费者的行业，识别市场领导者，利用并执行快速扩张和整合的机会。这种常见的、基于实体数据基础的策略是令人信服的。例如，内罗毕的年度人均收入几乎是全国基准的两倍。[7]在区域一级，非洲开发银行 2011 年的一项研究预测，东非可能表现出非洲各次区域之间最强的增长业绩，到 2060 年，它的人均收入将比 2010 年增加 10 倍。[8]

但肯尼亚还像任何发展中国家一样形象地说明，虽然中产阶级的上升可能是成功的私募基金投资的重要驱动力，但这并不充分。见多识广的投资者认为，相比于更广泛的宏观趋势，私募基金更多地涉及公司和行业内的无数微观因素。如前几章所述，无论中产阶级成长故事如何引人注目，缺乏合格的管理团队和员工队伍、健全的公司治理和透明的财务报告制度的公司很可能无法利用这一趋势。

前沿市场私募基金的起源：肯尼亚案例

1996年，2000万美元的Acacia基金成为第一个专用于肯尼亚的私募基金，资本由英国发展机构CDC集团（后来被称为英联邦发展公司）、其他衍生金融工具，以及总部设在内罗毕的一些地方机构投资者提供。在接下来的几年中，Acacia进行了一系列小型股权投资，平均约100万美元，用于从水泥到乳制品生产到农业企业等不同行业的小型本地公司。不仅基金本身在真正的意义上是一个开创性的冒险，同样重要的是，Acacia成为许多从业者不可缺少的培训平台，这些从业者是真正的开拓者，成为当时在肯尼亚的第一批私募基金投资者，并在后来的几年里将继续在该地区创建自己的新的私募基金。因此，Acacia成为本土私募基金专家新兴阶级的催化剂，随着私募基金行业的缓慢发展，这些专家缔造了行业的基本核心。此外，通过对中小型企业的18次投资，Acacia让私募基金在许多当地的企业主中产生了积极的示范效应，主要是通过观察同行业企业的成长，尽管他们的所有权股份由于新股东的加入被部分稀释了。

尽管Acacia基金对肯尼亚市场产生了影响，但CDC正在努力证明它继续支持产生相对较低回报的单一国家基金是正确的。此外，CDC正在寻求从直接投资转向作为有限合伙人支持基金经理的模式。在2001年，当所有中小企业投资分析成为一个全新、独立的实体后，这一战略重新评估达到鼎盛，这一实体最终被命名为欧瑞斯资本。另一个发展金融机构——挪威的Norfund，也因这家新公司对中小企业的支持而投资了该公司。新成立的欧瑞斯接管了CDC对139家公司的现有投资，包括整个Acacia基金投资组合。[9]2003年，Aureos向

Acacia 发起了一项价值 4000 万美元的继任基金，以在东非投资。在接下来的 10 年中，该公司继续投资该地区和其他新兴市场的中小企业。[10] 仔细想想东非私募股权投资的初始阶段，肯尼亚最早的投资者之一强调："不仅是 DFI 在早期从资金的角度绝对重要，它们也深刻影响了我们的投资优先选择。"这毋庸置疑地意味着，肯尼亚第一批基金的投资标准和投资组合密切反映了在发展中国家其他地方投资的增长资本私募基金的特点，即使普通合伙人和公司的规模较小：少数公司的股权投资被确定为具有高增长潜力，它们由严格控制和管理业务，但对外部投资者开放的创业企业家所领导；拥有一个明确的价值创造过程，使得在合理的时间内退出获利。在新千年的头几年，欧瑞斯在肯尼亚几乎垄断中小企业成长市场。虽然一些其他基金偶尔进入该地区，但都大多数针对较大更成熟的企业。

2003 ～ 2008 年，私募基金行业在更大更成熟的新兴市场国家得到了飞速的增长（详见图 4-2），而肯尼亚的最早一批投资者的交易竞争有限。矛盾的是，只有在 2008 ～ 2009 年全球金融危机之后，也就是在所有类型的投资者都陷入困境，并迅速撤退到低风险、安全的避风港之后，一些新的私募股权基金开始在内罗毕开业。在有利的宏观经济和人口指标的结合下，加之越来越重视向中小企业融资的衍生金融工具机构给予的支持，这些首批普通合伙企业认为东非市场已经成熟，可以做有吸引力的投资方案。

肯尼亚是进入该地区的私募基金投资者的合理选择。半个多世纪以来，它一直是在东非和中非开展业务的跨国公司和金融机构的主要枢纽。几乎每个国际组织和高度重视撒哈拉以南非洲的衍生金融机构，都将东非总部设在内罗毕。此外，与该地区的其他城市相比，内罗毕被认为是一个宜居的地方。一位地方基金经理表示："我们被这里的生活方式所吸引，甚至尼日利亚人宁愿住在这里。"由于这些因素，作为几十个普通合伙人和大量专门从事私募股权的服务中介，如律师和会计师的基地内罗毕已成为在东非运营的私募基金产业的中心。肯尼亚首都也成为该地区第一个行业机构——东非风险投资协会的总部。

南非私募基金模式的成功进一步推动了东非的发展。作为非洲大陆最早接受私募基金的国家，南非已经培育了一些本地公司，如民族私募基金和Brait。此外，许多泛非的普通合伙企业，无论是在伦敦、纽约、华盛顿还是在非洲，其投资组合很大一部分在南非。随着西方有限合伙企业的兴趣被激起，几家企业采取了泛非洲战略——即使许多人明白，在相对发达的南非之外的私募基金投资活力将与南非内部大不相同。当被问及为什么他的公司进入东非时，一位基金经理回答说："这很简单。我们的投资者希望我们分散进入这些市场。"总部设在东非的私募股权顾问也赞同这种看法："普通合伙人意识到，他们的视角必须超越南非，主要是因为有限合伙人告诉他们，除非他们的资金分散到其他非洲国家，否则他们不会提供支持。"

私募基金分层现象的演变

乍看起来，肯尼亚私募基金行业的分层结构与较大的新兴市场国家别无二致，即使基金经理的总体范围更小。在市场的顶端，存在几个大型国际普通合伙人，它们在分区域和大陆范围，为了相对较小但越来越多的跨境投资机会而竞争，这些机会需要大量的融资承诺，例如在电信或采掘业（如石油和天然气）等行业的资本密集型基础设施项目。这一目录包括全球私募基金公司Warburg Pincus等公司，它在2013年主导了一项6亿美元的投资，投资对象是一家从事中东非地区能源开采的公司，以及Actis，一家全球新兴市场基金，锁定一家总部位于内罗毕从事当地房地产开发的建筑管理公司。一些其他全球参与者也增加了对该地区的投资，例如凯雷集团，在2014年完成了6.98亿美元的泛非基金。

除了这些大型全球企业外，大约有6家相对较大的泛非普通合伙企业的资产管理规模在5亿美元到近20亿美元，如新兴资本公司（ECP）、AfricInvest和Helios投资公司。[11] 这些泛非普通合伙企业的大多数都有设在内罗毕的办事处的专业团队，他们的投资策略主要针对的是与跨区域而并非在单一国家经营的公司进行大规模交易。但是这些大型基金往往为了高端市场的有限投资机会而相互竞争。"除了基础设施，在南非以北的撒哈拉以南非洲地区，几乎没有1亿美元的交易。"一些大型基金经理的顾问说到，甚至找到需要私募基金投资超过 5000 万美元的好交易都艰难。一个大型泛非基金的合伙人也提出类似的说法："鉴于肯尼亚私营部门的规模和成熟度，如果我们在可预见的未来每年最多完成一笔交易，我都会将感到惊讶。"

在全球和泛非基金竞争有限的相对较大交易的薄层之下，肯尼亚出现了一个完全不同的新兴私募基金行业。即使按照新兴市场标准，这些公司的管理资本也不多，从 2000 万美元到 1.4 亿美元不等。在个人投资规模约为 100 万～1000 万美元的背景下，这几十家公司专注于为肯尼亚这些创始人主导的中小型公司提供增长资本，通常用于交换少数股权。与其在新兴市场其他地方的对手类似，他们高度重视瞄准那些愿意并能够利用他们提供的价值创造专业意见的公司。最重要的是，几乎毫无例外，这些都是第一批基金经理。到 2013 年，这些基金经理只做了两三年。因此，他们完成交易的组合少是可以理解的，而且基本没有退出。

随着该地区普通合伙人数量的增加，有吸引力的交易的竞争也增加。在 2014 年对超过 40 个寻求东非投资的基金经理的调查中，96% 的受访者预计该地区新交易的竞争将加剧，比前一年增长 41%。并列于竞争加剧的证据的是，同一份调查报告指出，肯尼亚在 2013 年总共只执行了 12 宗交易，比前一年多 6 宗。[12] 虽然很难从一项调查中得出结论，但数据表明，中小型普通合伙人若不建立更多往来交易，它们中的众多就会注定消亡。

令人惊讶的是，根据调查，尽管在肯尼亚执行的交易数量很少，这些基金经理坚定看好他们的往来交易前景。一位基金经理解释说："自独立以来已经有 50 年了，这导致许多当地企业的启动；现在许多创始人正在积极考虑交接，他们想要流动性。一些人对他们的业务有感情，但可能没有家庭成员接管，而另一些人认为他们可能没有内部扩大业务的能力。"一位经验丰富的投资者在该地区拥有超过 20 年的经验，提出了更谨慎的评价："在非洲有上百个交易，但是你必须自己去寻找和落实。在西方国家，投资银行家会为你带来交易机会。但是在非洲，他们隐藏在食物链中，你必须更努力，并且需要一定的时间用来建立同创业者的关系。"[13]

2008 ～ 2013 年肯尼亚投资基金抽样如表 8-2 所示。

表 8-2　2008 ～ 2013 年肯尼亚投资基金抽样

基金经理	基金名称	地理位置详情	行业
8 Miles 有限责任合伙	8 Miles	撒哈拉以南非洲	通用基金
Actis（英联）	英联新兴市场 3	全球新兴市场	通用基金
Adenia 合伙	I&P 资本Ⅲ	东非；西非	通用基金
AfricInvest–TunInvest 集团	非洲投资金融部门基金，非洲投资基金Ⅱ（AFII）	撒哈拉以南非洲	金融服务 通用基金
Altira 集团	非洲开发公司基金	撒哈拉以南非洲	通用基金
催化剂原料合伙企业 Catalyst Principal 合伙	Catalyst 基金Ⅰ	东非	通用基金
Citadel 资本 SAE	非洲联合投资基金	撒哈拉以南非洲	通用基金
数据银行私募基金有限责任公司	AAF 中小企业基金	撒哈拉以南非洲	农业关联产业基金
Decorum 资本（控股）有限公司	新非洲矿业基金Ⅱ	撒哈拉以南非洲	能源和自然资源
国际发展合伙	非洲发展合伙Ⅰ	撒哈拉以南非洲	通用基金
东非资本合伙（EACP）	非洲电信、媒体和技术基金Ⅰ有限责任公司基金	东非	媒体和电信
新兴资本合伙（ECP）	ECP 非洲基金Ⅲ	撒哈拉以南非洲	通用基金
Fanisi 资本	Fanisi 风险投资基金	东非	通用基金
GroFin 资本	GroFin 非洲基金	撒哈拉以南非洲	通用基金
Helios 投资合伙	Helios 投资Ⅱ	撒哈拉以南非洲	通用基金
I&P 管理（印度洋）有限责任公司	I&P 资本Ⅲ	东非、西非	通用基金
InReturn 资本	InReturn 东非基金Ⅰ	东非	通用基金
珍珠资本合伙（PCP）	非洲农业资本基金（AACF）	东非	通用基金
Progression 资本	Progression 进展东非小额信贷股权基金（PEAMEF）	东非	银行和金融服务
TBL Mirror 基金	TBL Mirror 基金	肯尼亚	通用基金
Abraaj 集团	非洲卫生基金	撒哈拉以南非洲	保健与生命科学

精品私募基金先锋

“先锋”通常指的是一个个人选择重大的个人牺牲来开始一些全新的东西，如果成功就会为那些追随者提供机会。根据定义，开创性的举措意味着异常高的风险和不确定的结果。虽然该术语在涉及新兴市场私募基金投资者时可能被过度使用，但没有哪里比它用在描述前沿市场发行基金的冒险家的孕育更恰当了。肯尼亚复合型基金经理CEO出生在该地区，但有幸运去国外留学（很可能在美国或英国的大学），可能但不一定修了一个MBA或其他研究生学位。然后，他与一家名牌公司（可能是一家大型国际银行、管理咨询公司或跨国公司）合作了几年。

虽然他相当成功并且融资有保障，他在三十多岁将近40岁时，回归“家庭”的诱惑愈发强烈。在这个阶段，我们的先锋感到不得不应用他在职业生涯初期获得的技能和经验，推出一个本土的私募股权基金。他的动机是肯尼亚有经济起飞的愿景，中小型私营企业将利用各行各业的成长机会，无论是基础设施、消费品、制药、私人医疗服务、建筑材料或无数其他资金不足的行业引领经济腾飞。他完成了使命并且完全明白，他的想法意味着非常高的财务风险、对自己和家人的个人牺牲、失败的可能性，并且也许最重要的是，如果有，在他的补偿接近他以前的工作收入时，很多年都过去了。但即使他擦亮双眼，却仍被驱动：“我的生活旅程是回到东非。”这位创立了一个新的内罗毕基金的代表如是说。“做好事，做得好”不仅仅对于这个先驱者来说，不仅仅是说说而已。

一旦做出决定，即使他知道将面临一条陡峭的学习曲线，并一路出现痛心的错误，但他对新事业的基本策略明确又信心十足：“我知道我想专注于中型市场成长资本，首先是因为这是最有吸引力的机会，其次是因为我想要专注于对那些开始关注肯尼亚和东非的大国际企业来说太小的交易。”他还相信，他的公司可以产生“阿尔法回报”，假设他们可以识别和填补一些精心挑选的快速成长公司之间的管理能力差距。换句话说，该战略不仅需要弥补有前景的企业的融资缺口，还必须有价值创造功能。所以，肯尼亚先锋首批在他的国家推出私募股权基金。

从“新生”到成熟的富有挑战性的过渡

如果肯尼亚私募基金行业逐渐成熟，并作为中小型企业的融资和创造价值的专业资源来发挥更重要的作用，这些相对较新的、未经检验的基金就必须展现其提高中小企业业绩的能力以吸引额外资金。首批基金经理的这一现状成为前沿市场的主要挑战之一：如何说服机构投资者向经验不足且没有业绩证明的普通合伙人提供资金？一位位于内罗毕的公司的年轻创始人提到："我们仍然需要展示成功的经验，即在退出时，我们原来那些有限合伙人获得满意收益。我想现在为基金Ⅱ筹款，但还为时过早。首先，我们需要专注于管理和最终我们的投资退出。"在某种程度上，关键因素都不能操之过急——时间。"因为行业是如此新兴，"一位肯尼亚基金的创始人解释说，"一切都需要更长的时间。"尽管如此，在寻求在肯尼亚建立一个可行的私募基金生态系统方面，还需要克服一些额外的动态和挑战。

利用区域投资机会

虽然内罗毕是许多地方企业的基地，但该地区的大多数普通合伙人都将目光投向那些能够越过肯尼亚边界将其产品和服务推广到其他东非国家的公司。"我们是一个区域基金"是几乎所有内罗毕普通合伙人的共鸣，其中一家基金的管理合伙人解释说："肯尼亚的规模不足以维持我们的战略基金。"鉴于肯尼亚市场规模相对较小，采用区域战略可以使投资意义重大，使基金经理能够专注于能够在多个国家经营业务的公司。区域战略还通过收购其他邻国公司创造了实现快速增长的机会。一位基金经理激动地评论："该地区的融合机会是如此惊人。如果一个企业家没有区域视野就创办公司，他就会以失败告终。你建立公司不仅仅是为了东非的一个市场。"

但跨境战略也存在挑战性。随着本地公司扩大其地理空间，他们需要更复杂的专业技能。很多企业主现在认识到，一旦他们的公司跨越国境，他们就没有地区经营的技能，经营业务便不再简单。一家基金经理如是说，但这个警告也提供了另一个例子，说明一个有经验的私募股权公司如何为投资组合公司贡献非金融价值。例如，当2006年Aureos投资了一家位于肯尼亚的小额贷款机构时，投资战略的一个关键支柱是促进其新投资公司与乌干达另一家小额信贷投资公司之间的合并。该合并后的公司已经被一个更大的区域小额信贷提供商收购，其在至少 10 个非洲市场放贷。

区域投资战略还使肯尼亚基金经理有机会利用一系列新的政府举措，积极促进组成东非共同体（EAC）的五个国家之间的区域经济和金融一体化。[14] 东非共同体的共同市场协议（签署于 2010 年 7 月）旨在建立一个带有自由化法规的区域市场，以鼓励商品、服务、资本和劳动力的自由流动，相信这样做将鼓励更大的投资，降低业务成本，并允许成功的公司成长，这是通过服务于更大的市场实现规模的结果。虽然具体的变化实现起来缓慢，但是到 2015 年年底为该地区的 1.3 亿公民创建一个单一的综合自由贸易区的目标仍然没有改变，并在减少关税壁垒，改善跨境交通基础设施采取初步步骤实现货币、汇率和税收政策的协调方面有了进展。

区域投资战略无论多么吸引人，都意味着额外的复杂性、风险和人员配置要求，这对于小型的首批普通合伙人来说相当繁重。例如，在东非，肯尼亚和乌干达的通用语是英语；在邻国坦桑尼亚，斯瓦希里语在一些公司中更常用。此外，该区域一些国家之间存在着历史紧张关系，这增加了其他方面的风险。股东清楚地知道，原来的东非共同体成立于 1967 年，但在经过 10 年的努力后，部分由于肯尼亚、坦桑尼亚和乌干达之间的政治与意识形态分歧阻碍了关键的区域一体化措施的达成而分裂。此外，尽管有最好的意图，但区域经济集团有时对跨境经营的公司增加了昂贵的监管障碍。这些挑战有助于加强本章开始时对投资者的警示：“非洲不是一个国家……”“尽管追求跨境战略的潜在优势是显而易见，但额外的风险也是如此。”

努力建立区域冠军：阿斯河钢铁厂的成长[15]

位于阿斯河上距内罗毕约 30 公里的阿斯河钢铁厂（阿斯钢铁）将当地废金属转化为优质钢产品，包括钢坯、轧制棒、结构钢和螺母螺栓。1998 年，在肯尼亚进口超过 50% 的钢铁产品的时候，阿斯钢铁成为 Acacia 基金第一次私募股权投资的标的之一。Acacia 的资金使得阿斯钢铁部分通过安装了 2.5 吨感应炉和12英寸热轧钢厂提高了生产能力。

2006年，在Acacia退出阿斯钢铁之后，公司再次与私募股权基金合作，即Aureos资本[16]收购了该业务的少数股权之时。投资资金主要用于资助阿斯钢铁收购附近的冷轧钢产品制造商Great Kenfast工厂（GKW）。GKW的冷轧产品与阿斯钢铁的热轧产品互补，并且该项收购使得公司实现产品多样化及提升效率的规模经济。然而，接受投资后的阿斯钢铁遇到了一些新的挑战，包括削弱当地货币而驱动设备成本上升，提高国内利率，从而借款成本增加并且客户延迟付款，以出现及意料之外的监管障碍。

尽管存在这些障碍，通过与私募股权合伙人密切合作，该公司实施了很多提高绩效的价值创造举措。通过与GKW的合并，公司能够提高产品灵活性和产能利用率，使熔融产能从20世纪90年代的4000吨增加到2012年的12万吨。在同一时期，阿斯钢铁员工从20个增加到近800个，公司还制定了环境和健康/安全标准，年收入增长了90多倍。此外，该公司开始在该地区出口其产品，并正在考虑在坦桑尼亚建设一套新的生产设备。

深化熟练的私募基金专业人才库

私募基金的一个显著特征，从开头部分可以看出，投资者的工作可以用技能密集型来描述。在第1章中描述的私募股权投资周期的几乎每个阶段，从交易起始、尽职调查和估值，到与企业家的谈判、价值创造和退出，完美的私募基金专业人士必须应用经过多年的交易所磨炼出的广泛技能。无论是否，在私募基金的世界，没有什么能够替代多年沉淀下来的切身经验。然而，总的来说，那些在支配肯尼亚私募基金领域的首批资金公司工作的从业者对于他们的职业来说相对还是新手。一些人最终将成为世界级的从业者，但在爬上陡峭而漫长的学习曲线之后，没有捷径。

这一观点得到了肯尼亚更富经验的私募股权专业人士的支持：“这些首批基金经理中最好的是来自该地区的；他们非常了解当地的商业形势，并能够得到当地企业家的信任。但他们只是没有太多的交易经验，只有在工作中学习。”这种现象通常被这些热情高涨的基金创业者所认可，他们反思为什么，尽管多年来有人天赋异禀且不懈努力，他们还是要努力证明成功。这是一个痛苦的自我发现过程，正如有人说到：“我基于以前的经验准备好运营一个私募股权基金，我在快 30 岁时成功创立了一家公司，并在几年后出售。我从全世界的筹款经验中了解了所有关于国际投资者的情况。作为一个前企业家，我有信心我理解肯尼亚的企业主，以及与他们合作创造价值需要什么。”他很快发现自己缺少的是交易经验。虽然他最终筹集了足够的资金来推出他的第一个相对较小的基金，早期成功的预期很快就消失了。交易经验的缺乏，加上开始并证明成功容易缺乏耐心，导致了一连串的问题。反思他早期的尝试，他坦率地解释了支付的价格：“我们非常快地做出了我们的前三个投资。在进行这些投资之前，我们没有真正做研究和尽职调查，而事后的好处是最后是你期望的结果。如果你在犯错中学习是对的，在开始我们就付出了代价！”

如果这些初创普通合伙的创始人在工作中学习，那么他们的专业团队通常甚至不具备基本的私募基金技能。一个位于内罗毕的 GP 创始人讲解了他的招聘策略：“我寻找那些雄心勃勃、勤奋、愿意爬上陡峭的学习曲线的人。”然而，一个刻画所有这些基金经理的现实明显被忽略了：拥有多年私募基金或相关交易经验的人才短缺。但招聘问题不仅仅起到使以往相关经验受到重视的功能。额外的挑战通常是说服一个潜在的新员工在一个未来存在资金收益而不是不确定是否有收益的行业工作。一个基金经理注意到：“除了找到具有适当技能的人在这个领域工作，我们还必须说服潜在的新应聘者，高机会成本是值得的。毕竟，我们可以做其他事情赚更多的钱，而不是在一个小型的私募股权基金，多年之后才有可观收益。”这些人力资源挑战是肯尼亚私募基金行业的一个显著特点，就像其他前沿市场一样。除了少数在更大型新兴市场积累多年经验后迁移到肯尼亚的几个更大普通合伙人之外，这是建设私募基金行业最为艰巨的近期挑战之一。

超越发展类金融机构：融资挑战

虽然肯尼亚的首批基金经理寻求从商业有限合伙中吸引资本，但他们获得的成功通常是有限的，并且十分依赖于发展类金融机构的资金，这是大多数前沿市场的常态。像第 4 章中提到的，发展类金融机构从一开始就在刺激新兴市场私募股权行业的增长和发展中发挥了关键作用。但是在诸如肯尼亚的国家中，它们不仅重要，而且是不可或缺的，通常构成地方基金 80% ～ 90% 的资本来源。举例来说，国际金融公司将其撒哈拉以南非洲（南非之外）私募基金资本的约 40% 用于首批资金，同时其设在内罗毕的团队花费了相当多的时间和精力与其指定的普通合伙人合作，从而获得来自其他发展类金融机构和商业有限合伙企业的额外资本[17]。除了国际金融公司，几个欧洲双边发展机构也一直在肯尼亚最活跃的有限合伙投资者之列，包括德国投资与开发有限公司（德国）、荷兰发展金融公司（荷兰）、法国经合投资公司（法国）、挪威基金（挪威）[18]。因此，发展金融机构作为第一代基金的种子资本提供者发挥了重要的催化作用，否则第一代基金几乎没有机会起步。少有例外，总部设在肯尼亚的普通合伙人仅仅因太新、太小、太缺乏经验而难以从商业资源吸引大量资本。

然而，发展类金融机构和基金经理本身的共识是，如果肯尼亚的私募基金行业要成熟和发展，这种对援助资金的依赖必须减少。一家总部位于内罗毕，约 90% 的资本来自发展类金融机构的普通合伙创始人观察到：“所有人都有一样的发展类金融机构来源，而这并不是一个可持续的模式。理由是，如果我们所有人再次想从他们那里得到后续融资，他们将不太欢迎。”因此，迫切需要这些普通合伙人建立成功退出的路径，并通过吸引商业有限合伙到他们的后续基金，摆脱对发展类金融机构的依赖。

一个可能为这些肯尼亚团队提供解决方案的替代资金来源是国内机构投资者，包括养老基金、保险公司、资产管理者和高净值个人。从中国和一些拉丁美洲国家的经验来看，除了作为融资来源之外，本地投资者的存在提高了国际有限合伙投资肯尼亚普通合伙人的意愿，依据这样的逻辑，本地有限合伙更了解他们的市场格局和特性就容易理解了。

尽管肯尼亚许多地方机构投资者管理的资产近年来一直在快速增长，但私募基金尚未成为其投资组合中的重要存在。肯尼亚养老基金在 2013 年中期管理了超过 73 亿美元的资产，[19] 并已被监管当局批准将其 10% 的资产分配给包括私募基金在内的“其他投资”。然而，由于一些因素，几乎所有人都逃避资产分类。举例而言，这些大型金融机构中的投资官，比如在大多数新兴市场国家，缺乏将私募基金作为另类投资的基本技能。他们也对所谓的 J 曲线效应 [20] 十分关注——许多养老金基金受托人习惯于以约三年的时间间隔持有其仓位，因此即使有合理的更高收益预期，他们也不愿意采取长期策略。在肯尼亚，与许多其他发展中国家一样，由于相对无风险的固定收益证券提供有吸引力的实际利率，当地有限合伙投资私募基金的动机进一步受损 [21]。由于资产分类在肯尼亚历史短暂，这种对将一小部分资本投入私募基金的做法的排斥变得更加复杂。若没有能够证明相对于固定收益替代品，私募基金有更高收益的案例，即使强调了多元化的好处，说服当地有限合伙成为私募基金投资者对基金经理来说仍然是一个艰难的过程。

然而，最大的障碍仍然是监管限制和复杂的手续。肯尼亚的首席监管机构——退休福利局（RBA）要求养老基金的董事会在最终确定对任何私募基金投资之前提交意向书，该意向书必须经过退休福利局批准，这是任何其他投资不需要的程序。一位沮丧的本地资产经理抱怨道：“我可以明天早上起来买一栋楼，却不能投资私募基金。”即使多数养老基金经理期望他们的申请可以得到批准，却被过程本身所阻碍。受到全世界投资者情绪的影响，同一位经理补充说：“如果有人被要求写给监管局以得到许可，他们不这么做。有什么问题你只需要和你的监管人说。”

2014 年，退休福利局宣布，它正在考虑为私募基金和风险投资划分单独的投资类别，目标是简化本地投资者的监管审批流程，以鼓励他们将资本分配给私募基金。肯尼亚监管机构正在效仿，2011 年修订了当地养老基金的私募基金投资准则的南非同行，导致当地货币融资显著开放。此外，肯尼亚的私募基金行业已经开始在提高地方投资者及其监管者将私募基金作为值得考虑的合法资产类别的认识和理解方面取得进展。一位本地投资者称，“发展类金融机构告诉所有的首批基金管理者，坚决支持他们筹集地方资本所付出的努力。因此，许多普通合伙人已经开始与我们交谈，并让我们更好地了解他们是做什么的。”这些努力开始产生结果的一个迹象是，当地私募基金——上升裂谷基金，据报道2014年从肯尼亚养老基金筹集了400多万美元。与新兴市场的其他地方一样，只有努力引导国内储蓄投向当地普通合伙人，才可能在促进肯尼亚私募基金行业过程中走得更远。

肯尼亚的创业板市场：一个潜在退出渠道？

2013年1月，肯尼亚内罗毕证券交易所（NSE）推出创业板市场（GEMS），旨在支持该国中小型企业筹集资本的努力[22]。政府新计划的一个驱动力是相信它将减轻家族企业上市的被动性，因为内罗毕证券交易所有着繁重的上市要求，包括创始人放弃对他们公司的大量控制的规定等。在通过创业板市场前，肯尼亚监管机构尝试了具有类似目标的新兴市场小企业交易所的各种模式，例如埃及尼罗股票交易所、巴西的Nova Mercado和邻国坦桑尼亚的创业板市场。

在内罗毕主板市场上市，一家公司必须至少有1000名股东和经审计的五年财务报表，且其中至少三年有盈利。相比之下，在肯尼亚创业板市场上市的要求却越来越低，包括

- 最低1000万肯尼亚先令（大约115 000美元）的全额缴足资本；
- 发行至少10万股，至少15%可供交易；
- 在上市后三个月内至少有25名独立股东；
- 证实运营一年，无须盈利；
- 五位董事，至少1/3的非执行董事；
- 在前两年董事没有破产、欺诈、刑事犯罪或财务不当行为。

虽然许多上市要求比主板市场更容易满足，但创业板市场在透明度和披

露问题上不会妥协。与其他所有上市公司一样，创业板市场公司必须遵守国际财务报告准则，并每年提交经审计的账目。第一家在肯尼亚创业板市场上市的公司是 Home Afrika——一家住房和商业地产开发商，其业务已扩展到坦桑尼亚、乌干达、南苏丹、埃塞俄比亚和卢旺达[23]。许多肯尼亚较小的私募基金正在挖掘 Home Afrika 在创业板市场方面的经验，希望肯尼亚创业板市场能为自己的投资组合公司提供潜在的退出渠道[24]。

在企业家中提高私募基金形象

肯尼亚的投资者认同该国的一个特点，那就是富有才华、勤奋的企业家数不胜数。像世界各地发展中国家的同行一样，这些人足智多谋，习惯于应对逆境的富有智慧的人，对于将想法商业化有着无穷的热情，并且被赋予了不屈不挠的工作精神。但直到最近，大多数人依然不知道私募基金。正如在 2010 年的一项非洲商业调查总结的一样，“企业家很少寻求私募基金作为发展他们事业的方式，因为他们通常不知道它……”[25]

然而，从设在肯尼亚的许多私募基金公司的账户来看，这种现实正在逐渐改变。和许多发展中国家在建立私募基金行业的早期阶段所反映的熟悉情景相一致，一位当地投资者提到：“当我们刚开始在肯尼亚开办业务时，与企业家的每次会议都从市盈率开始，我们必须从头开始解释基本信息。幸运的是现在已经不再这样。”这种模式几乎在各地重现：一旦资产分类开始逐渐获得信赖，并且本地新闻媒体报道这个或那个企业家吸引私募基金投资者的事例，那么基金经理就有了业绩证明先例。但这一过程需要时间，并且取决于普通合伙人与这些公司创始人建立信任的能力。“在这个（肯尼亚）市场，建立关系可能需要花费几年的时间。在早期，企业家 / 创始人通常特别多疑，我们必须反复拜访，解释我们的工作，并表明我们的利益是一致的。”与一位在他的企业中占有少数股权的基金经理合作的肯尼亚企业家，描述了所有新兴市场中小公司创始人所表达的主题：“我可以告诉你，这些私募基金投资者增加了价值。这不仅仅是关于资本。他们提供长期的方向和技术支持，他们有许多不同的背景和经验。”他进一步阐述：“他们通过质问我们的决策过程和董事会结构成为我的盟友。他们也和我们密切合作以确保我们达到国际最佳实践准则。我们必然会和私募基金公司再次合作。”

建立一个可持续的私募基金行业：未来的挑战

肯尼亚案例说明了所有前沿市场在建立私募基金行业所遇到的巨大挑战，尽管不可否认，这些国家需要私募基金专业人士为达到投资标准的公司提供稀缺资本和专业知识。毫不奇怪，决定整个行业未来成熟的因素与个体普通合伙人获得经验和通过退出证明成功的速度及良好程度密切相关。一些迹象表明了有利的方向，但挑战仍然艰巨。重要的一点是，发展金融机构继续发挥其不可或缺的作用——作为提供资本的有限合伙人，作为普通合伙人和有限合伙人教育与培训的提供者，以及作为政府值得信赖的拥护者。同样，像其他国家一样，只有得到政府更多的关注和支持，肯尼亚私募基金行业才会成长，也才能成为该国私营部门发展更重要的贡献者。一位基金经理哀叹到：“我情愿政府是一个因素，但它不是。政府需要认识到，这是建设国家的重要行业，同时必须认识到分配资源以培育地方基金经理的重要性。”

新兴市场私募基金相对较短的历史表明，在肯尼亚这样的市场，私募基金行业相对较新，前面的道路将是艰辛和漫长的。很大程度上将取决于当地普通合伙人在其团队内部进行实力建设，并展现吸引新的有限合伙人的可靠实力的速度。正如在其他地方发生的，其中一些公司可能会成功，而其他公司则会落后。尽管存在挑战和不确定性，但是进入这个市场的许多先驱者中有明显的乐观情绪，他们相信肯尼亚和其企业家，以及私募基金在促进私营部门发展中所发挥作用的潜力。

第 9 章

透过一个朦胧的水晶球看去

我们或多或少是一个家庭工业，陪审团仍然不知道如何快速过渡得更耐久和成熟。但有明显进步的迹象，几年前，我们幸运地看到一年有 100 笔合理可信的交易，现在的数字是 160 ～ 180。

——专注于中端市场投资的创始合伙人

约吉·贝拉，纽约洋基棒球运动员，以著名的妙语而闻名，据说他的特点是充满智慧，“做预测是一件很难的事情，特别是关于未来。”正如贝拉说的那样，如果预测未来的趋势是傻瓜的任务，新兴市场私募基金由于其相对简短的历史和有限的数据而构成了极其不稳定的挑战。复合的隐患是概括 150 多个国家可能或可能不会通过的首要困难，每个国家都有自己的历史、文化、人口统计和能力。

然而，我们有充分合理的信心做出预测：正如资产类别从其 20 年前的初期开始是不可识别的，它可能在从 10 年前到现在几乎都是不相似的。

值得回顾的是，在 20 世纪 90 年代中期，私募基金在新兴市场几乎是不可见的。它甚至在诸如中国、肯尼亚以及大多数发展中国家中从未存在过。在随后的几年中，虽然在国家间发展并不均衡，但资产类别通过了多个周期，逐渐获得信誉和发展动力。正如任何新兴行业所期待的，新兴市场私募基金从业者不得不爬上陡峭的学习曲线。有些人已经消失了，但是还有许多人对早期失败和失误做出了令人满意的调整。那些幸存者，以及不计其数的新来者，已经变得更加富有知识也更加谨慎，并且行业已经远远超过了前期开发时任何参与人的期望。例如，资产类别经历了稳步增长的筹资和投资，扩展到几乎发展中世界的每一个角落，逐渐成为专门从事新兴市场私募基金的有限合伙和一般合伙的核心。为了实现这种令人鼓舞的增长和多元化，新兴市场仅占 2004 年全球私募基金投资的 4%。10 年后，这个数字已经达到 10%。[1]

这种整体增长和新领土的扩展在某些方面远远超过了新千年初期最乐观的预测。谁能够想象到，假如说，2013 年撒哈拉以南的非洲将在私募基金投资的新兴市场偏好名单上名列前茅？或者最大的发展类金融机构国际金融公司，其任务是促进私营部门的发展，将使该公司从 21 世纪初对私募基金的彻底怀疑转向 2014 年在 200 个新兴市场一般合伙中作为有限合伙投资 40 亿美元，并且自 2000 年以来这些基金的合并财务收益将达到几乎 19%？[2] 或者即使是在新兴市场上运营最大的国际一般合伙人，更不用说当地的基金经理，将是绝大多数来自新兴市场的顶级私募基金专业人员，而不是像 20 世纪 90 年代的西方人那样？

像在整本书中突出强调的，许多因素促成了这一进步。最值得注意的是，随着行业的逐渐成长和吸引力增强，强大的示范效果已经成功。因此，私募基金现在被企业主广泛认可和理解为一种不仅可以获得长期资本，而且可以创造价值专长的方式。在不同发展中国家的无数基金经理都记录了同一故事的变化：“当我们刚开始作为私募基金投资者时，我们不得不通过提供‘私募基金 101’教程来与公司创始人开始每次谈话。现在，由于都发生在过去几年，这种介绍已经不再是必要的了。”几乎每个为本书面谈的投资者和企业家都评论了这种示范效应作为推动资产类别扩张的重要性，他们预计它将继续在未来发挥关键作用。因此，有明显的迹象表明，资产类别已经从隐晦虚无中萌生，在其轨迹开始时便获得资源和几乎不可想象的关注。

然而，除此之外，资产类别在大多数新兴市场无论如何仍然是一个相对新生的行业。即使私募基金活动迅速扩大，但相对于弥合其在这些国家中阻碍许多公司业绩的融资和价值创造差距的潜力仍然微不足道。即使中国、印度和巴西，2013 年吸引私募基金筹款的三大发展中国家（分别是 96 亿美元、11 亿美元和 10 亿美元），总量却是微不足道的，所有三个国家的私募基金投资占 GDP 的百分比均小于 0.2%。相比之下，对美国应用相同的度量，可比的数字是大约 5 倍（见图 9-1）。

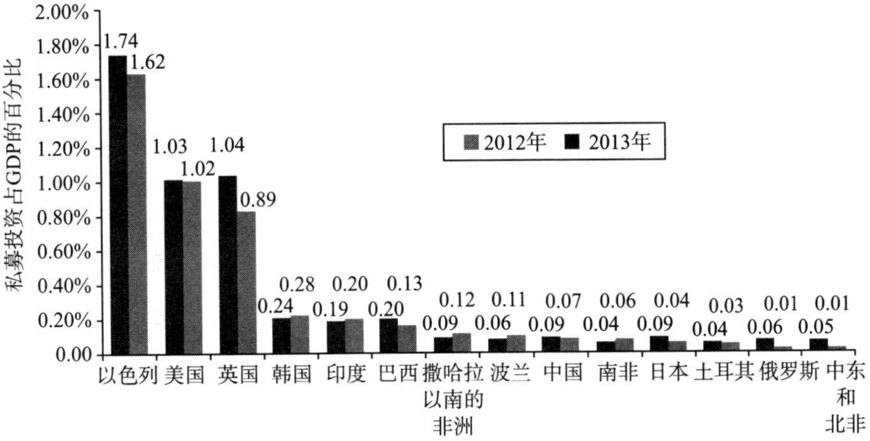

图 9-1　全球私募基金渗透

注：渗透率表示在特定时期内私募基金投资占国内生产总值的百分比。

资料来源：新兴市场私募股权投资协会（EMPEA）、国际货币基金组织、管理层收购研究中心、招标书、以色列风险投资研究中心、亚洲私募股权评论。

前景：问题比答案多

这些数字是不是“半满或半空”的指标仍然是一个悬而未决的问题。一般来说，新兴市场以及个别国家私募基金的未来路线仍然充满不确定性。在行业成熟的相对早期阶段，有更多的问题而不是答案，未来的绩效将取决于前面章节中提出的许多问题。例如，考虑以下问题：

- 在第 2 章讨论过，个别发展中国家的变革步伐在很大程度上将取决于它们在建设一个更有支持力的生态系统方面的成功水平。虽然一些国家取得了小幅进展，但大多数老牌新兴市场私募基金投资者观察到，当他们第一次开始时遇到了许多相同的障碍。“在沟壑摸爬滚打 15 年之后，它并没有变得容易，”一位对其在发展中国家的经历抱有毫不掩饰的沮丧情绪的投资者断言道，“在我第一次开始投资时，使那些环境变得艰难的所有因素仍然存在。”无论他们是否在中国、巴西、肯尼亚或许多其他发展中国家经营，从业人员讲述了这些年后，为什么私募基金的业务在这些市场相比发达国家仍然如此艰难的原委。例如，交易需要更长时间才能平仓，部分原因是信息不足，使尽职调查过程变得复杂，投资公司的价值增值受到人力资本严重短缺的限制，而由于本地首次公开募集市场疲软或不存在，难以执行退出机制。任何在发展中国家生活过的人都认识到这是深刻的结构性问题，这种变化在几年，甚至几十年的时间里也是非常缓慢的。然而即使是最耐心的私募基金投资者，也很关注各个国家在解决这些障碍方面取得进展的速度。
- 另一个常见的线路，在第 5 章描述并在肯尼亚、中国和巴西的章节具体说明的，是日益复杂的行业结构，这就带来了关于趋势是否会继续的问题，并且如果是的话，会给股东带来什么后果。因为在私人部门金字塔最高点的有限交易竞争，在相对数量较少的主导着国际筹资的大额一般合伙人中得以强化，估值是否会膨胀，使其更难以产生有吸引力的回报？毫无疑问，推论涉及那些希望接触新兴市场，但是甘愿因支持行业品牌名称而在谨慎性方面犯错误的国际有限合伙人未来行为的问题。一个代表着这种保守方法的有限合伙人承认：“你绝不会因为决定投资科尔伯格－克拉维斯而被炒鱿鱼。”这种安全的咒语是否可持续，更广泛的机构投资者是否会投资于资产类别，并瞄准更多样化的具有成功的新兴市场记录却更小更不知名的基金经理？

- 在分叉鸿沟的另一边，中期市场私募基金的未来是什么？因为这一市场的一般合伙人在不断地改进他们的记录，他们是否会与国际投资者有更多的成功筹资？一位有限合伙人观察道："我遇到的很多本地团队很好，但是缺乏经验。他们没有经历从开始到完成的整个基金周期，而我们认为那是至关重要的。"但这个现实为大多数一般合伙人创造了进退维谷的局面，这是很难克服的。由于新兴市场私募基金相对短的历史，许多一般合伙人不太可能有深刻的经验或有说服力的记录。但缺乏一连串的成功退出，这些公司极难吸引有限合伙投资者。[3] 虽然随着时间的流逝，这种筹资难题对于中型一般合伙人而言可能会自然而然地展现出来，并且它们表现出强大的结果，国际有限合伙人可以采取什么行动来更快地吸引注意力？
- 如果有的话，私募基金的当地货币融资速度会加快多少？这个令人烦恼的问题的结果是具体的国家，并且部分取决于超出投资者直接控制的外部因素，例如，巴西的高国内实际利率。但即使利率下降，当地货币融资也取决于主要地方机构更积极主动的意愿和能力。在每个国家必须发生什么来鼓励地方机构投资者？国内储蓄池的监护人将更大部分的资本分配给私募基金？以及如何说服政府采取行动，如实施监管变革，鼓励而不是阻碍更多的地方私募基金投资？对这些至关重要的问题的反应会严重影响作为本书核心内容的首要问题：作为长期资本和创造价值的专业知识这两个稀缺资源的供应商，并且是成长型公司为提高其业绩和竞争力所需要的资源，新兴市场的私募基金行业将如何迅速有效地扩大和加强其能力，以发挥更大的作用？

相当大的不确定性围绕着这个问题和其他将影响个别新兴市场国家以及整个资产类别进展的问题。但如果私募基金投资者能够扩大他们的足迹并产生可接受的财务回报，由更好的生态系统和前几章中强调的其他成功因素促进，这些利益将远远超出投资者本身。从前面可以看出，这些国家的私营部门也将获得额外的就业机会，产生更多的税收，提高环境和安全标准，以及一系列其他改善措施，将刺激更高水平的经济增长和更低的贫困发生率。

未来适度的“待办事项”列表

不管是不是陈词滥调，的确没有鼓励更多新兴市场私募基金的快速解决方案，但有至少在利润方面将改善资产类别未来前景的具体行动。“待办事项”列表很广泛，以下是有助于深化和扩大本章核心国家私募基金活动的具体举措的几个例子。

更多的本地货币融资

“新兴市场私募基金行业如此依赖外国资本是一件很可笑的事情。”一个长期投资者谴责道。当然，补救是鼓励和激励地方机构投资资产类别的具体行动。如果在发展中国家积累的一小部分国内储蓄从国内机构投资者流向私募基金经理，就像美国和西欧的几十年一样，这种影响将是变革性的。

更多政府要按照诸如中国、巴西、智利和少数其他国家那样调整其监管框架，允许地方养老基金和其他大型储蓄机构将其资产的增加部分分配给私募基金。相关的挑战是如何解决知识差距，该差距导致这些地方机构投资者的大多数投资官员和高级管理人员在很大程度上不了解私募基金并且不愿意多元化成他们不理解的资产类别。正如一般合伙人投资团队不得不上升一个陡峭的学习曲线，本地投资者也可以分配更多的资本到一个资产类，提供多元化的前景和更高回报的整体投资组合。虽然一些国家的机构投资者已经开始认识到，分配一小部分给私募基金应该是一个明智的投资战略，但是很少有专业人员具有对基金管理人进行基本尽职调查所需的背景或专业培训。另外，即使是那些具备所需知识的人，也经常不相信一般合伙人是一小部分资本的监护人。这一观察在本章研究一个又一个国家之后得到一次又一次的证实。为了加速私募基金投资，特别是在中间市场，本地机构投资者的文化必须要有所改变。

在巴西和肯尼亚的章节中阐释过，私募基金发展的障碍往往因高利率而加剧。只要有限合伙人倾向于低风险、高流动性、产生有吸引力回报的固定收益证券，教育、培训和法治变革就会少得多。降低利率将与这些国家的其他任何举措一样，刺激更高水平的当地货币私募基金投资。

更多可靠的信息

本书有必要提醒读者关于新兴市场私募基金可靠数据的缺乏。如果如前几章所述，资产类别的未来部分取决于关键决策者，特别是地方政府官员和机构投资者之间的高度警惕和理解，它会由更多更好的信息开始。这种严重的赤字由于收集、分析和传播关于资产类别数据和其他信息的组织之间的明显不一致而加剧。例如，各种私募基金和风险投资行业协会以及其他研究组织[4]甚至无法在“私募基金”普遍方法上的定义达成一致。这就反过来在诸如年度筹款和投资统计等基本信息的报告上产生巨大的不一致。有些人将风险资本作为私募基金的一个组成部分，而另一些人不这么认为，有些人认为房地产和 / 或者基础设施是私募基金资产类别的一部分，而另一些人则不这么认为；发展中国家的“影响力投资”最近受到了私募基金公司的青睐，尽管许多人认为作为一个独特的资产类别，它太新并且定义不明确；一些组织计算各种形式的债务融资，虽然这些信用工具大多数没有私募基金显著的创造价值的特征。这些报告差异总是在对资产类别未来增长至关重要的股东之间造成混乱，例如地方政府监管机构负责为私募基金投资者和具有分配管理具体指南的外国及地方有限合伙人制定规则和法规。

如果参与新兴市场私募基金研究和分析的组织的一个主要目标是提高对资产类别的认识和理解，那么它们必须做出更协调一致的努力，通过传播不一致的数据来缓解所造成的混乱。第一步明显是推动就报告基本信息可接受的方法达成一致意见。所有那些与扩大资产类别有关的人将明显受益于作为最重要信息来源的组织之间更有效的协调与合作。

可靠的绩效基准

由于专业投资者通常使用对不同资产类别（如公募和私募）或不同市场中相同资产类别（私募基金回报在美国和新兴市场）的金融回报进行比较判断的决策工具，基准数据不可靠，信息赤字进一步加剧。除了少数公开上市的大型收购公司（如阿波罗、凯雷投资集团、KKR 和黑石公司），在法律上有义务定期披露其绩效的详细信息外，大多数基金经理，通常结构为私人伙伴，不受公开要求的约束。因此，毫不奇怪关于他们的财务表现，他们倾向于保持神秘的厚面纱。

虽然各种研究机构公布了有关私募基金绩效的基准数据[5]，但信息不完整，因此使用有限。尽管基准组织在严格保密的基础上征求了财务回报数据，但许多一般合伙人对这一过程缺乏信心，并选择不提供信息。此外，数据收集过程受到自我选择偏见的影响，进一步扭曲了结果并破坏了基准的可信度，具有良好记录的一般合伙人比那些表现欠佳的一般合伙人更有可能提供数据。[6] 知道这些严重缺点，负责确定多少和给谁分配资本的精明的机构投资者对于基准数据是不是一个有用的决策工具缺乏信心。比如，关于资产类别一段时间内在新兴市场与发达国家相比表现如何，或者 X、Y、Z 新兴市场国家的私募基金在与同样国家中的公募基金的回报比较如何，他们无法做出合理的判断。

如本书所要求的那样，为新兴市场的私募基金创造一个令人信服的理由，需要基于历史经验的可信证据，向投资者证明相对于其他投资机会，他们将获得良好的回报。不过读者可能已经注意到，当前这部分内容几乎没有包含显著支持该情况的基准数据。实际上对于作者来说，没有什么比缺乏使本书的基本前提更具说服力的可信的基准数据更令人沮丧的了。对于具有有限披露要求的行业来说，这个问题没有容易的解决方案。只要大多数一般合伙人保持私人合作关系，资产类别的基准测试将缺乏可信度。这可能是个很肤浅的建议，但也许在某个遥远的地方徘徊着一个企业家，有技能、有完整的信心，致力于建立一个加强可信基准信息流向行业股东的企业。如果是这样，天使投资者可能会认识到这个新公司的机会并提供种子资本。

与地方政府的倡导

扩大新兴市场私募基金活动的广度和深度主要是一般合伙人、有限合伙人、公司所有者、行业协会和前几章概述的其他私营部门股东的责任。然而，正如本书所强调的，政府在确定各自国家的投资步伐和方向方面也发挥了关键作用。在第 2 章提到，政府长期干预市场驱动型经济，以促进实现公共政策优先事项，并且在有效实施时，这些举措是作为补充而不是与私人资本和专业知识进行竞争。当政府官员采取行动刺激更多的私募基金投资时，正如发达国家无数次发生的那样，整个经济的好处可以是巨大的。此外，正如以色列亚泽马方案（见第 2 章）生动说明的那样，最好的举措不会扭曲市场或是需要大量的政府支出。

除了几个明显的例外，例如中国和巴西，发展中国家政府执行旨在鼓励更多私募基金投资的举措一直很缓慢。对这种不作为的解释的很大一部分源于在政府主要决策者中缺乏对私募基金加强私营部门作为经济增长和减贫力量的潜力的认识和理解。该问题在资产类别较新并且较不成熟的前沿市场尤其严重，因此更有可能逃避负担过重的决策者的注意。如第 8 章所示，在这些国家，一个更善于接受的政府可以明显地产生重大影响。但是，国际金融公司的一位高级官员吐露道："这些国家的大多数政府官员都不知道如何执行鼓励更多私募基金投资的政策。"减轻这一问题的首先措施是提高认识，然后是指导协助有关公务员制定和执行鼓励更多私募基金活动的政策和方案。

引领这样的倡议可以是私人、非营利机构和准公共机构的工作，这些机构有客观的专业知识和声誉，为其工作提供可信度。国际金融公司和其他私募基金倡导者，尤其是在前沿市场，长期致力于知识转移计划以及融资来源服务。更多地参与到各种全球、区域和国家特定的私募基金行业协会，他们的付出可以得到支持。这些成员具有专业知识和动机，为其运营所在国家更有效的宣传倡议来提供时间和资源。

要清楚一点，“倡导”并不是关于减税、放宽施加于基金经理和投资公司的披露要求，或者昂贵的补贴。相反，建设性的倡导集中于精心设计的旨在更好地为政府官员、监管机构和地方机构投资者提供关于资产类别及其利益的倡议。它可能采取为公共养老基金的投资官员提供技能培训的形式，以加强他们执行一般合伙人契约尽职调查的能力；或者根据其他国家的经验向监管者提供少数股东权利的信息；只是为相关政府官员举办“私募基金 101”研讨会。特别地，这些举措可能看起来不大，但随着时间的推移，它们会对政府决策者的前景和行动产生重大影响。

一次进步一点

为了使新兴市场中的私募基金发挥更大、更具建设性的作用，这个“待办事项”清单几乎不会涉及亟待解决的挑战，特别是作为实际国家中私营部门发展和减贫的力量。毫无疑问，没有众所周知的新技术，没有一个单一的处方会突然使资产类别在发展中国家获得更大的意义。相反，变化将逐步产生：一个交易、一个地方政策倡议、一个额外的有限合伙投资者。在这种情况下，个别公司和国家以及私募基金投资者的利益将显而易见。实施具体行动以提高员工的健康和安全标准，提供更好的技能培训，提高生产力，采用导致吸引额外融资的世界一流的公司治理标准，或者如前几章所述的大量其他绩效，是不是因为公司的努力，经验证据是压倒性的：私募基金投资者有着动机和技能，不仅可以显著提高个体公司的竞争力和盈利能力，而且也能提高私营部门对一个国家的增长和发展的贡献。与 20 年前刚开始受影响和成长的新兴行业相比，我们有理由对资产类别的未来前景持谨慎的乐观态度。当然，约吉·贝拉的怀疑是有基础的，对未来进行预测是一个不靠谱的事情。然而，尽管进展是明确、缓慢且不均衡的，我们仍有充分的理由相信，新兴市场私募基金不再被低估或未充分利用的那一天会来临。

注　　释

引言

1. 经济学家卡门·莱因哈特解释了为什么几乎整个经济学专业都不了解全球金融危机的原因和后果，直到它发生过后（Rampell, Catherine, “They Did Their Homework (800 Years of It),” *New York Times*, July 4, 2010）。
2. 截至 2014 年，新兴市场私募股权投资协会（EMPEA）拥有来自 100 多个国家的超过 300 个代表广大私募基金利益相关者的会员。请看：www.empea.org。
3. 新兴市场私募股权投资协会（EMPEA），2014 年 3 月。
4. Peter T. Bauer and Basil S. Yamey, *The Economies of Under-Developed Countries* (Chicago: University of Chicago Press, 1957) 15.
5. William Easterly, *The Elusive Quest for Growth: Economists' Adventures and Misadventures in the Tropics* (Cambridge: Massachusetts Institute of Technology Press, 2001) 65.
6. See, for example, Meghan Ayyagari, Thorsten Beck, and Aslı Demirgüç-Kunt, “Small and Medium Enterprises across the Globe,” *Small Business Economics* 29 (4).
7. 第 9 章将更详细地讨论缺乏可靠的基准数据。
8. 举例包括新兴市场私募股权投资协会（EMPEA）、拉丁美洲私募基金和风险投资协会（LAVCA）、巴西私募基金和风险投资协会（ABVCAP）、伦敦咨询机构和康桥汇世集团。
9. 例如，在报告私募基金筹资和投资流量时，一些数据集包括基础设施和房地产部门，所以与那些选择排除这些部门的组织相比，在一些市场中数量显著增加。
10. 虽然一些新兴市场私募基金活动也存在于中间市场的广阔边界之外，有影响力的投资者侧重于在“金字塔底层”为客户提供商品和服务的小公司，在创业阶段投资新公司的风险资本，以及杠杆收购大型、成熟的公司——本书的重点是在这些国家中代表大部分私募基金机会的中间市场公司。

第 1 章　私募基金入门

1. 本书中许多引用的话是人们建立在信任的基础上对作者所说的，因此书中不指明他们的名字，或如此处用化名以保护相关人的隐私。

2. Thorsten Beck. “Financing Constraints of SMEs: Evidence, Determinants and Solutions.” Paper presented at the Korea Development Institute 36th Anniversary International Conference on Financing Innovation-Oriented Businesses to Promote Entrepreneurship, Seoul, South Korea, April 26-27, 2007.
3. The World Bank. *Enterprise Surveys*. Last accessed November 4, 2013. http://www.enterprisesurveys.org.
4. 虽然发展中国家也有上市公司收购，但是发生频率远低于发达国家。
5. 该图只是说明性的展示，具体情况会因基金本身和投资于发达国家还是新兴市场国家有显著差别。例如，有着良好业绩记录的一只西方国家的基金在“营销 / 筹集资金阶段”所需的时间可能比新兴市场国家的新基金短得多。
6. 然而许多有限合伙协议（LPA）明确规定了普通合伙人能够开始募集后续基金的具体时间，以确保这些活动没有削弱花费在为当前基金的投资组合公司创造价值的时间和精力。
7. 一些发展中国家，尤其亚洲国家，既不在法律上许可有限责任合伙制结构，也不允许股份制等其他的法人结构。
8. 虽然有限合伙人提供了基金大部分的资金，但通常普通合伙人也是投资者——对潜在有限合伙人来说这是利益共享的重要证明。因此有限合伙人和普通合伙人共同承担风险（也就是风险共担）。
9. 开发性金融机构通常是新兴市场国家私募基金最活跃的机构投资者之一。
10. 例如，世界经济论坛上一篇全球私募股权发展情况的研究报告将私募股权狭义地定义为“包括杠杆收购的有专业管理的合伙人的股权投资或是其他有大量相关债务的股权投资”。*Globalization of Alternative Investments*: *The Global Impact of Private Equity Report 2008*, New York: World Economic Forum, 2008, p.iii.
11. 敌意并购是个例外，也就是投资者在一些股东和管理层反对交易的情况下仍然获取目标公司的控制权。
12. 依据国家的不同，这些规定的权利可能被列为“肯定性条件”或“保护性条款”。
13. Roger Leeds and Lily Fang. “Hony Capital and China Glass Holdings.” In *Globalization of Alternative Investments*: *The Global Economic Impact of Private Equity Report 2008*, edited by World Economic Forum. New York: World Economic Forum, 2008.
14. 在第 3 章将会详述。
15. 以下信息来源于作者采访和“全球环境基金的价值管理”节选，后者是斯坦福大学商学院 2013 年的案例研究。

16. 这一概述有一些例外。即一些投资于没有交易过的公开上市公司股份的私募基金，所谓 PIPE（私募股权投资已上市公司股份）。在发展中国家有规模小却增长快速的“次级”市场，及一只私募基金可能会购买（通常以折价形式）另一只基金所有或者部分的投资组合。

第 2 章　私募生态：发达国家和发展中国家的鲜明对比

1. George W. Fenn, Nellie Liang, and Stephen Prowse. *The Economics of the Private Equity Market*. Washington, DC: Board of Governors of the Federal Reserve System, 1995.
2. 同上。
3. Guy Fraser-Sampson. *Private Equity as an Asset Class*. West Sussex, United Kingdom: John Wiley & Sons, 2010.
4. Martin Kenney, Martin Haemmig, and W. Richard Goe. “The Globalization of the Venture Capital Industry.” Working Paper, University of California, Davis, 2007.
5. 更客观地讲，某公司募集了该基金总募资额的 50%。
6. 根据 Preqin 公司 2014 年 1 月发布的消息，大约有 2740 亿美元用于 2830 项交易。
7. 并购市场，并购市场 2013 年私募股权报告，2013. http://www.mergermarket.com/pdf/Mergermarket-H12013-PrivateEquityM& ATrend Report.Pdf.
8. 2013 年年底根据多种渠道评估的数量。
9. Charles Kindleberger. *Manias, Panics, and Crashes: A History of Financial Crises*. New York: Wiley, 2000.
10. Organisation for Economic Co-operation and Development. *The SME Financing Gap: Volume I Theory and Evidence*. Paris: OECD Publications, 2006.
11. 政府为实现某些公共目标往往会进行一定的干预，例如鼓励金融企业投资私募股权之外的项目。很多国家都会拿出公共基金的一部分以资助学生贷款项目；为便利中低收入家庭购买房产而提供的政府补贴贷款；出口补贴更为常见；一些前沿的研究和发展项目，例如在互联网、纳米技术、全球定位系统技术和生物技术的研究，这些项目都严重依赖政府拨款。
12. EIF 的股东包括欧洲投资银行、欧盟和私有的欧洲金融机构。
13. Dan Senor and Saul Singer. *Start-Up Nation: The Story of Israel's Economic Miracle*. New York: Twelve, 2009.
14. 想要了解更多信息，见 Josh Lerner. *Boulevard of Broken Dreams: Why Public Efforts to Boost Entrepreneurship and Venture Capital Have Failed and What to Do about It.*

Princeton and Oxford: Princeton University Press, 2009, and Dan Senor and Saul Singer. *Start-Up Nation: The Story of Israel's Economic Miracle*. New York: Twelve, 2009.

15. Senor 和 Singer，P. 167。
16. Roger Leeds, and Julie Sunderland. "Private Equity Investing in Emerging Markets." *Journal of Applied Corporate Finance* 15, no. 4 (2003).
17. "保护投资者"衡量的是法律条文保护中小投资者反对公司董事滥用公司资产牟取私利的效力；"执行合约"衡量的是解决两家国内公司商业纠纷所耗费的时间、成本和程序复杂性。
18. Organisation for Economic Co-operation and Development. *The SME Financing Gap: Volume I Theory and Evidence*. Paris: OECD Publications, 2006.
19. 许多普通合伙企业进行离岸注册从而减少解决纠纷的当地管辖权依赖。然而，这只能部分解决出现在少数股票投资者中的问题。
20. 然而，在一些新兴市场，短期信贷利率也过高。除此之外，这一状况并不适用于非正式经济体中的公司，因为它们通常未能通过大多数金融中介机构制定的最低法律合规标准。
21. 在刻画发达国家和发展中国家银行体系所提供的银行信贷总量的差异时，这张表格低估了新兴市场企业的问题，因为可用信贷通常是短期贷款的形式。
22. 世界银行，世界发展指标，http://data.worldbank.org/indicator/CM.MKT.LCAP.GD.ZS，2014 年 6 月。
23. 苹果公司市值在 2013 年 12 月刚刚超过 5000 亿美元。
24. 中国是一个例外，在 2009 ～ 2012 年年中通过上市方式退出很普遍，而 2012 年年中，证券监督委员会突然因欺诈猖獗而关闭了新股发行通道。第 6 章将会解释，这一政府行为造成数百家私募股权融资公司无法在预先设计的时间框架下退出。新股发行市场于 2014 年逐渐重启，但此时私募股权市场已经遭到重创。
25. EY Quarterly Edition of Private Equity Backed IPO Activity, Q4 2013, data as of December 12, 2013.
26. EY and African Venture Capital Association. *Harvesting Growth: How Do Private Equity Investors Create Value*? 2013. http://www.ey.com.
27. Deloitte and Africa Assets. *2013 East Africa Private Equity Confidence Survey: Seeing Beyond the Waves*. 2013.
28. Definition per the National Center for the Middle Market, www.middle-marketcenter.org.
29. GE Capital and ESSEC Business School. *The European Mid-Market in 2013: Voices from the Boardroom*. 2013.

30. KPMG. *Mid Market Outlook Survey: Executives Ready to Spend to Spur Growth amid Lingering Concerns over the Economy*. 2012.
31. Bain & Company. *Global Private Equity Report 2014*. 2014.
32. Rubin, Robert. *In an Uncertain World: Tough Choices from Wall Street to Washington*. New York: Random House, 2004.
33. Transparency International. *Corruption Perceptions Index 2013*. Berlin: Transparency International, 2013.
34. International Finance Corporation. *Scaling-Up SME Access to Financial Services in the Developing World*. Washington, DC: IFC, 2010.
35. Mercer. *HR & Mobility Challenges of Emerging Markets*. 2011. http://107.21.200.3/mercer-wef/documents/hr-mobilitychallenges.pdf.

第 3 章　私募基金优势：可操作的价值创造

1. EY and Emerging Markets Private Equity Association. *Building Vital Partnerships: How Do Private Equity Investors Create Value*? 2013. http://www.ey.com.
2. “ESG”代表环境、社会和治理。这一词汇在投资和商业组织中应用广泛，用来评估公司、基金和投资者的表现。一些投资者使用 ESG 指标来观测投资，在本章后面会提到，对于这些因素的紧密关注和提高的长期收益及表现紧密相关。
3. EY and African Venture Capital Association. *Harvesting Growth: How Do Private Equity Investors Create Value*? 2013. http://www.ey.com.
4. 从各个信息来源中获取的有限合伙企业案例，包括机构有限合伙企业协会和联合国负责人的投资法则。
5. The Boston Consulting Group and IESE Business School. *Time to Engage—or Fade Away: What All Owners Should Learn from the Shakeout in Private Equity*. 2010. http://www.bcg.com/documents/file38219.pdf.
6. Josh Lerner. “Yale University Investments Office: February 2011.” Harvard Business School Case No. 9-812-062. Boston: Harvard Business School Publishing, 2007. (Revised March 2013.)
7. Rob Johnson. “Southern Cross Latin America Private Equity Fund.” IESE Business School Case No. 608-01 5. 2008.
8. 同上。
9. Privcap，2014 年 1 月。
10. Josh Lerner, Asim Ijaz Khwaja, and Ann Leamon. “Abraaj Capital and the Karachi Electric

Supply Company." Harvard Business School Case No. 812-019. Boston: Harvard Business School Publishing, 2012.

11. *Partner in Chinese PE fund (July 2013) McKinsey interview.*
12. Mercer. *HR & Mobility Challenges of Emerging Markets*. 2011. http://107.21.200.3/mercer-wef/documents/hr-mobilitychallenges.pdf.
13. Emerging Markets Private Equity Association. *Private Equity Talent Management in Emerging Markets*. Washington, DC: EMPEA, 2013.
14. 正如包括安然、世通公司和一些其他上市公司的丑闻，严格的公司治理和许多其他公开上市公司显然是受到更严格的监督。
15. 在大多数国家，私人股本基金没有法律义务公开透露结果。例如，在美国，证券法规定，在正常情况下，少于100名投资者的有限责任合伙被视为"豁免"向证券交易委员会注册。一旦被分类为豁免，基金不受与公开上市公司和其他金融中介（例如共同基金）相同的严格报告和监管要求的约束。
16. Teresa Barger presentation March 2008 citing Black & Jang 2004.
17. Teresa Barger presentation citing ABN AMRO 2005.
18. Standard & Poor's Corporate Governance Scores: Criteria, Methodology and Definitions, July 2002.
19. Moody's. *Assessing Corporate Governance as a Ratings Driver for North American Financial Institutions*. 2006.
20. Excerpt from Roger Leeds and Lily Fang. "Hony Capital and China Glass Holdings." In *Globalization of Alternative Investments*: *The Global Economic Impact of Private Equity Report 2008*, edited by World Economic Forum. New York: World Economic Forum USA Inc., 2008.
21. Asian Development Bank report on private sector development, 2005, p.10.
22. *The Economist*, May 26, 2005.
23. United Nations-supported Principles for Responsible Investment (PRI) Initiative, http://www.unpri.org/events/pri-private-equity-event/.
24. Stanford Graduate School of Business, "The Abraaj Group: Betting on Private Equity in Global Growth Markets," (case # F-277, January 2013).
25. 后来，突尼外斯特的名字改为阿夫里奇投资。

第 4 章　金融危机之前私募股权基金业绩表现

1. 本部分的部分章节引自：Roger Leeds and Julie Sunderland. "Private Equity Investing

in Emerging Markets." *Jrournal of Applied Corporate Finance* 15, no. 4 (2003)。

2. 国际货币基金组织，2003。
3. Leeds 和 Sunderland（2003），p113。2001 年之前，新兴市场私募股权的数据比较缺乏。这段中的数据引自多个来源，包括 *Latin American Private Equity Review & Outlook, 2000/2001*; *Guide to Venture Capital in Asia*; *and, European Private Equity Statistics* (European Venture Capital Association); Paul Kilby, "Heading for the Exits," *Latin Finance* (May 1999).
4. 数据来源于 www.USAID.gov.2013.12.11。
5. 早期几乎没有关于外国直接投资规模的数据。国际金融公司的一位高级官员坦率地对作者说："国际金融公司没有 2000 年之前的数据，这主要是因为私募股权投资活动不集中；每个部门都是各行其是，没有一个统一协调的策略。"
6. 20 世纪 90 年代早期设立欧洲复兴开发银行是为了给国家向市场经济转型而提供技术和资金支持。像国际金融公司，它的主要目标是促进私有经济部门的发展。
7. Leeds 和 Sunderland. 前面引用过的书目。
8. International Finance Corporation. *IFC and Private Equity*: *Development Impact, Financial Returns*. Washington, DC: IFC, 2013.
9. "前沿市场"已经成为一个通用的词汇，它用来指规模较小、较不发达的新兴市场，这些市场通常缺乏流动性，股票交易规模也较小。
10. 私募股权市场中有两个比较常用的度量指标：年化内涵报酬率（IRR）和投资资本倍数（MIC）。前者既考虑了投资者的现金收益，又考虑了资金的时间价值；后者虽然没有考虑资金的时间价值，但是可以使得投资者轻易地测算它们的投资回报率。
11. 新兴市场私募股权投资协会（EMPEA）。
12. 据一位作者对国际金融公司官员的非正式采访，国际金融公司针对私募股权投资的复合回报率在 2001 ～ 2003 年大约为 20%。
13. 剑桥出版社，2013。
14. 想了解更多信息，请浏览：The World Bank. *The East Asian Miracle*: *Economic Growth and Public Policy*. New York: Oxford University Press, 1993.
15. 新兴市场私募股权投资协会（EMPEA），国际货币基金组织，2009。
16. 国际货币基金组织世界经济发展数据库，2013.4。
17. Fundacão Getúlio Vargas.*Overview of Brazilian Private Equity and Venture Capital Industry.* São Paulo: Fundação Getúlio Vargas, 2009. http://gvcepe.com/site/wp-content/uploads/2008/12/panorama_2008_en.pdf.

18. Christoph Andryknowsky and Victoria Barbary.*Private Equity in the Shadow of Giants: Innovative, Approaches along the Investment Value Chain in Sub-Saharan Africa*. Monitor Group and the South African Venture Capital Association, 2011, http://www.avca-africa.org/wp-content/uploads/2013/08/Private_Equity_In_the_Shadow_of_Giants.pdf.
19. Robrt Sturgeon, Equity Portfolio Manager at Export Development Canada (EDC); 2009.http://lavca.org/2009/11/06/an-interview-with-robert-sturgeon-export-development-Canada/.
20. Deloitte, "Private Equity Confidence Survey, Global Emerging Markets Comparative Report," 2009, p.18.
21. 本节的内容部分引自先驱发展，CDC 集团，2008。

第 5 章　后危机时代评估：新的挑战和机遇

1. Estimates from Bloomberg. "US Taxpayers Risk $9.7 Trillion on Bailout Programs," Mark Pittman and Bob Ivry. February 9, 2009. Bloomberg News.
2. *The Economist*, "The Lion Kings?" January 6, 2011. 这些国家有安哥拉、尼日利亚、埃塞俄比亚、乍得、莫桑比克和卢旺达，这些国家的年均增长率都达到或超过 8%。
3. 新兴市场私募股权投资协会（EMPEA）。
4. Emerging Markets Private Equity Association and Coller Capital. *Emerging Markets Private Equity Survey: Investors' Views of Private Equity in Emerging Markets*. Washington, DC: EMPEA, 2008 and 2009.
5. California Public Employees' Retirement System, Annual Investment Report for Fiscal Year Ended June 30, 2009.
6. "Princeton Endowment Plans to Cut Ranks of Private Equity Managers in Half," Gillian Wee. Bloomberg. October 22, 2010.
7. 全球新兴市场和私募股权及风险资本指数是由剑桥协会编制的，这是一个全球性的咨询公司。截至 2013 年 6 月，这个指数包含 445 只在 1986 ~ 2013 年成立的新兴市场基金，总市值约为 1050 亿美元。
8. Emerging Markets Private Equity Association and Coller Capital. *Emerging Markets Private Equity Survey: Investors' Views of Private Equity in Emerging Markets*. Washington, DC: EMPEA, 2008 and 2009.
9. 在这种不景气的市场环境中，许多投资者选择将大部分资产配置在二级市场，在二级市场中许多专业投资者和私募股权基金买卖之前定好的合约。但是，在 2009 年买卖双方对于价格僵持不下，所以二级市场要想恢复活力尚需一段时间。

10. "Private Equity Had Role in Crisis, Says Carlyle Co-Found.er," *Washington Post*, October 14, 2009, http://www.washingtonpost.com/wp-dyn/con-tent/article/2009/10/13/AR2009101303014.html.
11. 但是这种趋势开始反转，2013 年新兴市场的增长速度相对发达国家开始放缓。
12. Martin Day, Managing Director of OMERS Capital Partners; EMPEA Emerging Markets Private Equity Quarterly Review, December 2008.
13. "Emerging Markets Private Equity Association and. Coller Capital. *Emerging Markets Private Equity Survey Investors' Views of Private Equity in Emerging Markets*. Washington, DC: EMPEA, 2009, 2010, and 2011.
14. 新兴市场股权投资协会 2013 年千秋有限合伙人调研报告。除了撒哈拉以南的非洲地区之外，最受欢迎的地区包括东南亚和拉丁美洲地区（不包括巴西）。
15. 新兴市场私募股权投资协会（EMPEA）。
16. 2011 年阿布拉吉资本年度评论。
17. 新闻稿：阿布拉吉资本宣布收购欧瑞斯资本，www.abraaj.com.7.24，2012。
18. 阿布拉吉集团，2014，www.abraaj.com。
19. "私下里讲：阿布拉吉资本的野心，"国际私募股权，5.2，2013. 阿布拉吉，http://www.abraaj.com/images/uploads/newspdfs/PEI_article_may2013.pdf。
20. Helios 投资合伙人，泛非洲地区在 2011 年投资额为 9.08 亿美元。
21. 新兴市场私募股权投资协会（EMPEA）。
22. 当然理论上讲，这些基金可以使得每笔投资额度小一些，从而使得投资数目更多一些，但是投资数目的增多会使得管理难度增加并增加基金运营成本。

第 6 章　中国：中国特色的私募股权

1. 正如本书刚开始所解释的那样（见引言），关于新兴市场私募股权的数据，读者应该持有批判的精神。这一点对于讨论中国的情况尤为适用。举一个例子说明一下，2014 年 2 月，在对中国政府官员、私募界的相关人士及分析人士的多次访谈中，关于中国私募股权基金的数量众说纷纭，1000 家到 10 000 家不等，笔者认为大致范围应该在中间。
2. Roger Leeds and Lily Fang. "Hony Capital and China Glass Holdings." In *Globalization of Alternative Investments*: *The Global Economic Impact of Private Equity Report 2008*, edited by World Economic Forum. New York: World Economic Forum USA Inc., 2008.
3. 世界发展指标，世界银行（2014）。1990 年印度的人均 GDP 和中国的基本相等；截至 2010 年，采用同样的标准衡量的话，中国的人均 GDP 为印度的 2.5 倍，并且两国的 GDP 总量差距也越来越大：中国约为 9 万亿美元，而印度则为 1.9 万亿美元。

4. 世界发展指标，世界银行（2014）。贫穷被定义为每天生活费用低于1.25美元的人口数，贫困人口数从1981年的8.35亿降至2009年的1.57亿，本书引用的数据是世界银行最新的数据。
5. Simon Rabinovitch. “Beijing Reforms: China’s Lending Laboratory.” *Financial Times*, May 22, 2012.
6. 截至2014年，有迹象表明政府正在采取重要步骤以改革被严格约束的金融部门，譬如，不再设立存款利率上限，对某些公司发放民营银行牌照。尽管这些改革鼓舞人心，但是私营企业要想便利地获得中长期投资仍然需要很长时间。
7. James Riedel, Jing Jin, and Jian Gao. *How China Grows: Investment, Finance, and Reform*. Princeton and Oxford: Princeton University Press, 2007.
8. 世界发展指标，世界银行（2014）。中国的房屋资产占他们可支配收入的24%，是经合组织其他国家的3倍之多，这使得中国经济体系存在着规模巨大的金融资产存量。
9. 正如麦肯锡公司报告所提到的那样：“四大行确实是是作为政府部门存在的，它们向大型国有企业和当地政府提供大量贷款，而非贷给雇用了中国80%劳动力的中小企业。” “All You Need to Know about Business in China.” April 2014.
10. Alan Greenspan. *The Age of Turbulence: Adventures in a New World*. New York: Penguin, 2007.
11. World Economic Forum. *The Globtal Competitiveness Report: 2014-2014*. Geneva: World Economic Forum, 2013. 中国在金融服务方面排名70位（70/148）。
12. 中国香港大学和深圳发展银行在2007年12月完成了一份关于国有企业融资和投资报告，这项调查涉及了17个城市中544家从金融机构获得贷款的国有企业。这篇报道名为“21st Century Economy Report on Investment and Financing of SMEs,” December 2007.
13. Peter Fuhrman. *Private Equity in China 2013: The Opportunity & the Crisis*. 2013. http://www.chinafirstcapital.com/en/PEChina2013.pdf.
14. Henry McVey. *China: Repositioning Now Required*. February 2014. http://www.kkr.com/_files/pdf/KKR Insights_140220.pdf.
15. 2013年，政府已经开始增加对贷款规模增速过快这一现象的关注。详情见沈宏，“PBOC Shows Strongest Hand on China’s Shadow Banks,”《华尔街日报》, 2014.1.7。
16. Stuart Schonberger, as quoted in EMPEA, *Private Equity Talent Management in Emerging Markets Survey*. August 2013, p. 6.
17. 参考注释1。作者对负责私募行业监管的中国政府官员以及主要的中国和国际调查公司的分析师的采访表明难以就2014年年初普通合伙人的数目达成共识。

18. EMPEA Legal and Regulatory Bulletin, Violet Ho, (Kroll), p. 1, 2/14.
19. Riedel et al., op. cit., p. 13.
20. China Venture Capital Research Institute and Hong Kong Polytechnic University. *China Venture Capital Yearbook 2007*. China Venture Capital Research Institute, 2007.
21. Feng Zeng. "Venture Capital Investments in China." PhD dissertation. Pardee RAND Graduate School, 2004.
22. Felda Hardymon, Josh Lerner, and Ann Leamon, "Chengwei Ventures and the hdt Investment," Harvard Business School Case # 9-802-089 (April 2002), p. 12.
23. See Feng Zeng, *op. cit.* p. 55 for supporting data.
24. 据测算，20 世纪 90 年代初期到中期，95% 的私募基金资金是由国际基金募集的，见 Feng Zeng, p. 56。
25. Feng Zeng, *op. cit.* p.54.
26. Ibid., pp. 55-56
27. 尽管 20 世纪 90 年代初期超过 90% 的私募基金投资都投向国有企业，20 世纪 90 年代末比例已低于 10%。见 Feng Zeng，p.45。
28. *China People's Daily On-line*, June 12, 2007.
29. Simon Rabinovitch, "Beijing Reforms: China's Lend.ing Laboratory." *Financial Times*, May 22, 2012.
30. 如上，p.3。
31. 以下"一个错误交易的故事"由一名投资于新兴市场国家的基金资深合伙人提供。出于隐私保护，不指出基金经理和公司的名字。
32. Felda Hardymon, Joshua Lerner and Ann Leamon, "Gobi Partners and DMG," Harvard Business School Case # 9-810-095, Rev. (April 2010), p. 3.
33. 这是由作者和 Lily Fang 案例研究改编的版本；"Hony Capital and China Glass Holdings," World Economic Forum (2008)。
34. 联想集团在国际知名是因为其子公司联想 Lenovo 在 2005 年收购了 IBM 的个人电脑业务。虽然其被广泛地视为中国私营部门最成功的例子之一，联想控股仍有 65% 的股份由国有的中国科学院持有。
35. 2013 年，NSSF 估计资产管理规模达 2 万亿元人民币，以 2014 年 3 月的汇率计算为 3250 亿美元左右。
36. 世界证券交易所联合会 . 上证指数从 2005 年 1 月 31 日的 1191 点涨到 2007 年 10 月 31 日的 5954 点。
37. 在 21 世纪第一个 10 年的后半期，据测算，私募股权退出时的市盈率达到 35:1，这是西方发达国家证券市场上几乎没有出现过的水平。

38. Peter Fuhrman. *Private Equity in China 2013: The Opportunity & The Crisis*. 2013. http://www.chinafirstcapital.com/en/PEChina2013.pdf.
39. Paul J. Davies, "Asian Private Equity Uninspired by China IPO Thaw." *Financial Times*, January 9, 2014.
40. Peter Fuhrman，如前引用。
41. 新兴市场私募股权投资协会（EMPEA）。
42. 贝恩公司 .2014 年全球私募股权报告，p.7。
43. China First Capital, *China M&A & Capital Markets* blog, 20 February 2014. http://www.chinafirstcapital.com/blog/archives/7967.
44. Peter Fuhrman，如前引用。

第 7 章　巴西：未来的国家

1. Fernando Henrique Cardoso and Brian Winter. *The Accidental President of Brazil: A Memoir*. New York: PublicAffairs, 2006.
2. Musacchio and Stephen J. Goldstein. "Silver Lake and Private Equity in Brazil: *Carnaval* or Calamity?" Harvard Business School Case No. 9-712-004. Boston: Harvard Business School Publishing, 2012.
3. 同上。
4. Deloitte. *As Pequenas e Médias Empresas que Mais Crescem no Brazil*. 2007.
5. World Bank (Latin American and Caribbean Region, Finance and Private Sector Unit), "Banking in Brazil: Structure, Performance, Drivers and Policy Implications," January 2009, p.5.
6. 巴西银行同业拆借利率很少低于 10%，而在 2014 年年初，银行间利率大约为 1%。圣保罗交易所。
8. 从雷拉尔转换为美元，按 2014 年 5 月 7 日的 Oanda 上市。
9. 有几个明显的例外。早在 1981 年，例如，南方区域发展银行的前总裁和巴西中央银行的董事阿里·布格尔创立了巴西第一个风险资本基金。瑞欧合伙人公司成功地从当地私人投资者和政府开发银行筹集资金。在其运营的头 10 年中，瑞欧合伙人公司在 40 家初创企业和小型公司投资了 520 万美元。卡约·拉马略硕士论文，2013。
10. 直到 1994 年，私人股本基金才被允许作为有限责任合伙制的法律结构。普通合伙人投资是第一个利用新结构的巴西基金，这使得有可能从国际投资者吸引资本（卡约·拉马略论文）。

11. 德勤。
12. 卡多苏，同前，p.248。
13. 数据低估了巴西的主导地位，因为该半球私募股权基金筹集和投资的第二大总额是“区域性的”。
14. *The Economist*，2011 年 2 月 17 日，p.81。
15. 同上。
16. SELIC 是巴西银行同业拆借利率，从 2013 年 1 月的 7.5% 上升到一年后的 11% 以上。
17. 资料来源：世界交流联合会。数字以当地货币计算。
18. 新兴市场私募股权投资协会（EMPEA），“2013 年全球有限合伙人调查”。
19. Fundacao Getulio Vargas, GVcepe Midyear Private Equity Survey, 2007.
20. 2014 年年初，在巴西设有办事处的大型基金名单包括例如凯雷集团、科尔伯格·可莱维斯·罗伯特公司、帕特里亚合伙人、盖伟亚合伙人、达·芬奇合伙人、普通合伙人、英国技术集团、安伯深公司和华平投资集团。
21. 根据提交人与所有规模的巴西普通合伙人的几十次面谈，非常少见遇到非巴西雇员。
22. Aldo Musacchio and Stephen J. Goldstein, *op.cit.*
23. 世界银行数据库，2013 年。由于巴西宏观经济表现恶化，2013 年人均国内生产总值实际下降到 11 300 美元。
24. 根据普通合伙人在 2012 年的分析，巴西基础设施投资占国民生产总值的 2.2%，而印度为 4.5%，智利为 6.2%，中国为 13.2%。
25. 巴西开发银行的全资子公司（见注释 38）。
26. 在巴西，与新兴市场的其他地方一样，对于构成中型而非大型公司的确切分界线，尚未达成共识。
27. 新兴市场私募股权投资协会（EMPEA），“巴西数据洞察”，2014 年 2 月。
28. 一个例外是安克松，一个具有良好业绩记录的中型巴西公司，在 2011 年筹集了 3.2 亿美元。根据提交人在 2014 年 4 月与一些中型巴西普通合伙人的访谈，没有其他中型巴西基金经理能够匹配安克松在 2010 ～ 2013 年的筹款成功。
29. Alvaro Goncalves, “Private Equity Chances in Brazil’s Mid-Market,” *Financial Times*, April 9, 2012.
30. 虽然中期市场全科医生的这一概况可能被夸大了，但这是传统的智慧，基于作者的许多采访。
31. 根据世界银行，2010 ～ 2012 年，只有马达加斯加的实际利率高于巴西。
32. 默突斯 .2012 年度报告，p.8。

33. 固定收益投资的这种偏差的一个后果是，很少有养老基金甚至考虑投资于私募股权。例如，根据2013年巴西开发银行研究，巴西普通合伙人国内融资总额的67%由直接或间接连接到政府的五家大型巴西金融机构提供：巴西开发银行、基金会、法国进口商、彼得罗斯、FUNSEC。
34. 如第1章所述，普通做法是让普通合伙人获得20%的利益，80%分配给有限合伙人，与他们的承诺资本相称。但是，这种资本收益的分割只有在有限合伙人收到他们的优惠回报之后才会发生。
35. 有证据表明，有限合伙人退出了参与普通合伙人投资委员会的做法。正如一位有限合伙人投资官解释的那样："随着我们对普通合伙人治理的更多信心，我们将不再需要这种水平的监督。"
36. 巴西银行间利率是中央银行设定的银行利率，与美国基准联邦基金利率的运作方式大致相同。
37. 根据提交人与巴西普通合伙人和有限合伙人的各种访谈。
38. 支持国内私募基金行业的巴西国家社会经济发展银行项目由其全资子公司（BNDESPar）实施，致力于向私募基金提供债务和股权支持，抑或通过直接投资，或是作为有限合伙人。在本章中，读者应假设凡所涉及的巴西国家社会经济发展银行包含其全资子公司。
39. 截至2013年年底，巴西国家社会经济发展银行已经承诺了25亿巴西雷亚尔（超过10亿美元）的资本作为34家风险资本和投资于216家公司的私募基金的有限合伙人，这使其成为国内私募基金市场最大的有限合伙人（巴西国家社会经济发展银行报告，2014年4月）。
40. 巴西国家社会经济发展银行，新闻稿："巴西国家社会经济发展银行启动30亿雷亚尔的项目成立新的投资基金并支持中小企业"，2014年4月15日。
41. 基于对作者的采访，2014年4月。
42. 基于对作者的采访，值得欣慰的是，至少其中一些国内有限合伙人正在转变他们的操作模式，而且可能增加他们对于私募基金的投入，但是到目前为止的进展相对于他们的资产管理方式和潜在的融资角色而言还很缓慢。

第8章　肯尼亚：前沿市场的挑战和机遇

1. 在撒哈拉沙漠以南的非洲估计有2000种方言和语言。麦肯锡非洲消费者研究中心，"非洲消费者数量增长，"（2012年10月），p.9。
2. 除了国际金融中心的研究方法之外，基于公开股票市场的推断包括标准普尔、MSCI和FTSE指数。主权信用评级是另一项反映新兴市场和发达国家差异的指标。实际上，在过去几年里，没有哪一个被界定为投资前沿的国家达到了投资级（标准普尔的 BBB 级及以上）；在 2014 年早期，标准普尔对肯尼亚的主权信用评级为 B+ 级。

3. 根据国际货币基金组织的人均 GDP 数据（2009 ～ 2013 年）。
4. 世界银行企业调查，肯尼亚，2013 年。
5. 格雷厄姆·斯托克，普莱维克“非洲机遇”采访，2013 年第一季度。
6. 戴维·莫查克，卡尔勒，外部事务，www.CNBC.com，2013 年 9 月 25 日，国际金融中心首席投资官，内罗毕，2014 年 1 月。
7. 根据麦肯锡，全国 1526 美元 VS 内罗毕 2827 美元。肯尼亚公报补充版，第 2 页，2013 年 11 月 26 日。
8. 50 年的非洲时光：包容性增长之路。
9. CDC 集团公司，先锋发展，2008 年。
10. 2012 年，第 5 章中提到，Aureos 由一家在迪拜成立的全球新兴市场私募基金公司 Abraaj 集团所收购。
11. 比如，2013 年早期，Helios 管理着超过 17 亿美元的资产，而 ECP 管理着 18 亿美元的资产。
12. 德勤和非洲资本，东非私募基金集美调查，2014 年。
13. FT，2013 年 3 月 12 日，p.180。
14. 东非共同体是布隆迪、肯尼亚、卢旺达、坦桑尼亚和乌干达（南苏丹已经申请加入）的区域政府间组织，2014 年 5 月。
15. 这一部分信息来源于 Abraaj 集团，“阿斯钢铁案例分析”,2013 年和 CDC 集团，“创造就业机会：阿斯河钢厂”，2012。
16. 2012 年，Aureos 资本被 Abraaj 集团兼并。
17. 采访国际金融公司官员内罗毕，2014 年 1 月。
18. 约 40% 的国际金融公司撒哈拉以南非洲的私募基金投资是初次投资，通常在总资本承诺的 10% ～ 20%。采访国际金融公司官员。
19. 在 2013 年 6 月。更多信息，请看“养老基金和私募基金：开启非洲的潜力”。英联邦、新兴市场私募基金协会、让金融在非洲行得通，2014 年，http://empea.org/research/publication/pension-funds-and-private-equity-unlocking-africas-potential。
20. 对于私募基金，J 曲线效应指的是投资私募基金最初几年的回报总是负的，因为投资组合需要时间来成熟，之后由于退出可实现，曲线开始急剧转正。
21. 例如，2014 年 4 月，一个 10 年期的肯尼亚政府债券的收益率为 8.4%（参见第 7 章关于巴西的一个类似情形）。
22. 更多关于启动肯尼亚创业板市场背后的历史，请参见连接资本市场：内罗毕证券交易所创业板市场，ACCA（特许公认会计师公会），2013 年 11 月。

23. 公司在 2013 年 7 月上市。

24. 虽然在内罗毕证券交易所执行了少数私募股权支持的首次公开募股，但肯尼亚绝大多数退出都是通过贸易销售和兼并实施的。

25. Christoph Andrykowsky and Victoria Barbary. "Private Equity in the Shadow of Giants: Innovative Approaches along the Investment Value Chain in Sub-Saharan Africa." Monitor Group and the South African Venture Capital Association, 2011, http://www.avca-africa.org/wp-content/ uploads/2013/08/Private_Equity_In_the_Shadow_of_Giants.pdf.

第 9 章　透过一个朦胧的水晶球看去

1. 新兴市场私募股权投资协会（EMPEA），2014 年 8 月数据。

2. David Wilton, IFC/EMPEA Global Private Equity Conference presentation, Washington, DC, May 13, 2014.

3. 国际金融公司已经编制了有说服力的数据，挑战了有限合伙人的逻辑：避免首批缺乏经验的基金经理。根据国际金融公司作为有限合伙人在一些最不发达国家投资私募基金的经验，首批基金经理的财务收益与旧的、更成熟的新兴市场一般合伙人相比，一样好或更好。请参见 "Emerging Markets Private Equity, An Outline of the Opportunity," presentation by David Wilton (Chief Investment Officer and Manager, IFC's Private Equity Department), September 14, 2011, Washington, DC.

4. 其中，这个包括新兴市场私募股权投资协会（EMPEA）、拉丁美洲私募基金和风险投资协会、非洲私募基金和风险投资协会，以及很多国家类别的私募基金协会，如巴西私募基金和风险投资协会。

5. 例如，康桥汇世集团、Burgiss 和伦敦咨询机构。

6. 虽然没有数据可以证实这项说法，但是它得到作者的许多访谈的支持。

参考文献

Abraaj Capital Limited. *2011 Abraaj Capital Annual Review*. Dubai: Abraaj Capital Limited, 2011.

African Development Bank. *Africa in 50 Years' Time: The Road Towards Inclusive Growth*. Tunis: African Development Bank Group, 2011.

Andrykowsky, Christoph, and Victoria Barbary. *Private Equity in the Shadow of Giants: Innovative Approaches along the Investment Value Chain in Sub-Saharan Africa*. Monitor Group and the South African Venture Capital Association, 2011.

Association of Chartered Certified Accountants. *Connecting Capital Markets: The Nairobi Securities Exchange Growth Enterprise Market Segment*. 2013. http://www.accaglobal.com/content/dam/acca/global/PDF-technical/small-business/pol-afb-nsegem.pdf.

Ayyagari, Meghana, Thorsten Beck, and Aslı Demirgüç-Kunt. "Small and Medium Enterprises Across the Globe."*Small Business Economics* 29, no. 4 (2007).

Bain & Company. *Global Private Equity Report 2014*. 2014.

Bauer, Peter T., and Basil S. Yamey. *The Economics of Under-Developed Countries*. Chicago: The University of Chicago Press, 1957.

Beck, Thorsten. "Financing Constraints of SMEs: Evidence, Determinants and Solutions." Paper presented at the Korea Development Institute 36th Anniversary International Conference on Financing Innovation-Oriented Businesses to Promote Entrepreneurship, Seoul, South Korea, April 26–27, 2007.

Beroutsos, Andreas, Andrew Freeman, and Conor F. Kehoe. "What Public Companies Can Learn from Private Equity." *McKinsey on Finance*, no. 22 (2007).

Borel, Philip. "Abraaj's Ambition." *Private Equity International* 115 (May 2013).

The Boston Consulting Group, and IESE Business School. *Time to Engage—or Fade Away: What All Owners Should Learn from the Shakeout in Private Equity*. 2010. http://www.bcg.com/documents/file38219.pdf.

Brain, Christopher, and Michael Cable. *Pioneering Development*. London: CDC Group plc, 2008.

California Public Employees' Retirement System. *Comprehensive Annual Financial Report: Fiscal Year Ended June 30, 2009*.2009. http://www.calpers.ca.gov/eip-docs/about/pubs/comprehensive-annual-fina-rept-09.pdf.

Cardoso, Fernando Henrique, and Brian Winter. *The Accidental President of Brazil: A Memoir*. New York: PublicAffairs, 2006.

China Venture Capital Research Institute, and Hong Kong Polytechnic

University. *China Venture Capital Yearbook 2007*. China Venture Capital Research Institute, 2007.

Clissold, Tim. *Mr. China*. New York: HarperCollins Publishers, 2005.

Cornelius, Peter. *International Investments in Private Equity: Asset Allocation, Markets, and Industry Structure*. Burlington: Academic Press, 2011.

Deloitte. *As Pequenas e Médias Empresas que Mais Crescem no Brazil*. 2007. http://www.deloitte.com/assets/Dcom-Brazil/Local%20Assets/Documents/Exame%20PME%202007.pdf.

Deloitte, and Africa Assets. *2013 East Africa Private Equity Confidence Survey: Seeing Beyond the Waves*. 2013. http://www.deloitte.com/assets/Dcom-Kenya/Local%20Assets/Documents/Deloitte%20PE%20Survey%202013.pdf.

Easterly, William. *The Elusive Quest for Growth: Economists' Adventures and Misadventures in the Tropics*. Cambridge: MIT Press, 2001.

Emerging Markets Private Equity Association. *2013 Global Limited Partners Survey: Investors' Views of Private Equity in Emerging Markets*. Washington, DC: EMPEA, 2013.

———. *Brazil Data Insight: Q1 2014*. Washington, DC: EMPEA, 2014.

———. *Private Equity Talent Management in Emerging Markets*. Washington, DC: EMPEA, 2013.

———. "Stress Ahead for Emerging Market GPs and Their LPs." *Emerging Markets Private Equity Quarterly Review* 4, no. 4 (2008).

Emerging Markets Private Equity Association and Coller Capital. *Emerging Markets Private Equity Survey: Investors' Views of Private Equity in Emerging Markets*. Washington, DC: EMPEA, 2009.

EY and African Venture Capital Association. *Harvesting Growth: How Do Private Equity Investors Create Value?* 2013. http://www.ey.com.

EY and Emerging Markets Private Equity Association. *Building Vital Partnerships: How Do Private Equity Investors Create Value?* 2013. http://www.ey.com.

Fenn, George W., Nellie Liang, and Stephen Prowse. *The Economics of the Private Equity Market*. Washington, DC: Board of Governors of the Federal Reserve System, 1995.

Fraser-Sampson, Guy. *Private Equity as an Asset Class*. West Sussex, United Kingdom: John Wiley & Sons, 2010.

Fuhrman, Peter. *Private Equity in China 2013: The Opportunity & the Crisis*. 2013. http://www.chinafirstcapital.com/en/PEChina2013.pdf.

Fukuyama, Francis. *Trust: The Social Virtues and the Creation of Prosperity*. New York: Free Press, 1996.

Fundação Getúlio Vargas. *Overview of Brazilian Private Equity and Venture Capital Industry*. São Paulo: Fundação Getúlio Vargas, 2009. http://gvcepe.com/site/wp-content/uploads/2008/12/panorama_2008_en.pdf.

Furtado, Cláudio, and Leonardo de Lima Ribeiro. "An Overview of the PE/VC Market in Brazil." Presented at the Institutional Investors Learning Journey, Rio de Janeiro, Brazil, September 9–14, 2007.

GE Capital and ESSEC Business School. *The European Mid-Market in 2013: Voices from the Boardroom*. 2013. http://www.gecapital.eu/en/docs/LFTM_the_European_mid-market_in_2013.pdf.

Greenspan, Alan. *The Age of Turbulence: Adventures in a New World*. New York: Penguin, 2007.

Hardymon, G. Feda, Josh Lerner, and Ann Leamon. "Gobi Partners and

DMG." Harvard Business School Case No. 9–810–095. Boston: Harvard Business School Publishing, 2010. (Revised April 30, 2010.)

Ho, Victoria. "Pre-Empting Fraud: Understanding the Mindset of the Chinese Entrepreneur." *EMPEA Legal & Regulatory Bulletin*, no. 10 (2014).

Institutional Limited Partners Association. *The ILPA Private Equity Principles*. Toronto: ILPA, 2011.

International Finance Corporation. *Scaling-Up SME Access to Financial Services in the Developing World*. Washington, DC: IFC, 2010.

———. *IFC and Private Equity: Development Impact, Financial Returns*. Washington, DC: IFC, 2013.

International Monetary Fund. *World Economic Outlook: Crisis and Recovery*. Washington, DC: IMF, 2009.

———. *World Economic Outlook Update: A Policy-Driven, Multispeed Recovery*. Washington, DC: IMF, 2010.

Johnson, Rob. "Southern Cross Latin America Private Equity Fund." IESE Business School Case No. 608–015. 2008.

Kaplan, Steven, and Per Stromberg. "Leveraged Buyouts and Private Equity." *Journal of Economic Perspectives* 23, no. 1 (2009).

Kennedy, Michael, Debra McCoy, William F. Meehan, and Paul Fleiderer. "Managing for Value at the Global Environment Fund." Stanford GSB Case No. F-285. Stanford: Stanford Graduate School of Business, 2013.

Kenney, Martin, Martin Haemmig, and W. Richard Goe. "The Globalization of the Venture Capital Industry." Working Paper, University of California, Davis, 2007.

Kilby, Paul. "Heading for the Exits." *Latin Finance*, May 1999.

Kindleberger, Charles. *Manias, Panics, and Crashes: A History of Financial Crises*. New York: Wiley, 2000.

Leeds, Roger. *Financing Small Enterprises in Developing Countries*. New York: Transnational Publishers, 2004.

Leeds, Roger, and Julie Sunderland. "Private Equity Investing in Emerging Markets." *Journal of Applied Corporate Finance* 15, no. 4 (2003).

Leeds, Roger, and Lily Fang. "Hony Capital and China Glass Holdings." In *Globalization of Alternative Investments: The Global Economic Impact of Private Equity Report 2008*, edited by World Economic Forum. New York: World Economic Forum USA Inc., 2008.

Lerner, Josh. *Boulevard of Broken Dreams: Why Public Efforts to Boost Entrepreneurship and Venture Capital Have Failed and What to Do About It*. Princeton and Oxford: Princeton University Press, 2009.

———. "Yale University Investments Office: August 2006." Harvard Business School Case No. 9–807–073. Boston: Harvard Business School Publishing, 2007. (Revised March 2011.)

Lerner, Josh, Asim Ijaz Khwaja, and Ann Leamon. "Abraaj Capital and the Karachi Electric Supply Company." Harvard Business School Case No. 812–019. Boston: Harvard Business School Publishing, 2012.

Lerner, Josh, Felda Hardymon, and Ann Leamon. *Venture Capital and Private Equity: A Casebook (4th edition)*. Hoboken: John Wiley & Sons, Inc, 2009.

McCraw, Thomas K. *Prophet of Innovation: Joseph Schumpeter and Creative Destruction*. Cambridge: Harvard University Press, 2007.

McKinsey & Company. *The Rise of the African Consumer: A Report from*

McKinsey's Africa Consumer Insights Center. October 2012.

McKinsey Global Institute. *Lions on the Move: The Progress and Potential of African Economies*. June 2010.

McVey, Henry. *China: Repositioning Now Required*. February 2014. http://www.kkr.com/_files/pdf/KKR_Insights_140220.pdf.

Mercer. *HR & Mobility Challenges of Emerging Markets*. 2011. http://107.21.200.3/mercer-wef/documents/hr-mobilitychallenges.pdf.

Mergermarket. *Mergermarket H1 2013 Private Equity Report*. 2013. http://www.mergermarket.com/pdf/Mergermarket-H12013-PrivateEquityM&A-TrendReport.pdf.

Moody's. *Assessing Corporate Governance as a Ratings Driver for North American Financial Institutions*. 2006. https://www.moodys.com/sites/products/AboutMoodysRatingsAttachments/2005600000427081.pdf.

Musacchio, Aldo, and Stephen J. Goldstein. "Silver Lake and Private Equity in Brazil: *Carnaval* or Calamity?" Harvard Business School Case No. 9–712–004. Boston: Harvard Business School Publishing, 2012.

Organisation for Economic Cooperation and Development. *The SME Financing Gap: Volume I Theory and Evidence*. Paris: OECD Publications, 2006.

Pease, Robert, and Holly Johnson. *Latin American Private Equity Review and Outlook: 2000/2001 Edition*. Wellesley: Asset Alternatives Inc., 2000.

Privcap. "Continent of Opportunity." November 1, 2011, http://www.privcap.com/continent-of-opportunity/.

Ramalho, Caio, "An Essay on Private Equity: The History and Fundamentals of Fundraising in Brazil," Masters, Fundacao Getulio Vargas, 2013.

Ribeiro, Leonardo de Lima, and Antonio Gledson de Carvalho. "Private Equity and Venture Capital in an Emerging Economy: Evidence from Brazil." *Venture Capital: An International Journal of Entrepreneurial Finance* 10, no. 2 (2008).

Riedel, James, Jing Jin, and Jian Gao. *How China Grows: Investment, Finance, and Reform*. Princeton and Oxford: Princeton University Press, 2007.

Roy, Bruno. "Private-equity Lessons from the Front Line." *McKinsey Quarterly*, no. 3 (2013).

Rubin, Robert. *In an Uncertain World: Tough Choices from Wall Street to Washington*. New York: Random House, 2004.

Senor, Dan, and Saul Singer. *Start-Up Nation: The Story of Israel's Economic Miracle*. New York: Twelve, 2009.

Standard & Poor's. *Standard & Poor's Corporate Governance Scores: Criteria, Methodology and Definitions*. New York: McGraw-Hill, 2002.

Towson, Jeffrey, and Jonathan Woetzel. "All You Need to Know About Business in China." 2014. http://www.mckinsey.com/insights/winning_in_emerging_markets/all_you_need_to_know_about_business_in_china.

Transparency International. *Corruption Perceptions Index 2013*. Berlin: Transparency International, 2013.

Urdapilleta, Eduardo, and Constantinos Stephanou. "Banking in Brazil: Structure, Performance, Drivers, and Policy Implications." Policy Research Working Paper, The World Bank, 2009.

Wilton, David. "Emerging Market Equity: Private Equity, Public Equity, Risks & Opportunities." Presented at the World Pensions and Investments Forum 2012, Paris, France, February 9, 2012.

The World Bank. *The East Asian Miracle: Economic Growth and Public Policy*.

New York: Oxford University Press, 1993.
———. *Enterprise Surveys*. Last modified November 4, 2013. http://www.enterprisesurveys.org.
———. *World Development Indicators*. http://data.worldbank.org/data-catalog/world-development-indicators.
World Bank Institute. *Expanding Access to Finance, Good Practices and Policies for Micro, Small and Medium Enterprises*. Washington, DC: World Bank, 2007.
World Economic Forum. *The Global Competitiveness Report: 2014–2014*. Geneva: World Economic Forum, 2013.
———. *Globalization of Alternative Investments: The Global Economic Impact of Private Equity Report 2008*. New York: World Economic Forum USA Inc., 2008.
World Economic Forum and Mercer. *The Human Capital Report*. Geneva: World Economic Forum, 2013.
Yago, Glenn, Daniela Roveda, and Jonathan White. *Transatlantic Innovations in Affordable Capital for Small- and Medium-Sized Enterprises: Prospects for Market-Based Development Finance*. Washington, DC: The German Marshall Fund of the United States, 2007.
Zeng, Feng. "Venture Capital Investments in China." PhD dissertation. Pardee RAND Graduate School, 2004.

推荐阅读

书名	作者	ISBN	价格
估值:难点、解决方案及相关案例	[美]埃斯瓦斯·达莫达兰（Aswach Damodaran）	978-7-111-42339-3	99.00
并购估值：如何为非上市公司培育价值（原书第2版）	[美]克里斯M.梅林（Chris M.Mcllen）、弗兰克C.埃文斯（Frank C.Evans）	978-7-111-48103-4	69.00
估值的艺术：110个解读案例	[英]尼古拉斯·斯米德林（Nicola Schmidlin）	978-7-111-51026-0	59.00
估值技术	[美]大卫T.拉勒比（David Larrabee）、贾森A.沃斯（Jason A.Voss）	978-7-111-47928-4	99.00
股权资产估值(原书第2版)	[美]杰拉尔德E.平托（Jerald E.Pinto)、伊莱恩·亨利（Elaine Henry）	978-7-111-38805-0	99.00
估值就是讲故事:创业融资与投资	Dr.2	978-7-111-51023-9	39.00

结构化与证券化系列丛书

本套丛书由机械工业出版社华章公司从美国大量相关书籍中精挑细选而来，部部都是经典之作，涵盖了金融市场结构化金融及资产证券化的所有领域，可谓美国资产证券化的真经。资产证券化发始于美国的金融产品创新，对全球的金融体系都产生了深远影响，读者可以从中吸取宝贵经验和实务操作方法，快速成就具有中国特色的资产证券化。

书名	书号	定价
资产证券化导论	978-7-111-46538-6	59
证券金融：融资融券与回购协议	978-7-111-47717-4	59
高收益产品大全	978-7-111-47816-4	59
REITs：房地产投资信托基金（原书第4版）	978-7-111-47866-9	59
抵押支持证券：房地产的货币化（原书第2版）	978-7-111-49212-2	59
债务担保证券(CDO)：结构与分析（原书第2版）	978-7-111-51746-7	69
结构化产品和相关信贷衍生品	978-7-111-53035-0	59 (暂定)
结构化金融手册	预计2016年出版	59 (暂定)
金融风险管理手册	预计2016年出版	59 (暂定)
全球资产证券化及CDOs	预计2016年出版	59 (暂定)